KB118657

영어독해. 부분에서 헤매지 말고, 글 전체 구조를 보라!

이 책을 쓰신 분들

박제봉   영어전문저자

이 책을 검토하신 분들

최은주   고양일고등학교
지소철   영어전문저자
서주희   영어전문개발자
장경아   영어전문개발자

디딤돌 구조독해 V

펴낸날 [초판 1쇄] 2024년 6월 15일
펴낸이 이기열
펴낸곳 (주)디딤돌 교육
주소 (03972) 서울특별시 마포구 월드컵북로 122 청원선와이즈타워
대표전화 02-3142-9000
구입문의 02-322-8451
내용문의 02-325-3224
팩시밀리 02-323-2808
홈페이지 www.didimdol.co.kr
등록번호 제 10-718호

수능 영어독해, 정답률 18%의 진짜 이유?

단어 알고, 해석하면 맞힐 수 있을까?

질문유형에 익숙해지면 쉬울까?

틀린 문제를 다시 풀어도 또 틀리는 이유!

수능까지 연결되는 독해력,
구조독해!

수능에서 정답이 보이는
구조독해!

글쓴이는 '생각'을 가장 효과적으로
보여주기 위해 '구조'를 설계한다.

글의 구조에 따라
'주장의 방식과 수위',
'내용의 배치',
'사용하는 언어 형식과 어휘'도
달라진다.

이것이 바로 구조를 알고
구조로 독해해야 하는 이유!

제한시간
45분

제시문
25개

평가문항
28개

제한된 시간에
출제자의 질문에 답하려면?

어떤 글이 출제되더라도
글쓴이의 생각을 읽을 수 있어야 한다.

수능은 결국
독해력을 평가하는 시험이다.

구조
독해

부분에서 헤매지 말고, 글 전체 구조를 보라!

구조독해가 정답이다

일반-구체 구조

앞에서 쾅! 주목시키고 이어서 조목조목.

관심을 끌기 위해 주제부터 먼저!
그리고 구체적인 내용 속에서 명쾌하게 이해시키기!

판단-근거 구조

판단으로 강하게 단도직입!
탄탄한 근거로 마무리!

주장부터 제시하고 타당한 근거로 설득하기!

구체-일반 구조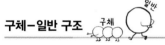

이야기로 슬슬 끌어들이고 결론으로 몰아가기!

공감대를 넓히기 위해 이야기부터 먼저!
이야기의 흐름을 따라가다 보면 당연해지는 교훈과 결론!

문제-해결 구조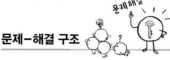

문제 상황으로 몰아넣고 해결책을 제시!

관심을 기울이도록 문제 상황 먼저!
문제의 원인 속에서 해결책 제시하기!

대립 구조

통념을 꺾고! 내 생각을 주장하기!

일반적인 통념을 먼저,
No! 내 생각은 달라! 탄탄한 근거로 설득하기!

질문-답변 구조

궁금하게 질문부터! 내 생각은 답에서!

궁금하게 질문부터!
내가 하고 싶은 말은 답에서!

구조로 글 전체를 보면,

• 글쓴이의 생각이 어떻게 전개될지 방향을 예측하며 읽을 수 있다.

• 글쓴이의 생각을 중심으로, 핵심과 핵심이 아닌 정보를 선별, 독해의 강약을 조절할 수 있다.

• 문제의 출제의도와 답의 근거를 정확히 짚으며 선택지를 판단할 수 있다.

• 구조독해를 체화하면 제한된 시간에 글을 효과적으로 독해, 질문에 정확히 답할 수 있다!

구조독해가
정답이다

글쓴이의 '생각과 의도',
그 생각을 효과적으로 보여주기 위해
선택한 '글의 구조'

구조독해는
출제자의 질문에 답하기 위해
글쓴이가 선택한 구조로
글쓴이의 생각을 읽는다.

구조독해, 정답을 찾는
가장 빠르고 정확한 지름길이다.

구조가 곧 내 생각!

수능 독해력,
어떤 문제로 평가할까?

어떤 글을 읽어도 글쓴이의 생각을 찾을 줄 아는지, 그 방법을 아는지 평가하기 위해,
다면적으로 질문한다.

수능 영어독해 핵심 출제의도

• 글을 읽고 전체적인 내용을 이해 · 추론할 수 있는가?	주제, 제목, 요지
• 글을 읽고 글쓴이의 의도나 목적 등을 파악할 수 있는가?	글쓴이의 주장
• 글의 전체 내용에 비추어 밑줄 친 표현이 의미하는 바를 추론할 수 있는가?	밑줄 친 부분의 의미
• 글의 전체적인 의미나 문장 간의 의미적 관련성을 통하여 어휘의 적합성을 파악할 수 있는가?	낱말의 쓰임, 문맥에 맞는 낱말
• 글에서 빠진 주요 정보(단어, 구, 절, 문장, 연결어)를 글의 내용에 의거하여 추론할 수 있는가?	빈칸 추론
• 글의 전체적인 맥락과 문장 간의 논리적 흐름을 파악하여 가상의 글쓰기에 적용할 수 있는가?	문단 요약, 무관한 문장, 주어진 문장의 위치, 글의 순서

구조를 알고,
구조로 독해하면,
출제 의도가 보인다.

독해,
어떻게 하는 거야?

왜냐고?
독해가 안되는 이유는
단어와 문장에만 매달렸기 때문이야!
부분에만 집중하니, 전체가 안 보이지!

구조독해

영어 독해. 부분에서 헤매지 말고, 글 전체 구조를 보라!

기출지문 구조독해

디딤돌

구조로 글 전체를 봐!

글쓴이는 글을 쓰기 전에 이런 생각부터 해.
어떻게 하면 내 생각을 가장 효과적으로 전달할 수 있을까?
주제와 생각을 효과적으로 전개하려면 어떻게 설계해야 할까?
설계도를 짜는 이유가 바로 여기에 있어.

그래서 글을 읽을 때
글쓴이가 설계한 구조를 알고 글 전체를 보면
글쓴이가 어디쯤에서 중요한 생각을 말하게 될지,
핵심과 핵심이 아닌 게 뭔지를 구분해내면서
효과적으로 독해할 수 있게 돼.

구조로 글 전체를 봐야 하는 이유야!
글쓴이의 생각을 정확히 볼 수 있으니까!

구조독해가 정답이다!

출제자는 글쓴이 생각을 묻고 있으니까!

수능에서 '독해력'을 평가하는 핵심질문은 정해져 있다!
출제의도를 확인, 전체 구조로 접근해야 정답이 보이는 핵심질문 유형만 뽑아 구조로 독해한다.

1 이 글의 제목으로 가장 적절한 것은? **주제, 제목으로**

2 이 글의 요지로 가장 적절한 것은? **요지, 필자가 주장하는 바로**

3 이 글의 내용을 한 문장으로 요약하고자 한다. 빈칸 (A), (B)에 들어갈 말로 가장 적절한 것은? **문단 요약으로**

4 이 글의 빈칸에 들어갈 말로 가장 적절한 것은? **빈칸 추론으로**

5 이 글의 밑줄 친 부분 중, 문맥상 낱말의 쓰임이 적절하지 <u>않은</u> 것은? **어휘 적합성 판단, 함축적 의미 추론으로**

6 이 글에서 전체 흐름과 관계 <u>없는</u> 문장은? **무관한 문장 판단, 주어진 문장의 위치 판단, 글의 순서 판단으로**

왜 다르게 묻냐고?
어떤 글을 읽더라도 글 전체 구조 속에서
글쓴이 생각을 찾아내는 방법을 아는지
확인하려고!

글쓴이 생각이 구조다!

주제를 다루는 글쓴이 의도에 따라
주장 방식, 내용 배치, 언어 형식이 달라진다.
구조가 곧 글쓴이 생각이다.
수능에 자주 출제되는 기초 학술 분야의 글과
글쓴이가 자주 사용하는
글의 구조만 뽑아 구조로 독해한다.

구조? 내 생각을 가장
효과적으로 전달하려고!

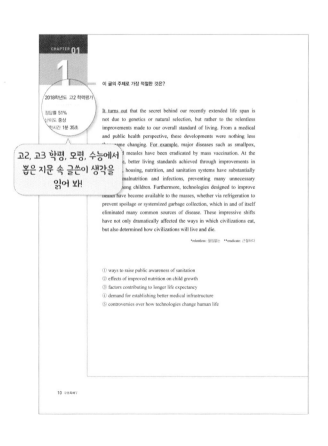

고2, 고3 학평, 모평, 수능에서
뽑은 지문 속 글쓴이 생각을
읽어 봐!

그래서, 구조로 봐야 한다!

문제 풀고 답 확인하면
끝이라고?
틀린 문제 또 틀린다!

정답과 해설 2쪽

내 생각? 내가 어떤 구조로 글을 썼는지
숲을 먼저 보라구!

◀ BACK TO THE PASSAGE

0 이 글의 전개 구조로 알맞은 것은?

기출지문 속 생각의 흐름과
전개방식을 확인, 글쓴이가
자주 사용하는 구조에
익숙해진다.

It turns out ~

↓

For example, ~

① 대립(통념 – 반박)
② 일반(요지) – 구체(사례)
③ 문제 제기 – 해결책
④ 문제 제시 – 원인 분석

이 글에서 사례를 통해
하고 싶은 말은?

1 이 글의 요지로 가장 적절한 것은?

글쓴이가 주목한 생각,
중요하게 다룬 내용을 확인,
출제의도를 정확히
짚을 수 있다.

① 의학의 발전으로 세계 인구가 빠르게 증가했다.
② 과학 기술과 의학의 발전으로 현대 문명이 개선되었다.
③ 생활 수준과 의학의 발전으로 인류의 평균 수명이 늘어났다.
④ 생활 수준과 의학의 발전에도 불구하고 전염병의 위험은 현존한다.

2 마지막 문장에 쓰인 These impressive shifts에 포함되지 않는 것은?

① 교육 향상
② 냉장 기술 개발
③ 유해 동물의 멸종

구조독해가 정답이다

평균 수명 증가의 진짜 원인에 주목.
예를 보여주는 구조!
예시문 앞 주제문을 짚고 나니
많은 사례도 효과적으로 읽을 수 있었어!

↓

글 전체 구조를 보고 출제의도로 접근,
글쓴이 생각을 효과적으로 찾아내는 방법을 알게 된다.
중요하게 다룬 부분은 중요하게, 약하게 다룬 부분은 약하게,
제한된 시간을 효과적으로 사용, 출제자의 질문에 정확히 답할 수 있다.

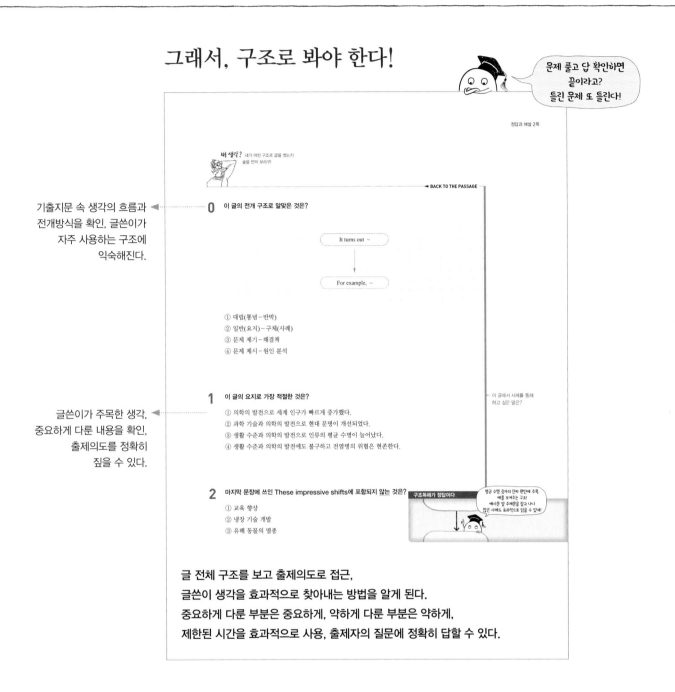

부록 단어장

문맥으로 보고,
반복해서 확인하는 어휘

단어의 뜻을 가리고
문맥 속에서 의미를
먼저 떠올려 봐

• 우리말을 영어로

□□ 제거하다

□□ 영향을 미치다

□□ 늘리다, 확장하

글을 읽고 난 뒤에는 영단어와
우리말 뜻을 각각 확인해 봐.
지문별 핵심 어휘를 꼼꼼하게
챙길 수 있어.

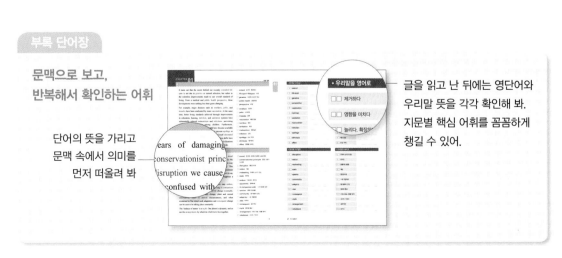

구조독해 V

CHAPTER 01

이 글의 주제로 가장 적절한 것은?

It turns out that the secret behind our recently extended life span is not due to genetics or natural selection, but rather to the relentless improvements made to our overall standard of living. From a medical and public health perspective, these developments were nothing less than game changing. For example, major diseases such as smallpox, polio, and measles have been eradicated by mass vaccination. At the same time, better living standards achieved through improvements in education, housing, nutrition, and sanitation systems have substantially reduced malnutrition and infections, preventing many unnecessary deaths among children. Furthermore, technologies designed to improve health have become available to the masses, whether via refrigeration to prevent spoilage or systemized garbage collection, which in and of itself eliminated many common sources of disease. These impressive shifts have not only dramatically affected the ways in which civilizations eat, but also determined how civilizations will live and die.

*relentless: 끊임없는 **eradicate: 근절하다

① ways to raise public awareness of sanitation
② effects of improved nutrition on child growth
③ factors contributing to longer life expectancy
④ demand for establishing better medical infrastructure
⑤ controversies over how technologies change human life

내 생각? 내가 어떤 구조로 글을 썼는지
숲을 먼저 보라구!

◀ **BACK TO THE PASSAGE**

0 이 글의 전개 구조로 알맞은 것은?

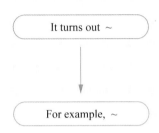

It turns out ~

↓

For example, ~

① 대립(통념 – 반박)
② 일반(요지) – 구체(사례)
③ 문제 제기 – 해결책
④ 문제 제시 – 원인 분석

이 글에서 사례를 통해
하고 싶은 말은?

1 이 글의 요지로 가장 적절한 것은?

① 의학의 발전으로 세계 인구가 빠르게 증가했다.
② 과학 기술과 의학의 발전으로 현대 문명이 개선되었다.
③ 생활 수준과 의학의 발전으로 인류의 평균 수명이 늘어났다.
④ 생활 수준과 의학의 발전에도 불구하고 전염병의 위협은 현존한다.

2 마지막 문장에 쓰인 These impressive shifts에 포함되지 <u>않는</u> 것은?

① 교육 향상
② 냉장 기술 개발
③ 유해 동물의 멸종
④ 체계화된 쓰레기 수거

구조독해가 정답이다

평균 수명 증가의 진짜 원인에 주목,
예를 보여주는 구조!
예시문 앞 주제문을 짚고 나니
많은 사례도 효과적으로 읽을 수 있네!

2

2021학년도 고2 학력평가

정답률 75%
난이도 중
제한시간 1분 35초

이 글의 요지로 가장 적절한 것은?

Fears of damaging ecosystems are based on the sound conservationist principle that we should aim to minimize the disruption we cause, but there is a risk that this principle may be confused with the old idea of a 'balance of nature.' This supposes a perfect order of nature that will seek to maintain itself and that we should not change. It is a romantic, not to say idyllic, notion, but deeply misleading because it supposes a static condition. Ecosystems are dynamic, and although some may endure, apparently unchanged, for periods that are long in comparison with the human lifespan, they must and do change eventually. Species come and go, climates change, plant and animal communities adapt to altered circumstances, and when examined in fine detail such adaptation and consequent change can be seen to be taking place constantly. The 'balance of nature' is a myth. Our planet is dynamic, and so are the arrangements by which its inhabitants live together.

*idyllic: 목가적인

① 생물 다양성이 높은 생태계가 기후 변화에 더 잘 적응한다.
② 인간의 부적절한 개입은 자연의 균형을 깨뜨린다.
③ 자연은 정적이지 않고 역동적으로 계속 변한다.
④ 모든 생물은 적자생존의 원칙에 순응하기 마련이다.
⑤ 동식물은 상호 경쟁을 통해 생태계의 균형을 이룬다.

내 생각?

◀ BACK TO THE PASSAGE

0 이 글의 전개 구조로 알맞은 것은?

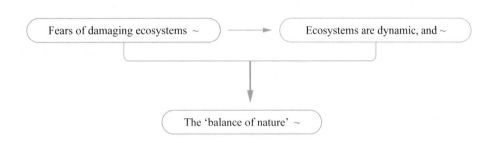

Fears of damaging ecosystems ~ ⟶ Ecosystems are dynamic, and ~

The 'balance of nature' ~

① 문제 제기 – 분석 – 해결책
② 현상 비교 – 현상 분석 – 결론
③ 통념과 반론 – 반론 근거 – 결론(주장 반복)
④ 현상의 원인 – 결과 – 종합

1 이 글의 주제로 가장 적절한 것은?

① dynamic ecosystems and the myth of balance of nature
② the fears of damaging ecosystems and sound principles
③ the never-changing, sound concept of balance of nature
④ how plant and animal communities improve environments

2 글쓴이가 바로잡으려는 잘못된 생각은?

① 자연은 완벽한 균형 상태를 계속 유지한다.
② 인간은 파괴된 자연 환경을 복원해야 한다.
③ 자연은 훼손되어도 스스로 원상태로 복원된다.
④ 인간은 자연 환경을 인위적으로 변화시켜서는 안 된다.

이 글의 내용을 한 문장으로 요약하고자 한다. 빈칸 (A), (B)에 들어갈 말로 가장 적절한 것은?

Music is used to mold customer experience and behavior. A study was conducted that explored what impact it has on employees. Results from the study indicate that participants who listen to rhythmic music were inclined to cooperate more irrespective of factors like age, gender, and academic background, compared to those who listened to less rhythmic music. This positive boost in the participants' willingness to cooperate was induced regardless of whether they liked the music or not. When people are in a more positive state of mind, they tend to become more agreeable and creative, while those on the opposite spectrum tend to focus on their individual problems rather than giving attention to solving group problems. The rhythm of music has a strong pull on people's behavior. This is because when people listen to music with a steady pulse, they tend to match their actions to the beat. This translates to better teamwork when making decisions because everyone is following one tempo.

글의 구조 속에서 핵심 개념들의 관계를 파악하고 한 문장으로 표현할 수 있을까?

According to the study, the music played in workplaces can lead employees to be _____(A)_____ because the beat of the music creates a _____(B)_____ for working.

	(A)		(B)
①	uncomfortable	········	competitive mood
②	cooperative	········	shared rhythm
③	distracted	········	shared rhythm
④	attentive	········	competitive mood
⑤	indifferent	········	disturbing pattern

내 생각?

◀ **BACK TO THE PASSAGE**

0 이 글에 사용된 서술 방식을 고르시오.

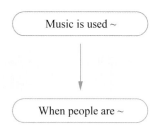

① 연구와 결과를 제시하고, 결과의 원인을 분석한다.
② 다양한 연구를 비교하여, 공통점을 끌어낸다.
③ 연구와 결과를 제시하고, 적용할 분야를 소개한다.
④ 다양한 연구를 대조시켜, 차이점을 분석한다.

1 이 글의 주제로 가장 적절한 것은?

① the popular music which employees like to listen to
② the positive impact of rhythmic music on employees
③ how music molds customer experience and behavior
④ why we like to listen to rhythmic music while working

이 글의 빈칸에 들어갈 말로 가장 적절한 것은?

The whole history of mathematics is one long sequence of taking the best ideas of the moment and finding new extensions, variations, and applications. Our lives today are totally different from the lives of people three hundred years ago, mostly owing to scientific and technological innovations that required the insights of calculus. Isaac Newton and Gottfried von Leibniz independently discovered calculus in the last half of the seventeenth century. But a study of the history reveals that mathematicians had thought of all the essential elements of calculus before Newton or Leibniz came along. Newton himself acknowledged this flowing reality when he wrote, "If I have seen farther than others it is because I have stood on the shoulders of giants." Newton and Leibniz came up with their brilliant insight at essentially the same time because _____. All creative people, even ones who are considered geniuses, start as nongeniuses and take baby steps from there.

*calculus: 미적분학

① calculus was considered to be the study of geniuses
② it was not a huge leap from what was already known
③ it was impossible to make a list of the uses of calculus
④ they pioneered a breakthrough in mathematic calculations
⑤ other mathematicians didn't accept the discovery as it was

내 생각?

◀ BACK TO THE PASSAGE

0 이 글의 전개 구조로 알맞은 것은?

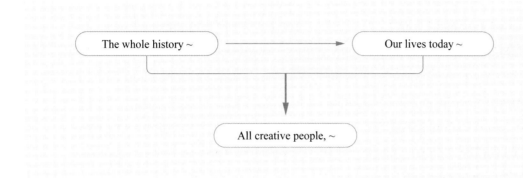

① 판단(주장) – 근거(역사적 사례) – 결론(주장 강조)
② 통념 – 반박 – 결론
③ 문제 – 사례 나열 – 대안
④ 화제 도입 – 주장 – 전망

1 이 글의 요지로 가장 적절한 것은?

① 미적분학은 현대 과학과 기술 혁신의 밑받침이 되었다.
② 수학의 발전 덕분에 현대 과학의 발전이 가능하게 되었다.
③ 천재도 과거의 연구에 기초해 더 큰 발전을 이루었을 뿐이다.
④ 천재는 기존 관념과 전혀 새로운 시각으로 문제를 바라본다.

2 이 글에서 "I have stood on the shoulders of giants."가 의미하는 것은?

① 우연한 기회에 신비로운 영감을 경험했다.
② 과거의 천재들을 능가하는 큰 발견을 했다.
③ 위대한 선배 수학자들의 발견을 이용했다.
④ 훌륭한 선생님들의 특별한 수업을 받았다.

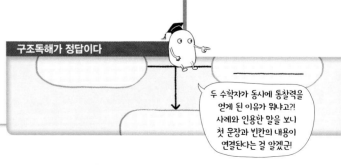

구조독해가 정답이다

두 수학자가 동시에 통찰력을
얻게 된 이유가 뭐냐고?!
사례와 인용한 말을 보니
첫 문장과 빈칸의 내용이
연결된다는 걸 알겠군!

이 글의 빈칸에 들어갈 말로 가장 적절한 것은?

글의 구조 속에서 글쓴이 의도와 빈칸이 포함된 문장의 역할을 파악할 수 있나?

The tendency for one purchase to lead to another one has a name: the Diderot Effect. The Diderot Effect states that obtaining a new possession often creates a spiral of consumption that leads to additional purchases. You can spot this pattern everywhere. You buy a dress and have to get new shoes and earrings to match. You buy a toy for your child and soon find yourself purchasing all of the accessories that go with it. It's a chain reaction of purchases. Many human behaviors follow this cycle. You often decide what to do next based on what you have just finished doing. Going to the bathroom leads to washing and drying your hands, which reminds you that you need to put the dirty towels in the laundry, so you add laundry detergent to the shopping list, and so on. No behavior happens in _____. Each action becomes a cue that triggers the next behavior.

① isolation
② comfort
③ observation
④ fairness
⑤ harmony

내 생각?

◀ BACK TO THE PASSAGE

0 이 글의 전개 구조로 알맞은 것을 고르시오.

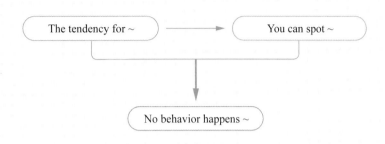

The tendency for ~ ⟶ You can spot ~

No behavior happens ~

① 일반(주제) – 구체(예시) – 결론(요지)
② 문제 제기 – 사례 – 해결책
③ 화제 도입 – 문제 제기 – 사례 분석
④ 통념 – 문제 제기 – 주장

1 이 글의 요지로 가장 적절한 것은?

① 행동들이 쌓여 행동 패턴을 형성한다.
② 하나의 행동이 다른 행동을 유발한다.
③ 우리는 주변 사람들의 행동을 모방한다.
④ 과거 경험으로 미래를 예측할 수 있다.

이 글의 흐름으로 보아, 주어진 문장이 들어가기에 가장 적절한 곳은?

> However, some types of beliefs cannot be tested for truth because we cannot get external evidence in our lifetimes (such as a belief that the Earth will stop spinning on its axis by the year 9999 or that there is life on a planet 100-million light-years away)

Most beliefs — but not all — are open to tests of verification. This means that beliefs can be tested to see if they are correct or false. (①) Beliefs can be verified or falsified with objective criteria external to the person. (②) There are people who believe the Earth is flat and not a sphere. (③) Because we have objective evidence that the Earth is in fact a sphere, the flat Earth belief can be shown to be false. (④) Also, the belief that it will rain tomorrow can be tested for truth by waiting until tomorrow and seeing whether it rains or not. (⑤) Also, meta-physical beliefs (such as the existence and nature of a god) present considerable challenges in generating evidence that everyone is willing to use as a truth criterion.

*verification: 검증, 확인   **falsify: 거짓임을 입증하다

내 생각?

◀ BACK TO THE PASSAGE

0 이 글에 사용된 서술 방식을 고르시오.

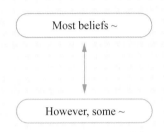

Most beliefs ~

↕

However, some ~

① 문제를 제시한 뒤, 논리적인 해답을 찾고 있다.
② 두 가지 다른 개념을 대조하여 설명하고 있다.
③ 여러 가지 사례를 제시한 뒤, 결론을 내리고 있다.
④ 결론을 먼저 말한 뒤, 다양한 사례로 설명하고 있다.

▶ However는 앞에 언급된 내용과 대조되는 내용을 언급하겠다는 신호.

▶ also는 성격이 비슷한 내용을 덧붙이겠다는 신호.

1 이 글의 요지로 가장 적절한 것은?

① 믿음은 경험적 증거의 존재 유무와는 상관이 없다.
② 검증할 수 있는 믿음과 검증할 수 없는 믿음이 있다.
③ 과학에서 믿음은 반드시 검증의 절차를 밟아야 한다.
④ 믿음은 과학 실험이나 논리적 증명에 기초해야 한다.

2 이 글의 내용으로 보아, 나머지 셋과 성격이 <u>다른</u> 믿음은?

① 지구는 구(球)가 아니라 평평하다.
② 9999년에는 지구의 자전이 멈춘다.
③ 1억 광년 떨어진 행성에 생명체가 있다.
④ 인류를 사랑하는 유일한 신이 존재한다.

이 글의 구조를 파악했어?

구조독해가 정답이다

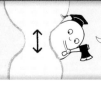

그럼요! 첫 문장과 주어진 문장을 보니, 글의 구조가 딱 보여요! 성격에 따른 분류, 그 기준으로~ 끝을게요.

정답과 해설 7쪽

chapter 01 **21**

수능, 구조독해가 정답이다!

다음 빈칸에 들어갈 말로 가장 적절한 것을 고르시오.

Precision and determinacy are a necessary requirement for all meaningful scientific debate, and progress in the sciences is, to a large extent, the ongoing process of achieving ever greater precision. But historical representation puts a premium on a proliferation of representations, hence not on the refinement of one representation but on the production of an ever more varied set of representations. Historical insight is not a matter of a continuous "narrowing down" of previous options, not of an approximation of the truth, but, on the contrary, is an "explosion" of possible points of view. It therefore aims at the unmasking of previous illusions of determinacy and precision by the production of new and alternative representations, rather than at achieving truth by a careful analysis of what was right and wrong in those previous representations. And from this perspective, the development of historical insight may indeed be regarded by the outsider as a process of creating ever more confusion, a continuous questioning of _____, rather than, as in the sciences, an ever greater approximation to the truth. [3점]

*proliferation: 증식

① criteria for evaluating historical representations
② certainty and precision seemingly achieved already
③ possibilities of alternative interpretations of an event
④ coexistence of multiple viewpoints in historical writing
⑤ correctness and reliability of historical evidence collected

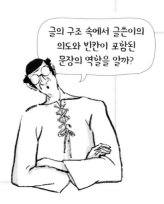

글의 구조 속에서 글쓴이의 의도와 빈칸이 포함된 문장의 역할을 알까?

내가 왜 이런 구조로 썼는지,
그래서 뭘 말하고 싶은지 생각해 봐.
그게 내 의도!

앞에서 쾅! 주목시키고
이어서 조목조목.

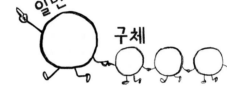

관심을 끌기 위해 주제부터 먼저.
그리고 구체적인 내용 속에서 명쾌하게 이해시키기!
이게 내가 일반—구체 구조를 택한 이유!

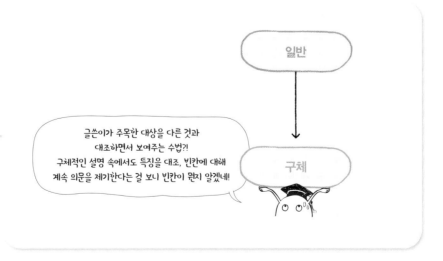

일반

구체

글쓴이가 주목한 대상을 다른 것과
대조하면서 보여주는 수법?!
구체적인 설명 속에서도 특징을 대조, 빈칸에 대해
계속 의문을 제기한다는 걸 보니 빈칸이 뭔지 알겠네!

CHAPTER 02

1

2021학년도 고2 학력평가

정답률 77%
난이도 중
제한시간 1분 30초

이 글의 제목으로 가장 적절한 것은?

글쓴이가 의도한 바를 대표하거나 상징적으로 표현한 제목을 붙일 수 있어?

Some beginning researchers mistakenly believe that a good hypothesis is one that is guaranteed to be right (e.g., *alcohol will slow down reaction time*). However, if we already know your hypothesis is true before you test it, testing your hypothesis won't tell us anything new. Remember, research is supposed to produce *new* knowledge. To get new knowledge, you, as a researcher-explorer, need to leave the safety of the shore (established facts) and venture into uncharted waters (as Einstein said, "If we knew what we were doing, it would not be called research, would it?"). If your predictions about what will happen in these uncharted waters are wrong, that's okay: Scientists are allowed to make mistakes (as Bates said, "Research is the process of going up alleys to see if they are blind"). Indeed, scientists often learn more from predictions that do not turn out than from those that do.

*uncharted waters: 미개척 영역

① Researchers, Don't Be Afraid to Be Wrong
② Hypotheses Are Different from Wild Guesses
③ Why Researchers Are Reluctant to Share Their Data
④ One Small Mistake Can Ruin Your Whole Research
⑤ Why Hard Facts Don't Change Our Minds

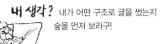

내 생각? 내가 어떤 구조로 글을 썼는지
숲을 먼저 보라구!

◀ **BACK TO THE PASSAGE**

0 이 글의 전개 구조로 알맞은 것을 고르고, 세 번째 단락이 시작되는 부분의 첫 세 단어를 쓰시오.

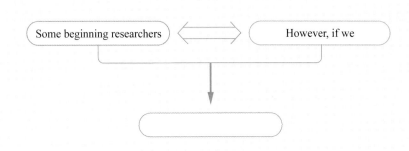

① 틀린 생각 – 반론 – 결론(요지)
② 문제 제기 – 해결책 – 예시
③ 실험 환경 – 실험 분석 – 결론
④ 실험 환경 – 문제 제기 – 해결책

1 이 글의 요지로 가장 적절한 것은?

① 연구 결과가 가설을 뒷받침하지 않아도 실망하지 마라.
② 과학적 가설을 증명할 연구 결과를 꾸준히 쌓아나가라.
③ 과학적 가설은 현실 세계를 논리적으로 설명해야 한다.
④ 과학적 증거가 불충분한 가설이라도 쉽게 포기하지 마라.

▶ 제목 = 요지

2 이 글의 밑줄 친 to see if they are blind가 의미하는 것은?

① 가설이 틀렸는지 확인하려고
② 가설의 신빙성을 증명하려고
③ 새로운 실험 방법을 찾으려고
④ 새로운 과학 지식을 홍보하려고

▶ they가 가리키는 바가
뭔지 문맥으로 파악했나?

2

2017학년도 고2 학력평가

정답률 75%
난이도 중
제한시간 1분 30초

이 글의 요지로 가장 적절한 것은?

The effects of climate change will not be equally distributed across the globe, and there are likely to be winners and losers as the planet warms. Regarding climate effects in general, developing countries are likely to experience more negative effects of global warming. Not only do many developing countries have naturally warmer climates than those in the developed world, they also rely more heavily on climate sensitive sectors such as agriculture, forestry, and tourism. As temperatures rise further, regions such as Africa will face declining crop yields and will struggle to produce sufficient food for domestic consumption, while their major exports will likely fall in volume. This effect will be made worse for these regions if developed countries are able to make up for the fall in agricultural output with new sources, potentially from their own domestic economies as their land becomes more suitable for growing crops.

① 지구온난화가 개발도상국에 더 부정적 영향을 끼칠 수 있다.
② 환경오염의 심화로 사회 계층 간 갈등이 악화되고 있다.
③ 지구온난화 극복을 위해 환경 친화적 기술 도입이 시급하다.
④ 지구온난화가 농지 활용도를 높여 생산량을 증가시킬 수 있다.
⑤ 개발도상국의 기근 해결을 위한 선진국의 기술 지원이 필요하다.

내 생각?

◀ BACK TO THE PASSAGE

0 이 글의 전개 구조로 알맞은 것을 고르고, 두 번째 단락이 시작되는 부분의 첫 두 단어를 쓰시오.

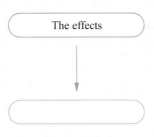

① 구체(예시) – 일반(결론)
② 판단 – 근거(원인)
③ 문제 제기 – 해결책
④ 잘못된 통념 – 반론

1 지구온난화의 결과, 개발도상국이 선진국보다 더 큰 피해를 보는 이유로 글쓴이가 언급하지 **않은** 것은?

① 개발도상국이 기후에 민감한 농업, 임업 등에 더 의존해서
② 아프리카의 농작물 수확량 감소로 충분한 양의 식량을 생산하기 힘들어서
③ 선진국의 토지가 농작물 경작에 더 적합해지고 있어서
④ 개발도상국에 가뭄과 홍수 같은 자연재해가 더 자주 발생해서

2020학년도 고2 학력평가

정답률 46%
난이도 상
제한시간 1분 40초

이 글의 빈칸에 들어갈 말로 가장 적절한 것은?

Firms in almost every industry tend to be clustered. Suppose you threw darts at random on a map of the United States. You'd find the holes left by the darts to be more or less evenly distributed across the map. But the real map of any given industry looks nothing like that; it looks more as if someone had thrown all the darts in the same place. This is probably in part because of reputation; buyers may be suspicious of a software firm in the middle of the cornfields. It would also be hard to recruit workers if every time you needed a new employee you had to persuade someone to move across the country, rather than just poach one from your neighbor. There are also regulatory reasons: zoning laws often try to concentrate dirty industries in one place and restaurants and bars in another. Finally, people in the same industry often have similar preferences (computer engineers like coffee, financiers show off with expensive bottles of wine). _____ makes it easier to provide the amenities they like.

*poach: (인력을) 빼내다

이 글의 주제와 빈칸이
포함된 문장의 역할은?

① Automation
② Concentration
③ Transportation
④ Globalization
⑤ Liberalization

내 생각?

◀ BACK TO THE PASSAGE

0 이 글의 전개 구조로 알맞은 것을 고르고, 두 번째 단락이 시작되는 부분의 첫 세 단어를 쓰시오.

Firms in almost

① 일반(현상) – 구체(원인)
② 연구 사례 – 결론
③ 문제 제시 – 해결책
④ 통념 – 반박과 주장

1 이 글의 주제로 가장 적절한 것은?

① how you can draw the maps of industries in the country
② why firms in the same industry are clustered in one area
③ why geographic advantages are important for some firms
④ how you can find the various locations of important firms

2 특정 산업의 회사들이 한 지역에 집중되는 이유로 글쓴이가 언급하지 <u>않은</u> 것은?

① 구매자의 신뢰를 얻기 위해서
② 새 직원을 채용하기 쉬워서
③ 동종 업체와의 협력이 용이해서
④ 같은 직종의 사람들이 원하는 서비스가 유사해서

열거의 신호어:
→ also
→ also ~ reasons
→ Finally

구조독해가 정답이다

글쓴이가 주목한 현상이 생기는
이유를 조목조목 밝히는 구조!
마지막 이유도 결국 이 현상을
설명하는 내용이군! 다른 단어로
표현한 선택지가 보여!

이 글의 빈칸에 들어갈 말로 가장 적절한 것은?

Do you advise your kids to keep away from strangers? That's a tall order for adults. After all, you expand your network of friends and create potential business partners by meeting strangers. Throughout this process, however, analyzing people to understand their personalities is not all about potential economic or social benefit. There is your safety to think about, as well as the safety of your loved ones. For that reason, Mary Ellen O'Toole, who is a retired FBI profiler, emphasizes the need to _____ in order to understand them. It is not safe, for instance, to assume that a stranger is a good neighbor, just because they're polite. Seeing them follow a routine of going out every morning well-dressed doesn't mean that's the whole story. In fact, O'Toole says that when you are dealing with a criminal, even your feelings may fail you. That's because criminals have perfected the art of manipulation and deceit.

*tall order: 무리한 요구

① narrow down your network in social media
② go beyond a person's superficial qualities
③ focus on intelligence rather than wealth
④ trust your first impressions of others
⑤ take advantage of criminals

내 생각?

◀ BACK TO THE PASSAGE

0 이 글의 전개 구조로 알맞은 것을 고르고, 각 단락이 시작되는 부분의 첫 두 단어를 쓰시오.

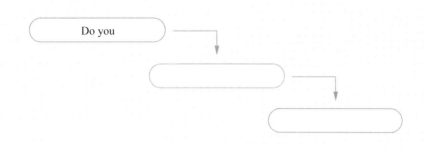

① 주제 도입 – 판단 – 근거(예와 설명)
② 일반(주제) – 구체(사례) – 결론
③ 잘못된 통념 – 반론 – 결론
④ 구체(사례 – 분석) – 결론

1 이 글의 요지를 가장 잘 보여주는 격언은?

① Don't judge a book by its cover.
② Actions speak louder than words.
③ Adversity and loss make a man wise.
④ Absence makes the heart grow fonder.

전문가, 유명인의 말을 인용했다면 글쓴이 생각과 일치할 가능성이 높아.

구조독해가 정답이다

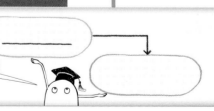

주제와 관련해서 전문가가 강조한 말을 인용했다면? 그게 글쓴이 생각이겠지? 이어지는 예를 보니 뭐가 필요한지, 전문가가 강조한 바를 알겠군!

검증된 내용이나 권위자의 말을 끌어와 주장하기

글쓴이는 전문가의 권위 또는 이미 증명된 내용을 인용해 자신이 생각하는 바를 좀 더 설득력 있게 전달할 수 있다. 전문가의 말이나 연구·실험 내용이 인용되었다면 그 내용에 주목하자. 그것이 바로 글쓴이의 주장 또는 그것을 뒷받침하는 주요 근거니까.

2021학년도 고2 학력평가

정답률 42%
난이도 상
제한시간 1분 30초

밑줄 친 부분 중, 문맥상 낱말의 쓰임이 적절하지 않은 것은?

The objective point of view is illustrated by John Ford's "philosophy of camera." Ford considered the camera to be a window and the audience to be ① outside the window viewing the people and events within. We are asked to watch the actions as if they were taking place at a distance, and we are not asked to participate. The objective point of view employs a static camera as much as possible in order to ② avoid this window effect, and it concentrates on the actors and the action without drawing attention to the camera. The objective camera suggests an emotional distance between camera and subject; the camera seems simply to be recording, as ③ straightforwardly as possible, the characters and actions of the story. For the most part, the director uses natural, normal types of camera positioning and camera angles. The objective camera does not comment on or ④ interpret the action but merely records it, letting it unfold. We see the action from the viewpoint of an impersonal observer. If the camera moves, it does so unnoticeably, calling as ⑤ little attention to itself as possible.

내 생각?

◀ BACK TO THE PASSAGE

0 이 글에 사용된 서술 방식을 고르고, 세 번째 단락이 시작되는 부분의 첫 네 단어를 쓰시오.

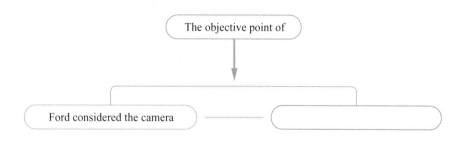

The objective point of

Ford considered the camera ——

① 큰 주제를 제시한 뒤, 두 개의 소주제로 나누어 설명하고 있다.
② 실험을 분석하여 결론과 요지를 도출하고, 예를 제시하고 있다.
③ 주장부터 제시하고, 사례들의 인과 관계를 분석하고 있다.
④ 잘못된 통념에 대한 문제를 제기한 뒤, 새로운 의견을 제시하고 있다.

1 이 글의 주제로 가장 적절한 것은?

> 존 포드 감독의 '카메라의 철학'에서 핵심은?

① how a director directs characters to achieve the objective point of view
② why the objective camera has to move without calling attention to itself
③ what is the objective point of view and how the objective camera works
④ why the objective camera is important to record actions straightforwardly

2 이 글의 내용으로 보아, window effect에 관한 설명과 일치하지 <u>않는</u> 것은?

① 관객에게 창문을 통해 실내의 사람과 사건을 보는 느낌을 준다.
② 카메라가 아니라 배우와 사건에 관객의 관심을 집중시킨다.
③ 카메라가 움직이면 관객에게 그 움직임과 각도를 알려준다.
④ 관객은 개인적인 감정 이입 없이 객관적으로 사건을 관찰한다.

구조독해가 정답이다

첫 문장을 보니 뭐에 대해 말하려는지 알겠네.
모든 문장이 첫 문장에 대한 설명인지,
아닌지 확인하고 나니 적절하지 않은 낱말이 보여!

2021학년도 고2 학력평가

정답률 66%
난이도 중
제한시간 1분 30초

이 글에서 전체 흐름과 관계 <u>없는</u> 문장은?

Academics, politicians, marketers and others have in the past debated whether or not it is ethically correct to market products and services directly to young consumers. ① This is also a dilemma for psychologists who have questioned whether they ought to help advertisers manipulate children into purchasing more products they have seen advertised. ② Advertisers have admitted to taking advantage of the fact that it is easy to make children feel that they are losers if they do not own the 'right' products. ③ When products become more popular, more competitors enter the marketplace and marketers lower their marketing costs to remain competitive. ④ Clever advertising informs children that they will be viewed by their peers in an unfavorable way if they do not have the products that are advertised, thereby playing on their emotional vulnerabilities. ⑤ The constant feelings of inadequateness created by advertising have been suggested to contribute to children becoming fixated with instant gratification and beliefs that material possessions are important.

*fixated: 집착하는 **gratification: 만족(감)

글의 구조 속에서 각 문장이 글쓴이 의도와 일치하는지 판단할 수 있나?

◀ **BACK TO THE PASSAGE**

0 이 글의 전개 구조로 알맞은 것을 고르고, 두 번째 단락이 시작되는 부분의 첫 두 단어를 쓰시오.

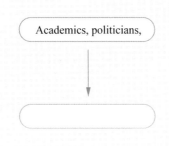

Academics, politicians,

① 통념 – 반전과 결론
② 문제 – 해결책
③ 일반(주제) – 구체(사례)
④ 구체(사례) – 일반(결론)

1 이 글의 주제로 가장 적절한 것은?

① the need to restrict advertisement to children
② the ethical problem of advertising to children
③ soaring marketing costs to remain competitive
④ why children become fixated with gratification

CHAPTER 03

이 글의 제목으로 가장 적절한 것은?

There has been a general belief that sport is a way of reducing violence. Anthropologist Richard Sipes tests this notion in a classic study of the relationship between sport and violence. Focusing on what he calls "combative sports," those sports including actual body contact between opponents or simulated warfare, he hypothesizes that if sport is an alternative to violence, then one would expect to find an inverse correlation between the popularity of combative sports and the frequency and intensity of warfare. In other words, the more combative sports (e.g., football, boxing) the less likely warfare. Using the Human Relations Area Files and a sample of 20 societies, Sipes tests the hypothesis and discovers a significant relationship between combative sports and violence, but a direct one, not the inverse correlation of his hypothesis. According to Sipes' analysis, the more pervasive and popular combative sports are in a society, the more likely that society is to engage in war. So, Sipes draws the obvious conclusion that combative sports are not alternatives to war but rather are reflections of the same aggressive impulses in human society.

① Is There a Distinction among Combative Sports?
② Combative Sports Mirror Human Aggressiveness
③ Never Let Your Aggressive Impulses Consume You!
④ International Conflicts: Creating New Military Alliances
⑤ Combative Sports Are More Common among the Oppressed

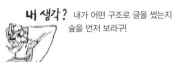

내 생각? 내가 어떤 구조로 글을 썼는지
숲을 먼저 보라구!

◀ BACK TO THE PASSAGE

0 이 글의 전개 구조로 알맞은 것을 고르고, 두 번째 단락이 시작되는 부분의 첫 세 단어를 쓰시오.

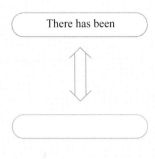

① 통념과 가설 – 반론과 결론
② 원인과 결과 – 분석과 결론
③ 구체(사례 나열) – 일반(결론)
④ 문제 제기 – 해결책

1 Richard Sipes가 진위를 파악하려고 연구한 통념의 내용을 우리말로 쓰시오.

→ _____

general belief와 같이 일반적 믿음, 통념을 언급하는 표현이 사용되었다면 반론이 제기될 가능성을 염두에 두자.

구조독해가 정답이다

이 글의 구조 속에서 밝혀진 진실!
그게 글쓴이가 이 글을 쓴 의도!
그걸 반영한 제목으로!

2

2020학년도 고2 학력평가

정답률 86%
난이도 중하
제한시간 1분 30초

이 글의 요지로 가장 적절한 것은?

The vast majority of companies, schools, and organizations measure and reward "high performance" in terms of individual metrics such as sales numbers, résumé accolades, and test scores. The problem with this approach is that it is based on a belief we thought science had fully confirmed: that we live in a world of "survival of the fittest." It teaches us that those with the *best* grades, or the *most* impressive résumé, or the *highest* point score, will be the ONLY ones to succeed. The formula is simple: be better and smarter and more creative than everyone else, and you will be successful. But this formula is inaccurate. Thanks to new research, we now know that achieving our highest potential is not about survival of the fittest but survival of the best fit. In other words, success is not just about how creative or smart or driven you are, but how well you are able to connect with, contribute to, and benefit from the ecosystem of people around you.

*accolade: 수상, 표창

① 효율적인 업무 배분은 조직의 생산성을 향상시킨다.
② 유연한 사고방식은 원활한 의사소통에 도움이 된다.
③ 사람들과 잘 어울려 일하는 능력이 성공을 가능하게 한다.
④ 비판적 사고 능력은 정확성을 추구하는 태도에서 출발한다.
⑤ 치열한 경쟁 사회에서 최고의 실력을 갖추는 것이 필수적이다.

내 생각?

◀ **BACK TO THE PASSAGE**

0 이 글의 전개 구조로 알맞은 것을 고르고, 두 번째 단락이 시작되는 부분의 첫 셋 단어를 쓰시오.

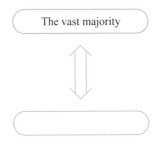

The vast majority

① 대립(통념 – 반론)
② 원인과 결과 – 분석과 결론
③ 구체(사례 나열) – 일반(결론)
④ 문제 제기 – 사례 분석

1 survival of the fittest에서 the fittest의 조건으로 글쓴이가 제시한 것이 <u>아닌</u> 것은?

① 최고의 매출
② 최상의 점수
③ 최고의 인기 수준
④ 가장 인상적인 이력서

survival of the fittest
: 적자생존

2 이 글에서 survival of the best fit이 의미하는 것은?

① 남보다 더 많이 노력하는 사람이 성공한다.
② 주변 사람과 잘 어울리는 사람이 성공한다.
③ 위기 순간에 강한 사람이 최후에 살아남는다.
④ 환경 변화에 잘 적응하는 사람이 살아남는다.

이 글의 빈칸에 들어갈 말로 가장 적절한 것은?

We are now _____, instead of the other way around. Perhaps the clearest way to see this is to look at changes in the biomass—the total worldwide weight—of mammals. A long time ago, all of us humans together probably weighed only about two-thirds as much as all the bison in North America, and less than one-eighth as much as all the elephants in Africa. But in the Industrial Era our population exploded and we killed bison and elephants at industrial scale and in terrible numbers. The balance shifted greatly as a result. At present, we humans weigh more than 350 times as much as all bison and elephants put together. We weigh over ten times more than all the earth's wild mammals combined. And if we add in all the mammals we've domesticated—cattle, sheep, pigs, horses, and so on—the comparison becomes truly ridiculous: we and our tamed animals now represent 97 percent of the earth's mammalian biomass. This comparison illustrates a fundamental point: instead of being limited by the environment, we learned to shape it to our own ends.

*bison: 들소

① imposing ourselves on nature
② limiting our ecological impact
③ yielding our land to mammals
④ encouraging biological diversity
⑤ doing useful work for the environment

내 생각?

◀ BACK TO THE PASSAGE

0 이 글의 전개 구조로 알맞은 것을 고르고, 각 단락이 시작되는 부분의 첫 세 단어를 쓰시오.

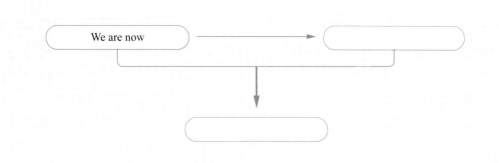

We are now

① 판단(요지) – 근거(사례) – 결론(요지)
② 화제 도입 – 구체(사례) – 일반(교훈)
③ 문제 제기 – 비교 – 해결책
④ 문제 제기 – 원인 – 전망

1 이 글의 주제로 가장 적절한 것은?

① how we have come to dominate nature
② how we can limit our impact on nature
③ how we can protect biological diversity
④ how we have influenced the evolutionary process

수치 자료를 통해 말하려는 바는?

빈칸을 알 수 있는 가장 확실한 방법이 생물량 변화를 보는 거라고 했으니 수치를 비교해서 볼 수밖에. 인간과 자연의 관계가 어떻게 변했는지 짐작할 수밖에!

구조독해가 정답이다

2021학년도 고2 학력평가

정답률 37%
난이도 상
제한시간 1분 40초

이 글의 빈칸에 들어갈 말로 가장 적절한 것은?

Deep-fried foods are tastier than bland foods, and children and adults develop a taste for such foods. Fatty foods cause the brain to release oxytocin, a powerful hormone with a calming, antistress, and relaxing influence, said to be the opposite of adrenaline, into the blood stream; hence the term "comfort foods." We may even be genetically programmed to eat too much. For thousands of years, food was very scarce. Food, along with salt, carbs, and fat, was hard to get, and the more you got, the better. All of these things are necessary nutrients in the human diet, and when their availability was limited, you could never get too much. People also had to hunt down animals or gather plants for their food, and that took a lot of calories. It's different these days. We have food at every turn—lots of those fast-food places and grocery stores with carry-out food. But that ingrained "caveman mentality" says that we can't ever get too much to eat. So craving for "unhealthy" food may _____.

① actually be our body's attempt to stay healthy
② ultimately lead to harm to the ecosystem
③ dramatically reduce our overall appetite
④ simply be the result of a modern lifestyle
⑤ partly strengthen our preference for fresh food

내 생각?

◀ BACK TO THE PASSAGE

0 이 글의 전개 구조로 알맞은 것을 고르고, 각 단락이 시작되는 부분의 첫 세 단어를 쓰시오.

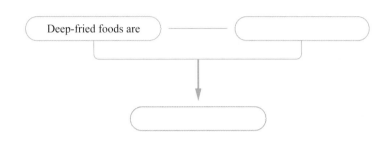

Deep-fried foods are

① 구체(첫 번째 원인 – 두 번째 원인) – 일반(결론)
② 판단(주장) – 근거(첫 번째 사례 – 두 번째 사례)
③ 첫 번째 문제 – 두 번째 문제 – 해결책
④ 일반(주제) – 구체(첫 번째 원인 – 두 번째 원인)

1 이 글의 주제로 가장 적절한 것은?

① why we eat unhealthy foods and eat too much
② how we can choose to consume healthy foods
③ why we need good food to stay fit and healthy
④ how we have changed our eating habit over time

2 이 글에서 "caveman mentality"가 의미하는 것은?

① 지방과 같이 열량이 많은 음식을 먹으면 기분이 들뜬다.
② 음식물을 많이 구하기 위해 사냥과 채취 활동을 즐긴다.
③ 비상시에 대비해 필요 이상의 많은 음식을 사려고 한다.
④ 음식이 부족하고 구하기 힘드니 가능할 때 많이 먹는다.

"caveman mentality"
= we can't ever get
too much to eat

구조독해가 정답이다

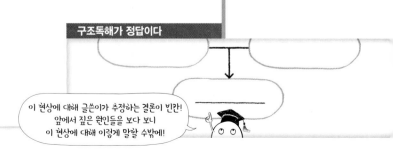

이 현상에 대해 글쓴이가 추정하는 결론이 빈칸!
앞에서 짚은 원인들을 보다 보니
이 현상에 대해 이렇게 말할 수밖에!

5

2020학년도 고2 학력평가

정답률 50%
난이도 중상
제한시간 1분 35초

밑줄 친 부분 중, 문맥상 낱말의 쓰임이 적절하지 <u>않은</u> 것은?

Sudden success or winnings can be very dangerous. Neurologically, chemicals are released in the brain that give a powerful burst of excitement and energy, leading to the desire to ① <u>repeat</u> this experience. It can be the start of any kind of addiction or manic behavior. Also, when gains come quickly we tend to ② <u>lose</u> sight of the basic wisdom that true success, to really last, must come through hard work. We do not take into account the role that luck plays in such ③ <u>hard-earned</u> gains. We try again and again to recapture that high from winning so much money or attention. We acquire feelings of superiority. We become especially ④ <u>resistant</u> to anyone who tries to warn us — they don't understand, we tell ourselves. Because this cannot be sustained, we experience an inevitable ⑤ <u>fall</u>, which is all the more painful, leading to the depression part of the cycle. Although gamblers are the most prone to this, it equally applies to businesspeople during bubbles and to people who gain sudden attention from the public.

내 생각?

◀ **BACK TO THE PASSAGE**

0 이 글의 전개 구조로 알맞은 것을 고르고, 각 단락이 시작되는 부분의 첫 두 단어를 쓰시오.

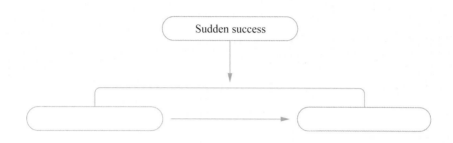

① 판단 – 근거(이유 – 적용 사례)
② 화제 도입 – 문제 제기 – 새로운 문제
③ 일반(주제) – 구체(사례 나열 – 비교 분석)
④ 문제 – 사례 – 해결

1 이 글의 주제로 가장 적절한 것은?

① what incentives lead to success or attention
② why sudden success or winnings can be dangerous
③ roles that luck plays in sudden success or winnings
④ chemicals released in the brain that give excitement

2 이 글의 내용으로 보아, 갑작스럽게 성공한 사람이 겪을 수 있는 위험이 <u>아닌</u> 것은?

① 성공했을 때 느끼는 강한 흥분을 반복해서 느끼려고 시도한다.
② 진정한 성공은 힘들여 얻어야 한다는 것을 잊는다.
③ 자신이 우월하다고 생각하지만 결국 실패하고 우울해진다.
④ 성공으로 얻은 재산과 인기를 믿고 정치적 목표를 세운다.

▶ 주제에서 벗어난 내용은?

구조독해가 정답이다

갑작스런 성공에 대한 글쓴이 판단부터!
그리고 과학적인 근거와 사례로 설득하는 구조!
구조로 보니 판단의 근거로 어색한 게 보여!

2021학년도 고2 학력평가

정답률 76%
난이도 중
제한시간 1분 30초

주어진 글 다음에 이어질 글의 순서로 가장 적절한 것은?

이 글의 구조, 예상되나?

> <u>Once we</u> recognize the false-cause issue, we see it everywhere. For example, a recent long-term study of University of Toronto medical students concluded that medical school class presidents lived an average of 2.4 years less than other medical school graduates.

(A) Perhaps this extra stress, and the corresponding lack of social and relaxation time—rather than being class president per se—contributes to lower life expectancy. If so, the real lesson of the study is that we should all relax a little and not let our work take over our lives.

(B) Probably not. Just because being class president is correlated with shorter life expectancy does not mean that it *causes* shorter life expectancy. In fact, it seems likely that the sort of person who becomes medical school class president is, on average, extremely hard-working, serious, and ambitious.

(C) At first glance, this seemed to imply that being a medical school class president is bad for you. Does this mean that you should avoid being medical school class president at all costs?

*per se: 그 자체로

① (A)-(C)-(B) ② (B)-(A)-(C) ③ (B)-(C)-(A)
④ (C)-(A)-(B) ⑤ (C)-(B)-(A)

내 생각?

◀ BACK TO THE PASSAGE

0 이 글의 전개 구조로 알맞은 것을 고르고, 각 단락이 시작되는 부분의 첫 두 단어를 쓰시오.

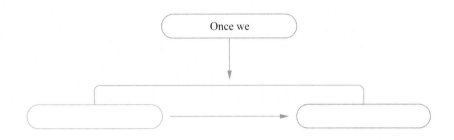

Once we

① 일반(요지) – 구체(사례 – 사례 진단)
② 문제 제기 – 사례 – 해결책
③ 일반(요지) – 구체(원인 설명 – 사례)
④ 문제 제기 – 해결책 – 새로운 문제

1 이 글의 주제로 가장 적절한 것은?

① the false-cause issue
② long-term medical study
③ average life expectancy
④ social and relaxation time

2 토론토 대학 의대생들에 대한 연구의 교훈은?

① 의사의 진단과 치료를 과신하지 말라.
② 과로하지 말고 적절한 휴식을 취하라.
③ 지도적 위치에 있는 사람은 겸손하라.
④ 환자는 의사의 진단과 조언을 따르라.

수능, 구조독해가 정답이다!

주어진 글 다음에 이어질 글의 순서로 가장 적절한 것을 고르시오.

> A sovereign state is usually defined as one whose citizens are free to determine their own affairs without interference from any agency beyond its territorial borders.

(A) No citizen could be a full member of the community so long as she was tied to ancestral traditions with which the community might wish to break—the problem of Antigone in Sophocles' tragedy. Sovereignty and citizenship thus require not only borders in space, but also borders in time.

(B) Sovereignty and citizenship require freedom from the past at least as much as freedom from contemporary powers. No state could be sovereign if its inhabitants lacked the ability to change a course of action adopted by their forefathers in the past, or even one to which they once committed themselves.

(C) But freedom in space (and limits on its territorial extent) is merely one characteristic of sovereignty. Freedom in time (and limits on its temporal extent) is equally important and probably more fundamental. [3점]

*sovereign: 주권의 **territorial: 영토의

① (A) − (C) − (B)
② (B) − (A) − (C)
③ (B) − (C) − (A)
④ (C) − (A) − (B)
⑤ (C) − (B) − (A)

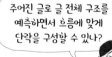

주어진 글로 글 전체 구조를 예측하면서 흐름에 맞게 단락을 구성할 수 있나?

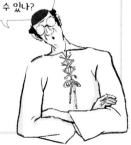

내가 왜 이런 구조로 썼는지,

그래서 뭘 말하고 싶은지 생각해 봐.

그게 내 의도!

통념을 꺾고 !
내 생각을 주장하기 !

일반적인 통념을 먼저,

NO! 내 생각은 달라!

탄탄한 근거로 멋들어지게 설득하기!

이게 내가 대립 구조를 선택한 이유!

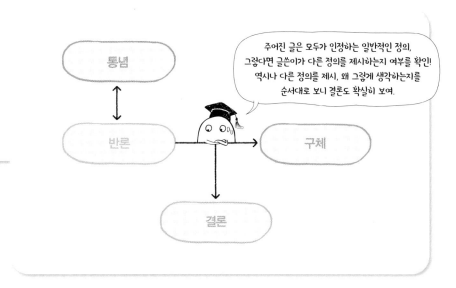

CHAPTER 04

2021학년도 고2 학력평가

정답률 67%
난이도 중
제한시간 1분 30초

이 글의 제목으로 가장 적절한 것은?

News reporters are taught to start their stories with the most important information. The first sentence, called the lead, contains the most essential elements of the story. A good lead can convey a lot of information. After the lead, information is presented in decreasing order of importance. Journalists call this the "inverted pyramid" structure — the most important information (the widest part of the pyramid) is at the top. The inverted pyramid is great for readers. No matter what the reader's attention span — whether she reads only the lead or the entire story — the inverted pyramid maximizes the information she gets. Think of the alternative: If news stories were written like mysteries with a dramatic payoff at the end, then readers who broke off in mid-story would miss the point. Imagine waiting until the last sentence of a story to find out who won the presidential election or the Super Bowl.

*inverted: 거꾸로 된

① Inverted Pyramid: Logically Impossible Structure
② Curiosity Is What Makes Readers Keep Reading
③ Where to Put Key Points in News Writing
④ The More Information, the Less Attention
⑤ Readers, Tell the Facts from the Fakes!

내 생각? 내가 어떤 구조로 글을 썼는지
숲을 먼저 보라구!

◀ **BACK TO THE PASSAGE**

0 이 글의 전개 구조로 알맞은 것을 고르고, 각 단락이 시작되는 부분의 첫 세 단어를 쓰시오.

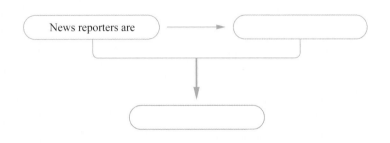

① 일반(요지) ─ 구체(예시) ─ 결론(실제 사례로 강조)
② 일반(요지) ─ 구체(설명) ─ 결론(반대 사례로 강조)
③ 구체(예시) ─ 일반(요지) ─ 결론(요지 반복)
④ 문제 제기 ─ 원인 분석 ─ 대안 제시

1 이 글의 내용으로 보아, "inverted pyramid" structure의 가장 큰 장점은?

① 독자가 기사의 첫 부분만 읽어도 주요 정보를 알 수 있다.
② 신문 기자가 기사의 정보를 최대한 많이 실을 수 있다.
③ 독자가 기사의 제목만 보아도 끝까지 읽고 싶은 욕구를 느낀다.
④ 신문 기자가 독자에게 꼭 필요한 정보만 쉽게 요약해서 전달할 수 있다.

구조독해가 정답이다

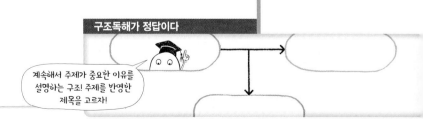

계속해서 주제가 중요한 이유를
설명하는 구조! 주제를 반영한
제목을 고르자!

2

2020학년도 고2 학력평가

정답률 87%
난이도 중하
제한시간 1분 30초

이 글에서 필자가 주장하는 바로 가장 적절한 것은?

When trying to convince someone to change their mind, most people try to lay out a logical argument, or make a passionate plea as to why their view is right and the other person's opinion is wrong. But when you think about it, you'll realize that this doesn't often work. As soon as someone figures out that you are on a mission to change their mind, the metaphorical shutters go down. You'll have better luck if you ask well-chosen, open-ended questions that let someone challenge their own assumptions. We tend to approve of an idea if we thought of it first — or at least, if we *think* we thought of it first. Therefore, encouraging someone to question their own worldview will often yield better results than trying to force them into accepting your opinion as fact. Ask someone well-chosen questions to look at their own views from another angle, and this might trigger fresh insights.

① 타인의 신뢰를 얻기 위해서는 일관된 행동을 보여 주어라.
② 협상을 잘하기 위해 질문에 담긴 상대방의 의도를 파악하라.
③ 논쟁을 잘하려면 자신의 가치관에서 벗어나려는 시도를 하라.
④ 원만한 대인 관계를 유지하려면 상대를 배려하는 태도를 갖춰라.
⑤ 설득하고자 할 때 상대방이 스스로 관점을 돌아보게 하는 질문을 하라.

내 생각?

◀ **BACK TO THE PASSAGE**

0 이 글의 전개 구조로 알맞은 것을 고르고, 각 단락이 시작되는 부분의 첫 세 단어를 쓰시오.

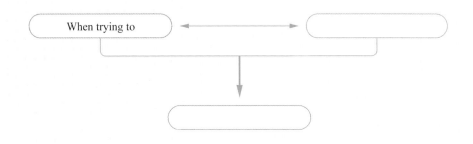

① 통념 – 반박 – 절충안

② 구체(현상 – 원인) – 일반(결론)

③ 일반(주제) – 구체(사례) – 결론

④ 통념 – 문제 제기 – 해결책

1 이 글의 주제로 가장 적절한 것은?

① how to make people accept new ideas

② how to make people approve of a plan

③ how to make people change their mind

④ how to make friends with your enemies

3

2020학년도 고2 학력평가

정답률 32%
난이도 상
제한시간 1분 30초

이 글의 빈칸에 들어갈 말로 가장 적절한 것은?

Over 4.5 billion years ago, the Earth's primordial atmosphere was probably largely water vapor, carbon dioxide, sulfur dioxide and nitrogen. The appearance and subsequent evolution of exceedingly primitive living organisms (bacteria-like microbes and simple single-celled plants) began to change the atmosphere, liberating oxygen and breaking down carbon dioxide and sulfur dioxide. This made it possible for higher organisms to develop. When the earliest known plant cells with nuclei evolved about 2 billion years ago, the atmosphere seems to have had only about 1 percent of its present content of oxygen. With the emergence of the first land plants, about 500 million years ago, oxygen reached about one-third of its present concentration. It had risen to almost its present level by about 370 million years ago, when animals first spread on to land. Today's atmosphere is thus not just a requirement to sustain life as we know it — it is also _____.

*primordial: 원시의   **sulfur dioxide: 이산화황

① a barrier to evolution
② a consequence of life
③ a record of primitive culture
④ a sign of the constancy of nature
⑤ a reason for cooperation among species

내 생각?

◀ BACK TO THE PASSAGE

0 이 글의 전개 구조로 알맞은 것을 고르고, 두 번째 단락이 시작되는 부분의 첫 두 단어를 쓰시오.

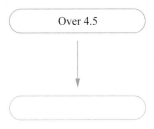

Over 4.5

① 연구 사례를 통해 가설을 끌어내는 구조
② 연구 사례를 비교, 대조하여 결론을 끌어내는 구조
③ 문제 사례를 비교한 뒤 원인을 분석, 해결책을 모색하는 구조
④ 시간의 흐름에 따라 변화된 과정을 설명하고 결론을 끌어내는 구조

1 이 글의 주제로 가장 적절한 것은?

① how much of the atmosphere is made up of vapor or oxygen
② what kinds of elements the earth's atmosphere is made up of
③ where the atmosphere surrounding the planets has come from
④ how evolving organisms have changed the earth's atmosphere

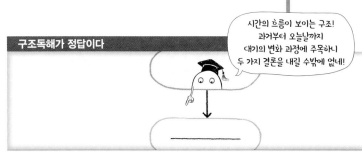

구조독해가 정답이다

시간의 흐름이 보이는 구조!
과거부터 오늘날까지
대기의 변화 과정에 주목하니
두 가지 결론을 내릴 수밖에 없네!

논리적인 결론을 끌어낼 때 사용하는 thus

글쓴이가 결론을 구성하는 방식은 다양하다. 본론에서 전개한 내용으로부터 필연적으로 끌어낼 수밖에 없는 결과를 결론으로 제시하기도 하고, 제기한 문제에 대한 구체적인 해법 또는 주제와 관련된 전망을 하면서 글을 끝맺기도 한다. 이 글처럼 앞서 전개한 내용에서 논리적으로 끌어낼 수밖에 없는 결론을 제시할 때는 다음과 같은 연결어를 사용한다.

• 논리적인 결론을 이끄는 연결어: therefore, as a result, consequently, so, then, thus 등

2021학년도 고2 학력평가

정답률 42%
난이도 상
제한시간 1분 40초

빈칸이 포함된 문장의 역할을
파악했어?

이 글의 빈칸에 들어갈 말로 가장 적절한 것은?

Philosophical activity is based on the _____.
The philosopher's thirst for knowledge is shown through attempts to find better answers to questions even if those answers are never found. At the same time, a philosopher also knows that being too sure can hinder the discovery of other and better possibilities. In a philosophical dialogue, the participants are aware that there are things they do not know or understand. The goal of the dialogue is to arrive at a conception that one did not know or understand beforehand. In traditional schools, where philosophy is not present, students often work with factual questions, they learn specific content listed in the curriculum, and they are not required to solve philosophical problems. However, we know that awareness of what one does not know can be a good way to acquire knowledge. Knowledge and understanding are developed through thinking and talking. Putting things into words makes things clearer. Therefore, students must not be afraid of saying something wrong or talking without first being sure that they are right.

① recognition of ignorance
② emphasis on self-assurance
③ conformity to established values
④ achievements of ancient thinkers
⑤ comprehension of natural phenomena

내 생각?

◀ BACK TO THE PASSAGE

0 이 글에 사용된 서술 방식이 <u>아닌</u> 것을 고르고, 각 단락이 시작되는 부분의 첫 두 단어를 쓰시오.

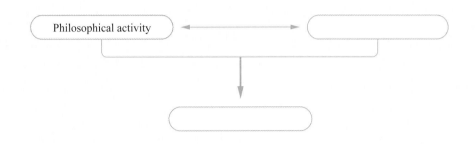

Philosophical activity ⟷

① 철학과 학교의 지식 추구 방법을 비교하고 있다.

② 철학이 직면한 문제를 학교 교육에서 찾고 있다.

③ 철학의 예와 학교의 예를 통해 결론을 끌어내고 있다.

④ 철학의 지식 추구 방법을 통해 학교 교육의 방향을 제시하고 있다.

▶ 두 가지 예를 제시한 까닭은?

1 이 글의 요지로 가장 적절한 것은?

① 학교 교육은 몰랐던 지식을 찾아가는 과정이어야 한다.

② 학교는 철학 교육을 포함한 교육 과정을 개발해야 한다.

③ 교사는 학생이 미래에 필요할 새 지식을 가르쳐야 한다.

④ 교사는 지식이 아니라 양심의 중요성을 가르쳐야 한다.

▶ 철학과 학교 교육을 비교한 이유는?

구조독해가 정답이다

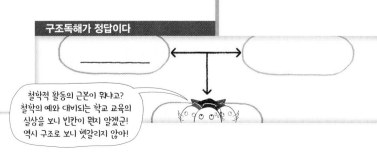

철학적 활동의 근본이 뭐냐고?
철학의 예와 대비되는 학교 교육의
실상을 보니 빈칸이 뭔지 알겠군!
역시 구조로 보니 헷갈리지 않아!

5

2020학년도 고2 학력평가

정답률 58%
난이도 중상
제한시간 1분 35초

(A), (B), (C)의 각 네모 안에서 문맥에 맞는 낱말로 가장 적절한 것은?

On projects in the built environment, people consider safety and functionality nonnegotiable. But the aesthetics of a new project—how it is *designed*—is too often considered (A) relevant / irrelevant . The question of how its design *affects* human beings is rarely asked. People think that design makes something highfalutin, called architecture, and that architecture differs from building, just as surely as the Washington National Cathedral differs from the local community church. This (B) connection / distinction between architecture and building—or more generally, between design and utility—couldn't be more wrong. More and more we are learning that the design of all our built environments matters so profoundly that safety and functionality must not be our only urgent priorities. All kinds of design elements influence people's experiences, not only of the environment but also of themselves. They (C) overlook / shape our cognitions, emotions, and actions, and even our well-being. They actually help constitute our very sense of identity.

*highfalutin: 허세를 부리는

	(A)		(B)		(C)
①	relevant		distinction		shape
②	relevant		connection		overlook
③	irrelevant		distinction		overlook
④	irrelevant		connection		overlook
⑤	irrelevant		distinction		shape

내 생각?

◀ BACK TO THE PASSAGE

0 각 단락의 역할을 |보기|에서 고르고, 두 번째 단락이 시작되는 부분의 첫 두 단어를 쓰시오.

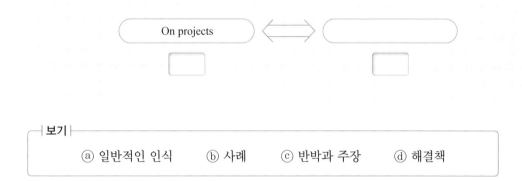

| 보기 |
ⓐ 일반적인 인식   ⓑ 사례   ⓒ 반박과 주장   ⓓ 해결책

1 이 글의 요지로 가장 적절한 것은?

① 건축은 디자인 뿐만 아니라 거주자의 안전도 고려해야 한다.
② 건축은 안전성과 기능성 뿐만 아니라 아름다움도 추구해야 한다.
③ 건축은 안전성과 기능성 뿐만 아니라 환경보호도 고려해야 한다.
④ 건축은 작업 공간뿐만 아니라 문화 공간도 포함해야 한다.

글쓴이가 제기한 문제는?

사람들의 생각을 비판하고
다른 생각을 주장하는 구조!
각 문장이 누구의 생각에
해당하는지 확인, 단어를 선택!

구조독해가 정답이다

주어진 글 다음에 이어질 글의 순서로 가장 적절한 것은?

> We commonly argue about the fairness of taxation—whether this or that tax will fall more heavily on the rich or the poor.

(A) Taxes on tobacco, alcohol, and casinos are called "sin taxes" because they seek to discourage activities considered harmful or undesirable. Such taxes express society's disapproval of these activities by raising the cost of engaging in them. Proposals to tax sugary sodas (to combat obesity) or carbon emissions (to address climate change) likewise seek to change norms and shape behavior.

(B) But the expressive dimension of taxation goes beyond debates about fairness, to the moral judgements societies make about which activities are worthy of honor and recognition, and which ones should be discouraged. Sometimes, these judgements are explicit.

(C) Not all taxes have this aim. We do not tax income to express disapproval of paid employment or to discourage people from engaging in it. Nor is a general sales tax intended as a deterrent to buying things. These are simply ways of raising revenue.

*deterrent: 억제책

① (A)−(C)−(B)　　② (B)−(A)−(C)　　③ (B)−(C)−(A)

④ (C)−(A)−(B)　　⑤ (C)−(B)−(A)

내 생각?

◀ **BACK TO THE PASSAGE**

0 이 글의 전개 구조로 알맞은 것을 고르고, 각 단락이 시작되는 부분의 첫 세 단어를 쓰시오.

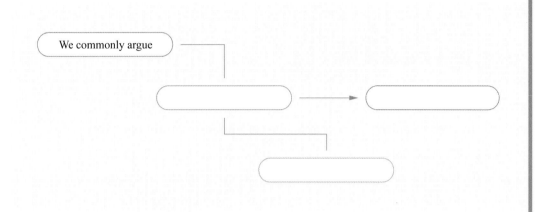

We commonly argue

① 주제 – 주제 확장 – 예시 – 주제 재확장
② 문제 제기 – 요지 – 사례 – 사례
③ 예시 – 요지 – 원리 – 적용 대상
④ 주제 – 사례 – 문제 제기 – 문제 해결

1 이 글의 주제로 가장 적절한 것은?

① securing fairness of taxation
② various purposes of taxation
③ taxes expressing disapproval
④ moral dimensions of taxation

2 (C)에서 밑줄 친 <u>this aim</u>이 의미하는 것은?

① to express disapproval of paid employment
② to declare explicitly the purposes of taxation
③ to achieve the fairness of taxation in societies
④ to discourage activities considered undesirable

구조독해가 정답이다

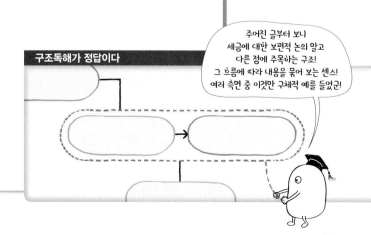

주어진 글부터 보니
세금에 대한 보편적 논의 말고
다른 점에 주목하는 구조!
그 흐름에 따라 내용을 묶어 보는 센스!
여러 측면 중 이것만 구체적 예를 들었군!

수능,
구조독해가 정답이다!

다음 글의 주제로 가장 적절한 것을 고르시오.

We argue that the ethical principles of justice provide an essential foundation for policies to protect unborn generations and the poorest countries from climate change. Related issues arise in connection with current and persistently inadequate aid for these nations, in the face of growing threats to agriculture and water supply, and the rules of international trade that mainly benefit rich countries. Increasing aid for the world's poorest peoples can be an essential part of effective mitigation. With 20 percent of carbon emissions from (mostly tropical) deforestation, carbon credits for forest preservation would combine aid to poorer countries with one of the most cost-effective forms of abatement. Perhaps the most cost-effective but politically complicated policy reform would be the removal of several hundred billions of dollars of direct annual subsidies from the two biggest recipients in the OECD—destructive industrial agriculture and fossil fuels. Even a small amount of this money would accelerate the already rapid rate of technical progress and investment in renewable energy in many areas, as well as encourage the essential switch to conservation agriculture. [3점]

*mitigation: 완화 **abatement: 감소 ***subsidy: 보조금

① reforming diplomatic policies in poor countries
② increasing global awareness of the environmental crisis
③ reasons for restoring economic equality in poor countries
④ coping with climate change by reforming aid and policies
⑤ roles of the OECD in solving international conflicts

글쓴이가 무엇에 대해 어떤 구조로 서술하는지 파악할 수 있나?

내가 왜 이런 구조로 썼는지,
그래서 뭘 말하고 싶은지 생각해 봐.
그게 내 의도!

문제 상황으로 몰아 넣고
해결책을 제시!

관심을 기울이도록 문제 상황부터 먼저!
문제의 원인 속에서 해결책 제시하기.
이게 내가 문제−해결 구조를 택한 이유!

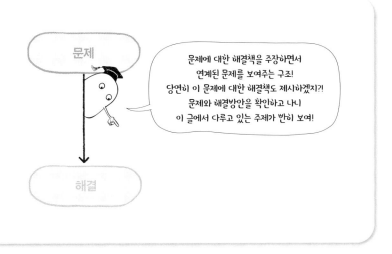

문제에 대한 해결책을 주장하면서
연계된 문제를 보여주는 구조!
당연히 이 문제에 대한 해결책도 제시하겠지?!
문제와 해결방안을 확인하고 나니
이 글에서 다루고 있는 주제가 빤히 보여!

CHAPTER 05

1

2020학년도 고2 학력평가

정답률 69%
난이도 중
제한시간 1분 30초

이 글의 제목으로 가장 적절한 것은?

In government, in law, in culture, and in routine everyday interaction beyond family and immediate neighbours, a widely understood and clearly formulated language is a great aid to mutual confidence. When dealing with property, with contracts, or even just with the routine exchange of goods and services, concepts and descriptions need to be as precise and unambiguous as possible, otherwise misunderstandings will arise. If full communication with a potential counterparty in a deal is not possible, then uncertainty and probably a measure of distrust will remain. As economic life became more complex in the later Middle Ages, the need for fuller and more precise communication was accentuated. A shared language facilitated clarification and possibly settlement of any disputes. In international trade also the use of a precise and well-formulated language aided the process of translation. The Silk Road could only function at all because translators were always available at interchange points.

*accentuate: 강조하다

① Earn Trust with Reliable Goods Rather Than with Words!
② Linguistic Precision: A Key to Successful Economic Transactions
③ Difficulties in Overcoming Language Barriers and Distrust in Trade
④ The More the Economy Grows, the More Complex the World Gets
⑤ Excessive Confidence: The Biggest Reason for Miscommunication

내 생각? 내가 어떤 구조로 글을 썼는지
숲을 먼저 보라구!

◀ BACK TO THE PASSAGE

0 이 글의 전개 구조로 알맞은 것을 고르고, 두 번째 단락이 시작되는 부분의 첫 두 단어를 쓰시오.

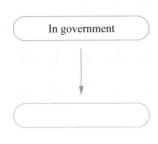

① 구체(역사적 사례) – 일반(주장)
② 문제 제기 – 결론(요지)
③ 판단(요지) – 근거(역사적 사례)
④ 일반(연구 결과) – 구체(연구 방법)

1 글쓴이의 주장에 따르면, 정확한 언어가 필요한 이유로 가장 적절한 것은?

① 상호 신뢰에 커다란 도움이 된다.
② 외래문화를 이해할 수 있게 한다.
③ 정확한 거래량을 파악할 수 있다.
④ 상대방의 오류를 지적할 수 있다.

구조독해가 정답이다

첫 문장에서 글쓴이가 주목한 핵심어,
그리고 필요성 강조,
역사적 사례로 구체화하는 구조!
구조를 담은 제목으로!

이 글의 요지로 가장 적절한 것은?

Too many officials in troubled cities wrongly imagine that they can lead their city back to its former glories with some massive construction project—a new stadium or light rail system, a convention center, or a housing project. With very few exceptions, no public policy can slow the tidal forces of urban change. We mustn't ignore the needs of the poor people who live in the Rust Belt, but public policy should help poor *people*, not poor places. Shiny new real estate may dress up a declining city, but it doesn't solve its underlying problems. The hallmark of declining cities is that they have *too much* housing and infrastructure relative to the strength of their economies. With all that supply of structure and so little demand, it makes no sense to use public money to build more supply. The folly of building-centric urban renewal reminds us that cities aren't structures; cities are people.

① 도시 재생을 위한 공공정책은 건설보다 사람에 중점을 두어야 한다.
② 대중 교통 이용이 편리하도록 도시 교통 체계를 구축해야 한다.
③ 사회기반시설 확충을 통해 지역 경제를 활성화해야 한다.
④ 에너지를 절감할 수 있는 친환경 건물을 설계해야 한다.
⑤ 문화유산 보존을 우선하는 도시 계획을 수립해야 한다.

내 생각?

◀ BACK TO THE PASSAGE

0 이 글의 전개 구조로 알맞은 것을 고르고, 두 번째 단락이 시작되는 부분의 첫 세 단어를 쓰시오.

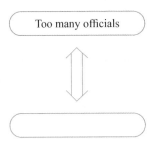

Too many officials

① 구체적인 사례를 통해 결론을 끌어내는 구조
② 일반적인 관행과 정책을 비판하면서 다른 주장을 제시하는 구조
③ 문제의 원인을 분석하고 문제의 심각성을 강조하는 구조
④ 주장부터 제시한 뒤 구체적인 설명과 예로 뒷받침하는 구조

1 이 글에서 밑줄 친 <u>its underlying problems</u>가 의미하는 것은?

① 주택과 기반시설을 건설할 재정이 부족하다.
② 주택과 기반시설은 많지만 사람들은 가난하다.
③ 사람들을 도시로 불러들일 일자리가 부족하다.
④ 기반시설이 부족해서 사람들이 도시를 떠난다.

3

2020학년도 고2 학력평가

정답률 56%
난이도 중상
제한시간 1분 40초

이 글의 내용을 한 문장으로 요약하고자 한다. 빈칸 (A), (B)에 들어갈 말로 가장 적절한 것은?

Some researchers at Sheffield University recruited 129 hobbyists to look at how the time spent on their hobbies shaped their work life. To begin with, the team measured the seriousness of each participant's hobby, asking them to rate their agreement with statements like "I regularly train for this activity," and also assessed how similar the demands of their job and hobby were. Then, each month for seven months, participants recorded how many hours they had dedicated to their activity, and completed a scale measuring their ⓐ belief in their ability to effectively do their job, or their ⓑ "self-efficacy." The researchers found that when participants spent longer than normal doing their leisure activity, their ⓒ belief in their ability to perform their job increased. But this was only the case when they had a serious hobby that was dissimilar to their job. When their hobby was both serious and similar to their job, then spending more time on it actually decreased their self-efficacy.

> Research suggests that spending more time on serious hobbies can boost ___(A)___ at work if the hobbies and the job are sufficiently ___(B)___.

	(A)		(B)
①	confidence	....	different
②	productivity	....	connected
③	relationships	....	balanced
④	creativity	....	separate
⑤	dedication	....	similar

내 생각?

◀ BACK TO THE PASSAGE

0 이 글의 전개 구조로 알맞은 것을 고르고, 두 번째 단락이 시작되는 부분의 첫 세 단어를 쓰시오.

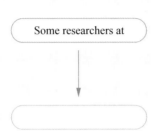

Some researchers at

① 일반(연구 결과) – 구체(연구 내용)
② 구체(연구 내용) – 일반(연구 결과)
③ 구체(연구 목적) – 일반(연구 가설)
④ 일반(연구 가설) – 구체(가설 증명)

1 이 글의 주제로 가장 적절한 것은?

① how similar the demands of jobs and hobbies should be
② how much time should be dedicated to jobs and hobbies
③ how much hobbies can improve the efficiency at work
④ how the time spent on different hobbies affects work life

2 이 글에서 밑줄 친 ⓐ~ⓒ와 같은 의미로 사용된 단어는?

① creativity
② dedication
③ confidence
④ productivity

구조독해가 정답이다

제시된 연구 내용과 과정에 주목,
연구 목적과 결과를 보니
취미와 이것의 상관관계를 알겠군!
사용된 단어와 비슷한 단어로 요약하자!

연구의 목적이 글의 주제. 연구의 결과가 글의 요지.

객관적으로 설명해야 설득력이 생기는 주제일 때, 글쓴이는 실험·조사·연구 내용을 인용한다. 일반적으로 실험·조사·연구의 목적이 글의 주제, 그 결과가 글의 요지나 중심 생각에 해당하므로, 실험·조사·연구의 결과에 주목해서 읽어야 한다.

• 결과를 이끄는 표현: finding, result 등의 명사
　　　　　　　　　　　find (out), discover, reveal, suggest, show, indicate 등 동사

이 글의 빈칸에 들어갈 말로 가장 적절한 것은?

While leaders often face enormous pressures to make decisions quickly, premature decisions are the leading cause of decision failure. This is primarily because leaders respond to the superficial issue of a decision rather than taking the time to explore the underlying issues. Bob Carlson is a good example of a leader _____ in the face of diverse issues. In the economic downturn of early 2001, Reell Precision Manufacturing faced a 30 percent drop in revenues. Some members of the senior leadership team favored layoffs and some favored salary reductions. While it would have been easy to push for a decision or call for a vote in order to ease the tension of the economic pressures, as co-CEO, Bob Carlson helped the team work together and examine all of the issues. The team finally agreed on salary reductions, knowing that, to the best of their ability, they had thoroughly examined the implications of both possible decisions.

*revenue: 총수입   **implication: 영향

① justifying layoffs
② exercising patience
③ increasing employment
④ sticking to his opinions
⑤ training unskilled members

내 생각?

◀ **BACK TO THE PASSAGE**

0 이 글의 전개 구조로 알맞은 것을 고르고, 두 번째 단락이 시작되는 부분의 첫 세 단어를 쓰시오.

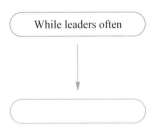

While leaders often

① 판단(요지) – 근거(사례)
② 문제 제시 – 해결책
③ 문제 제기 – 분석과 전망
④ 문제 제기 – 원인과 결과

1 이 글의 글쓴이가 주장하는 바로 가장 적절한 것은?

① 최고 경영자는 위기 상황에서 빠른 결정을 내려야 한다.
② 여러 의견이 대립할 때 지도자는 투표로 결정해야 한다.
③ 최고 경영자는 항상 모든 직원의 복지를 고려해야 한다.
④ 지도자는 모든 사안을 신중히 검토한 후 결정해야 한다.

구조독해가 정답이다

예로 든 인물이 빈칸에 대한 좋은 예시?!
앞서 말한 현상과 이유 진단,
사례 속 인물의 남다른 결정을 보니
빈칸이 뭔지 알겠네!

이 글의 빈칸에 들어갈 말로 가장 적절한 것은?

Translating academic language into everyday language can be an essential tool for you as a writer to _____. For, as writing theorists often note, writing is generally not a process in which we start with a fully formed idea in our heads that we then simply transcribe in an unchanged state onto the page. On the contrary, writing is more often a means of discovery in which we use the writing process to figure out what our idea is. This is why writers are often surprised to find that what they end up with on the page is quite different from what they thought it would be when they started. What we are trying to say here is that everyday language is often crucial for this discovery process. Translating your ideas into more common, simpler terms can help you figure out what your ideas really are, as opposed to what you initially imagined they were.

*transcribe: 옮겨 쓰다

이 글의 요지는?

① finish writing quickly
② reduce sentence errors
③ appeal to various readers
④ come up with creative ideas
⑤ clarify your ideas to yourself

내 생각?

◀ BACK TO THE PASSAGE

0 이 글의 전개 구조로 알맞은 것을 고르고, 각 단락이 시작하는 부분의 첫 세 단어를 쓰시오.

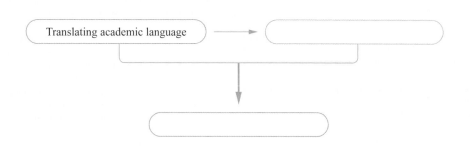

① 구체(사례 – 사례 분석) – 일반(요지)
② 주제 – 문제 제기 – 결론
③ 화제 도입 – 문제 – 해결
④ 판단(의견) – 근거(설명) – 결론(요지 반복)

1 이 글의 요지로 가장 적절한 것은?

① 글을 쉬운 말로 쓰면 자기 생각을 분명히 아는 데 도움이 된다.
② 글을 쓸 때 일반 독자를 위해 어려운 말을 쉽게 설명해야 한다.
③ 물이 흐르듯 글의 내용을 자연스럽고 쉽게 서술해야 한다.
④ 글쓰기 전에 글을 쓰는 사람의 생각과 목적을 분명히 해야 한다.

구조독해가 정답이다

빈칸이 포함된 첫 문장에서 의견을 제시하는 구조!
이어지는 근거와 반복되는 결론 속에 답이 있군!
일상 언어로 써야 하는 이유!

독자를 주목시키고 주제문 또는 결론 제시하기

글쓴이가 독자의 주의를 끌고 자기가 의도한 바를 강조하면서 주제문 또는 결론을 제시할 때 사용하는 표현들이 있다. 이때 그 내용에 주목, 글쓴이의 생각을 빠르게 포착해야 한다.

• What I'm trying to say is (that) … : 제가 하는 말은 …입니다
• What I want to emphasize is (that) … : 제가 강조하고 싶은 것은 …입니다
• What matters is (that) … : 중요한 것은 …입니다
• All you have to do is (to) … : ~하기만 하면 됩니다
• All I'm saying is (that) … : 제가 말하려는 것은 …뿐입니다

이 글에서 전체 흐름과 관계 <u>없는</u> 문장은?

An interesting phenomenon that arose from social media is the concept of *social proof.* It's easier for a person to accept new values or ideas when they see that others have already done so. ① If the person they see accepting the new idea happens to be a friend, then social proof has even more power by exerting peer pressure as well as relying on the trust that people put in the judgments of their close friends. ② For example, a video about some issue may be controversial on its own but more credible if it got thousands of likes. ③ When expressing feelings of liking to friends, you can express them using nonverbal cues such as facial expressions. ④ If a friend recommends the video to you, in many cases, the credibility of the idea it presents will rise in direct proportion to the trust you place in the friend recommending the video. ⑤ This is the power of social media and part of the reason why videos or "posts" can become "viral."

*exert: 발휘하다 **viral: 바이러스성의, 입소문이 나는

◀ BACK TO THE PASSAGE

0 이 글의 전개 구조로 알맞은 것을 고르고, 각 단락이 시작되는 부분의 첫 두 단어를 쓰시오.

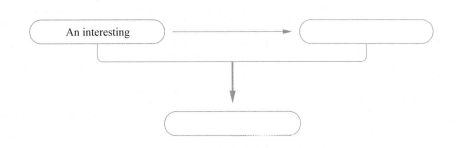

① 문제 제기 – 문제 해결 – 결론
② 통념 – 반박 – 결론
③ 구체(사례) – 원인 설명 – 결론
④ 일반(주제와 설명) – 구체(사례) – 결론

1 이 글의 주제로 가장 적절한 것은?

① why some videos and posts become viral in social media
② the credibility of videos and posts we see in social media
③ the impact of social media on how modern society works
④ how much we should trust the new ideas in social media

2 이 글에서 *social proof*가 의미하는 것은?

① 소셜 미디어에 올라온 영상을 맹신하는 현상
② 소셜 미디어를 이용해 가치나 아이디어를 공유하는 현상
③ 소셜 미디어에서 많은 사람이 받아들인 것을 따라 받아들이는 현상
④ 소셜 미디어에서 얻은 최신 정보를 여러 사람에게 재전송하는 현상

수능,
구조독해가 정답이다!

다음 글의 제목으로 가장 적절한 것을 고르시오.

Mending and restoring objects often require even more creativity than original production. The preindustrial blacksmith made things to order for people in his immediate community; customizing the product, modifying or transforming it according to the user, was routine. Customers would bring things back if something went wrong; repair was thus an extension of fabrication. With industrialization and eventually with mass production, making things became the province of machine tenders with limited knowledge. But repair continued to require a larger grasp of design and materials, an understanding of the whole and a comprehension of the designer's intentions. "Manufacturers all work by machinery or by vast subdivision of labour and not, so to speak, by hand," an 1896 *Manual of Mending and Repairing* explained. "But all repairing *must* be done by hand. We can make every detail of a watch or of a gun by machinery, but the machine cannot mend it when broken, much less a clock or a pistol!"

① Still Left to the Modern Blacksmith: The Art of Repair
② A Historical Survey of How Repairing Skills Evolved
③ How to Be a Creative Repairperson: Tips and Ideas
④ A Process of Repair: Create, Modify, Transform!
⑤ Can Industrialization Mend Our Broken Past?

글의 구조 속에서 글쓴이가 의도한 바를 대표하거나 상징하는 제목을 붙일 수 있나?

내가 왜 이런 구조로 썼는지,
그래서 뭘 말하고 싶은지 생각해 봐.
그게 내 의도!

**판단으로 강하게 단도직입!
탄탄한 근거로 마무리!**

강력한 주장부터 먼저!
그리고 타당한 근거로 설득하기!
이게 내가 판단-근거 구조를 택한 이유!

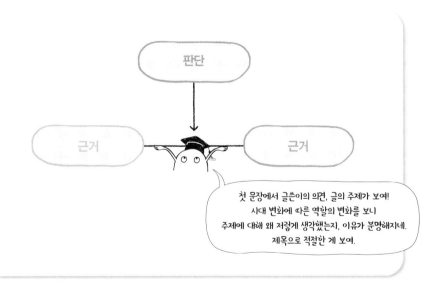

첫 문장에서 글쓴이의 의견, 글의 주제가 보여!
시대 변화에 따른 역할의 변화를 보니
주제에 대해 왜 저렇게 생각했는지, 이유가 분명해지네.
제목으로 적절한 게 보여.

CHAPTER 06

1

2020학년도 고3 학력평가

정답률 70%
난이도 중
제한시간 1분 30초

이 글의 주제로 가장 적절한 것은?

The act of "seeing" appears so natural that it is difficult to appreciate the vastly sophisticated machinery underlying the process. It may come as a surprise that about one-third of the human brain is devoted to vision. The brain has to perform an enormous amount of work to unambiguously interpret the billions of photons streaming into the eyes. Strictly speaking, all visual scenes are ambiguous. Your brain goes through a good deal of trouble to disambiguate the information hitting your eyes by taking context into account and making assumptions. But all this doesn't happen effortlessly, as demonstrated by patients who surgically recover their eyesight after decades of blindness: they do not suddenly see the world, but instead must *learn* to see again. At first the world is a chaotic attack of shapes and colors, and even when the optics of their eyes are perfectly functional, their brain must learn how to interpret the data coming in.

*photon: 빛의 요소가 되는 입자 **disambiguate: 명확하게 하다

① perceptional clash between brain and eyes in the act of seeing
② significant role of the brain in processing visual information
③ unintended influence of visually ambiguous data in learning
④ various advantages of using insight to understand context
⑤ common optical illusions in discerning visual stimuli

내 생각? 내가 어떤 구조로 글을 썼는지
숲을 먼저 보라구!

◀ **BACK TO THE PASSAGE**

0 이 글의 전개 구조로 알맞은 것을 고르고, 세 번째 단락이 시작되는 부분의 첫 세 단어를 쓰시오.

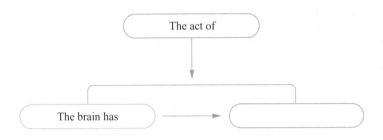

① 일반(요지) – 구체(설명 – 증명 사례)
② 잘못된 통념 – 반박
③ 구체(연구 방법 – 연구 결과) – 일반(결론)
④ 사례 비교 – 문제 제기 – 해결책

1 수십 년 만에 시력을 되찾은 환자에게 세상이 혼란스러운 색과 모양으로 보이는 이유는?

① 뇌가 눈으로 들어오는 정보를 처리하는 방법을 몰라서
② 눈의 망막과 뇌로 이어지는 신경 세포가 활발하지 못해서
③ 갑작스러운 변화에 뇌가 일종의 활동 정지 상태에 빠져서
④ 시각 정보를 처리하는 뇌 부분의 손상이 회복되지 않아서

구조독해가 정답이다

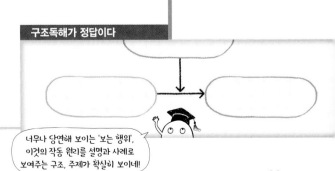

너무나 당연해 보이는 '보는 행위',
이것의 작동 원리를 설명과 사례로
보여주는 구조, 주제가 확실히 보이네!

2

2021학년도 수능

정답률 89%
난이도 중하
제한시간 1분 30초

이 글의 요지로 가장 적절한 것은?

Prior to file-sharing services, music albums landed exclusively in the hands of music critics before their release. These critics would listen to them well before the general public could and preview them for the rest of the world in their reviews. Once the internet made music easily accessible and allowed even advanced releases to spread through online social networks, availability of new music became democratized, which meant critics no longer had unique access. That is, critics and laypeople alike could obtain new music simultaneously. Social media services also enabled people to publicize their views on new songs, list their new favorite bands in their social media bios, and argue over new music endlessly on message boards. The result was that critics now could access the opinions of the masses on a particular album before writing their reviews. Thus, instead of music reviews guiding popular opinion toward art (as they did in preinternet times), music reviews began to reflect— consciously or subconsciously—public opinion.

*laypeople: 비전문가

① 미디어 환경의 변화로 음악 비평이 대중의 영향을 받게 되었다.
② 인터넷의 발달로 다양한 장르의 음악을 접하는 것이 가능해졌다.
③ 비평가의 음악 비평은 자신의 주관적인 경험을 기반으로 한다.
④ 오늘날 새로운 음악은 대중의 기호를 확인한 후에 공개된다.
⑤ 온라인 환경의 대두로 음악 비평의 질이 전반적으로 상승하였다.

내 생각?

◀ BACK TO THE PASSAGE

0 이 글에 사용된 서술 방식을 고르고, 각 단락이 시작되는 부분의 첫 세 단어를 쓰시오.

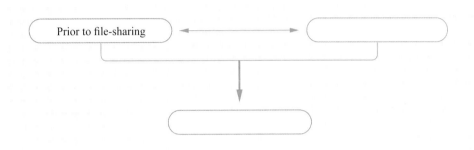

Prior to file-sharing

① 핵심 개념을 제시하고, 세부 사항을 예로 들어 설명한다.
② 인과 관계에 따라 하나의 현상을 분석하고, 전망을 제시한다.
③ 여러 사례를 제시하고, 공통점을 찾아 핵심 개념을 설명한다.
④ 시간의 흐름에 따른 상황을 대조, 변화를 설명하고 결론을 끌어낸다.

1 이 글의 내용을 한 문장으로 요약하고자 한다. 빈칸 (A), (B)에 들어갈 말로 가장 적절한 것을 |보기|에서 골라 쓰시오.

|보기|

ignored   influenced   monopolized   democratized

The internet ___(A)___ access to music albums that were about to be released, which made music reviews ___(B)___ by the views of the general public.

(A) _____   (B) _____

이 글의 내용을 한 문장으로 요약하고자 한다. 빈칸 (A), (B)에 들어갈 말로 가장 적절한 것은?

Because elephant groups break up and reunite very frequently—for instance, in response to variation in food availability—reunions are more important in elephant society than among primates. And the species has evolved elaborate greeting behaviors, the form of which reflects the strength of the social bond between the individuals (much like how you might merely shake hands with a long-standing acquaintance but hug a close friend you have not seen in a while, and maybe even tear up). Elephants may greet each other simply by reaching their trunks into each other's mouths, possibly equivalent to a human peck on the cheek. However, after long absences, members of family and bond groups greet one another with incredibly theatrical displays. The fact that the intensity reflects the duration of the separation as well as the level of intimacy suggests that elephants have a sense of time as well. To human eyes, these greetings strike a familiar chord. I'm reminded of the joyous reunions so visible in the arrivals area of an international airport terminal.

*acquaintance: 지인   **peck: 가벼운 입맞춤

동의어를 파악해 봐.

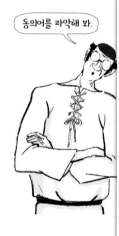

The evolved greeting behaviors of elephants can serve as an indicator of how much they are socially ____(A)____ and how long they have been ____(B)____.

	(A)		(B)
①	competitive	....	disconnected
②	tied	....	endangered
③	responsible	....	isolated
④	competitive	....	united
⑤	tied	....	parted

내 생각?

◀ BACK TO THE PASSAGE

0 이 글에 사용된 서술 방식을 고르고, 두 번째 단락이 시작되는 부분의 첫 세 단어를 쓰시오.

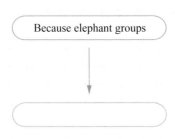

Because elephant groups

① 사례별 원인을 제시하고, 결론을 끌어내는 구조
② 현상을 묘사하고, 그 의미를 해석하는 구조
③ 여러 사례를 제시하고, 공통점을 찾아내는 구조
④ 두 현상을 대조하여 차이점을 설명하는 구조

1 이 글의 주제로 가장 적절한 것은?

① greeting behaviors of elephants showing social ties and the span of absence
② a variety of evidence that shows how intelligent and emotional elephants are
③ why reunions are far more important in elephant society than among primates
④ the overwhelming similarity between elephants' and human greeting behaviors

이 글의 빈칸에 들어갈 말로 가장 적절한 것은?

Scientists have known about 'classical' language regions in the brain like Broca's area and Wernicke's, and that these are stimulated when the brain interprets new words. But it is now clear that stories activate other areas of the brain in addition. Words like 'lavender', 'cinnamon', and 'soap' activate not only language-processing areas of the brain, but also those that respond to smells as though we physically smelled them. Significant work has been done on how the brain responds to metaphor, for example. Participants in these studies read familiar or clichéd metaphors like 'a rough day' and these stimulated only the language-sensitive parts of the brain. The metaphor 'a liquid chocolate voice', on the other hand, stimulated areas of the brain concerned both with language—and with taste. 'A leathery face' stimulated the sensory cortex. And reading an exciting, vivid action plot in a novel stimulates parts of the brain that coordinate movement. Reading powerful language, it seems, stimulates us in ways _____.

*cortex: 대뇌 피질

① that are similar to real life
② that help forget minor details
③ that reach objective decisions
④ that are likely to improve focus
⑤ that separate emotion from reason

내 생각?

◀ **BACK TO THE PASSAGE**

0   이 글의 전개 구조로 알맞은 것을 고르고, 각 단락이 시작되는 부분의 첫 세 단어를 쓰시오.

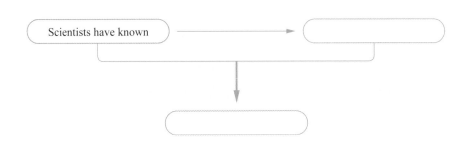

① 일반(요지) – 구체(연구 사례) – 결론(요지 반복)

② 주제 – 문제 제기 – 해결책

③ 화제 도입 – 판단 – 근거

④ 대립(연구 – 반박 연구)

1   이 글의 요지로 가장 적절한 것은?

① 단어와 이야기는 그 활동과 관련된 뇌 부분도 자극한다.

② 특정한 전문 용어를 배우면 관련 부분의 뇌가 발달한다.

③ 많은 단어와 이야기를 아는 사람의 뇌 구조는 정교하다.

④ 뇌 용량이 커지면서 인간의 언어가 발전하기 시작했다.

최근에 밝혀진 연구 결과를 검증하는
사례를 보니, 빈칸이 포함된 마지막 문장은
결과를 요약하는 부분이네!

구조독해가 정답이다

밑줄 친 부분 중, 문맥상 낱말의 쓰임이 적절하지 <u>않은</u> 것은?

<u>How the bandwagon effect</u> occurs is demonstrated by the history of measurements of the speed of light. Because this speed is the basis of the theory of relativity, it's one of the most frequently and carefully measured ① <u>quantities</u> in science. As far as we know, the speed hasn't changed over time. However, from 1870 to 1900, all the experiments found speeds that were too high. Then, from 1900 to 1950, the ② <u>opposite</u> happened— all the experiments found speeds that were too low! This kind of error, where results are always on one side of the real value, is called "bias." It probably happened because over time, experimenters subconsciously adjusted their results to ③ <u>match</u> what they expected to find. If a result fit what they expected, they kept it. If a result didn't fit, they threw it out. They weren't being intentionally dishonest, just ④ <u>influenced</u> by the conventional wisdom. The pattern only changed when someone ⑤ <u>lacked</u> the courage to report what was actually measured instead of what was expected.

*bandwagon effect: 편승 효과

내 생각?

◀ **BACK TO THE PASSAGE**

0 이 글의 전개 구조로 알맞은 것을 고르고, 각 단락이 시작되는 부분의 첫 네 단어를 쓰시오.

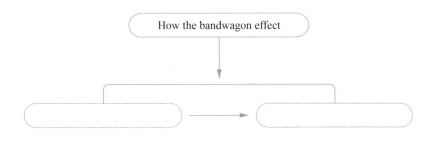

How the bandwagon effect

① 문제 제기 – 해결책 – 결론
② 질문(화제) – 답변(절차 – 요약)
③ 일반(주제) – 구체(사례 – 원인 분석)
④ 화제 도입 – 문제 제기 – 전망

1 과학자들이 1870년부터 1950년까지 빛의 속도를 정확히 측정하지 <u>못한</u> 이유는?

① 측정 장비의 수준이 충분히 발달하지 않아서
② 경쟁 때문에 실험자들이 측정 방법을 숨겨서
③ 상대성 이론이 빛의 속도를 이해하지 못해서
④ 당시 시대의 일반적인 통념의 영향을 받아서

글쓴이가 주목한 현상이 증명된 사례를 보니
사람들이 오류에 빠진 이유를 알겠네!
이런 행동 양식이 바뀌려면 뭐가 필요했을지도!

구조독해가 정답이다

주어진 글 다음에 이어질 글의 순서로 가장 적절한 것은?

In spite of the likeness between the fictional and real world, the fictional world deviates the real one in one important respect.

(A) The author has selected the content according to his own worldview and his own conception of relevance, in an attempt to be neutral and objective or convey a subjective view on the world. Whatever the motives, the author's subjective conception of the world stands between the reader and the original, untouched world on which the story is based.

(B) Because of the inner qualities with which the individual is endowed through heritage and environment, the mind functions as a filter; every outside impression that passes through it is filtered and interpreted. However, the world the reader encounters in literature is already processed and filtered by another consciousness.

(C) The existing world faced by the individual is in principle an infinite chaos of events and details before it is organized by a human mind. This chaos only gets processed and modified when perceived by a human mind.

*deviate: 벗어나다   **endow: 부여하다   ***heritage: 유산

① (A)-(C)-(B) ② (B)-(A)-(C) ③ (B)-(C)-(A)
④ (C)-(A)-(B) ⑤ (C)-(B)-(A)

내 생각?

◀ **BACK TO THE PASSAGE**

0 이 글에 사용된 서술 방식을 고르고, 각 단락이 시작되는 부분의 첫 세 단어를 쓰시오.

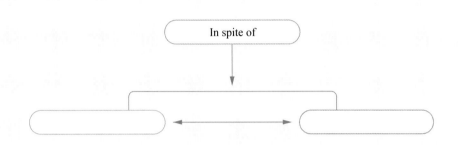

① 주제부터 제시한 뒤 두 개념을 대조, 설명하는 구조
② 사례부터 언급한 뒤 공통점을 찾아 결론을 끌어내는 구조
③ 경험한 순서로 사건을 언급한 뒤 결론을 끌어내는 구조
④ 문제를 제기한 뒤 원인을 찾고 해결책을 제시하는 구조

1 문학 작품 속의 세계가 현실의 세계와 다른 점은?

① 작가의 상상 속에만 존재하는 가상의 세계이다.
② 독자에게 감동을 주기 위해서 가공된 세계이다.
③ 현실의 세계와는 관계없는 상상의 세계이다.
④ 작가의 세계관에 따라 선정된 내용의 세계이다.

구조독해가 정답이다

수능, 구조독해가 정답이다!

다음 빈칸에 들어갈 말로 가장 적절한 것을 고르시오.

There have been psychological studies in which subjects were shown photographs of people's faces and asked to identify the expression or state of mind evinced. The results are invariably very mixed. In the 17th century the French painter and theorist Charles Le Brun drew a series of faces illustrating the various emotions that painters could be called upon to represent. What is striking about them is that _____.
What is missing in all this is any setting or context to make the emotion determinate. We must know who this person is, who these other people are, what their relationship is, what is at stake in the scene, and the like. In real life as well as in painting we do not come across just faces; we encounter people in particular situations and our understanding of people cannot somehow be precipitated and held isolated from the social and human circumstances in which they, and we, live and breathe and have our being. [3점]

*evince: (감정 따위를) 분명히 나타내다 **precipitate: 촉발하다

① all of them could be matched consistently with their intended emotions
② every one of them was illustrated with photographic precision
③ each of them definitively displayed its own social narrative
④ most of them would be seen as representing unique characteristics
⑤ any number of them could be substituted for one another without loss

글의 구조 속에서 글쓴이의
의도와 빈칸이 포함된
문장의 역할을 알까?

내가 왜 이런 구조로 썼는지,
그래서 뭘 말하고 싶은지 생각해 봐.
그게 내 의도!

이야기로 슬슬 끌어들이고
결론으로 몰아가기!

공감대를 넓히기 위해 이야기부터 먼저!
그리고 이야기의 흐름을 따라가다 보면 당연해지는 교훈과 결론!
이게 내가 구체-일반 구조를 택한 이유!

CHAPTER 07

이 글의 주제로 가장 적절한 것은?

From your brain's perspective, your body is just another source of sensory input. Sensations from your heart and lungs, your metabolism, your changing temperature, and so on, are like ambiguous blobs. These purely physical sensations inside your body have no objective psychological meaning. Once your concepts enter the picture, however, those sensations may take on additional meaning. If you feel an ache in your stomach while sitting at the dinner table, you might experience it as hunger. If flu season is just around the corner, you might experience that same ache as nausea. If you are a judge in a courtroom, you might experience the ache as a gut feeling that the defendant cannot be trusted. In a given moment, in a given context, your brain uses concepts to give meaning to internal sensations as well as to external sensations from the world, all simultaneously. From an aching stomach, your brain constructs an instance of hunger, nausea, or mistrust.

*blob: 형태가 뚜렷하지 않은 것

① influence of mental health on physical performance
② physiological responses to extreme emotional stimuli
③ role of negative emotions in dealing with difficult situations
④ necessity of staying objective in various professional contexts
⑤ brain's interpretation of bodily sensations using concepts in context

내 생각? 내가 어떤 구조로 글을 썼는지
숲을 먼저 보라구!

◀ BACK TO THE PASSAGE

0 이 글의 전개 구조로 알맞은 것을 고르고, 각 단락이 시작되는 부분의 첫 세 단어를 쓰시오.

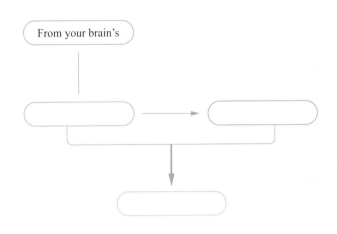

① 화제 도입 – 일반(요지) – 구체(원인 – 결과)

② 화제 도입 – 일반(요지) – 구체(예시 1 – 예시 2)

③ 화제 도입 – 일반(요지) – 구체(예시) – 결론(요지 반복)

④ 화제 도입 – 문제 제기 – 해결 – 예시

1 이 글의 요지로 가장 적절한 것은?

① 신체 상태에 대한 감각은 뇌의 해석에 따라 다양한 의미를 지닌다.

② 신체 상태와 외부 자극에 대한 감각은 신경을 통해 뇌로 전달된다.

③ 뇌가 신체 상태에 대한 감각을 해석하고 필요한 호르몬을 내보낸다.

④ 지나친 긴장 상태가 되면 신체 상태에 대한 감각의 정확성이 떨어진다.

구조독해가 정답이다

글의 구조 속에서 예시들을 보니
주제가 먼저 확실하게 보여!

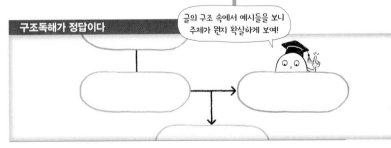

누구나 겪을 수 있는 상황으로 주제를 구체화

글쓴이가 '누구나 겪을 수 있는 상황'을 가정하여 제시할 때가 있다. 상황을 가정하여 보여줌으로써 글의 주제를 더 쉽고 구체적으로 전달할 수 있다. if와 동사의 현재형을 써서 예를 들고 있다면 그 내용에 주목하자. 예로 든 내용이 주제로 이어지니까.

이 글의 요지로 가장 적절한 것은?

Environmental hazards include biological, physical, and chemical ones, along with the human behaviors that promote or allow exposure. Some environmental contaminants are difficult to avoid (the breathing of polluted air, the drinking of chemically contaminated public drinking water, noise in open public spaces); in these circumstances, exposure is largely involuntary. Reduction or elimination of these factors may require societal action, such as public awareness and public health measures. In many countries, the fact that some environmental hazards are difficult to avoid at the individual level is felt to be more morally egregious than those hazards that can be avoided. Having no choice but to drink water contaminated with very high levels of arsenic, or being forced to passively breathe in tobacco smoke in restaurants, outrages people more than the personal choice of whether an individual smokes tobacco. These factors are important when one considers how change (risk reduction) happens.

*contaminate: 오염시키다   **egregious: 매우 나쁜

① 개인이 피하기 어려운 유해 환경 요인에 대해서는 사회적 대응이 필요하다.
② 환경오염으로 인한 피해자들에게 적절한 보상을 하는 것이 바람직하다.
③ 다수의 건강을 해치는 행위에 대해 도덕적 비난 이상의 조치가 요구된다.
④ 환경오염 문제를 해결하기 위해서는 사후 대응보다 예방이 중요하다.
⑤ 대기오염 문제는 인접 국가들과의 긴밀한 협력을 통해 해결할 수 있다.

내 생각?

◀ BACK TO THE PASSAGE

0 이 글의 전개 구조로 알맞은 것을 고르고, 두 번째 단락이 시작되는 부분의 첫 세 단어를 쓰시오.

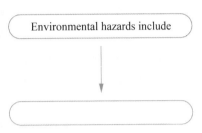

Environmental hazards include

① 일반(요지) – 구체(사례 나열)
② 주제(문제) – 판단과 근거
③ 구체(사례 나열) – 일반(결론)
④ 구체(원인과 결과) – 일반(결론)

1 이 글의 내용을 한 문장으로 요약하고자 한다. 빈칸 (A), (B)에 들어갈 말로 가장 적절한 것을 |보기|에서 골라 쓰시오.

┌─| 보기 |─────────────────────────────────────┐
│   optional   voluntary   involuntary   necessary │
└──┘

┌──┐
│ People find ____(A)____ environmental hazards more intolerable than those │
│ that can be avoided, so social actions are ____(B)____ to lower or remove │
│ them. │
└──┘

(A) _____   (B) _____

이 글의 빈칸에 들어갈 말로 가장 적절한 것은?

The skeletons found in early farming villages in the Fertile Crescent are usually shorter than those of neighboring foragers, which suggests that their diets were less varied. Though farmers could produce more food, they were also more likely to starve, because, unlike foragers, they relied on a small number of crops, and if those crops failed, they were in serious trouble. The bones of early farmers show evidence of vitamin deficiencies, probably caused by regular periods of starvation between harvests. They also show signs of stress, associated, perhaps, with the intensive labor required for plowing, harvesting crops, felling trees, maintaining buildings and fences, and grinding grains. Villages also produced refuse, which attracted vermin, and their populations were large enough to spread diseases that could not have survived in smaller, more nomadic foraging communities. All this evidence of _____ suggests that the first farmers were pushed into the complex and increasingly interconnected farming lifeway rather than pulled by its advantages.

*forager: 수렵채집인   **refuse: 쓰레기   ***vermin: 해충

① declining health
② fading authority
③ weakening kinship
④ expanding hierarchy
⑤ prevailing immorality

내 생각?

◀ **BACK TO THE PASSAGE**

0 이 글의 전개 구조로 알맞은 것을 고르고, 각 단락이 시작되는 부분의 첫 두 단어를 쓰시오.

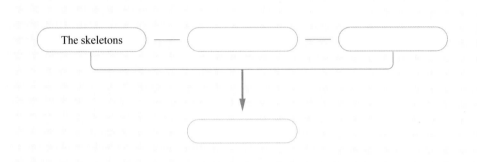

① 주장부터 제시한 뒤 근거 사례를 나열하는 구조
② 문제를 제기한 뒤 해결책을 모색하는 구조
③ 사례를 나열한 뒤 원인을 비교하는 구조
④ 증거 사례를 나열한 뒤 결론을 끌어내는 구조

1 이 글의 요지로 가장 적절한 것은?

① 초기 유목민은 정착한 농경인보다 더 나은 문화를 발전시켰다.
② 초기 인류는 중요한 생태계 자원이 풍부한 곳으로 이주했다.
③ 초기 농경인은 야생 식물을 대량으로 경작하는 기술을 개발했다.
④ 초기 농경인은 그 혜택이 커서 농경 생활을 하게 된 것은 아니다.

구조독해가 정답이다

마지막 문장은 제시한
증거 사례들에서 끌어낸 결론!
증거들의 공통점을 모아 모아서,
빈칸에 쏘옥!

4

2022학년도 수능 모의평가

정답률 45%
난이도 상
제한시간 1분 30초

이 글의 빈칸에 들어갈 말로 가장 적절한 것은?

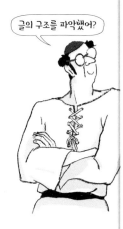

글의 구조를 파악했어?

When examining the archaeological record of human culture, one has to consider that it is vastly _____. Many aspects of human culture have what archaeologists describe as low archaeological visibility, meaning they are difficult to identify archaeologically. Archaeologists tend to focus on tangible (or material) aspects of culture: things that can be handled and photographed, such as tools, food, and structures. Reconstructing intangible aspects of culture is more difficult, requiring that one draw more inferences from the tangible. It is relatively easy, for example, for archaeologists to identify and draw inferences about technology and diet from stone tools and food remains. Using the same kinds of physical remains to draw inferences about social systems and what people were thinking about is more difficult. Archaeologists do it, but there are necessarily more inferences involved in getting from physical remains recognized as trash to making interpretations about belief systems.

*archaeological: 고고학의

① outdated   ② factual   ③ incomplete

④ organized   ⑤ detailed

내 생각?

◀ **BACK TO THE PASSAGE**

0 이 글의 전개 구조로 알맞은 것을 고르고, 각 단락이 시작되는 부분의 첫 세 단어를 쓰시오.

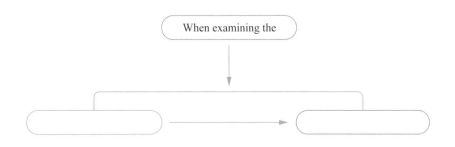

When examining the

① 문제 – 해결 – 사례
② 구체(연구 내용 – 연구 결과) – 일반(결론)
③ 판단 – 근거(설명 – 예)
④ 구체(사례 – 비교 분석) – 일반(결론)

1 이 글의 요지로 가장 적절한 것은?

① 물질이 아닌 무형의 고고학적 문화를 정확히 알기 힘들다.
② 고고학은 인류가 고대 시대에 남긴 유물을 찾아 연구한다.
③ 고고학자는 도구와 음식 등을 보고 과거 문화를 알아낸다.
④ 과거의 구조물을 보고 당시 사회 체제와 종교를 알 수 있다.

2 고고학에서 low archaeological visibility가 의미하는 것은?

① 남은 유물이 없는 문화
② 보이지 않는 문화 요소
③ 사라진 고대 시대 유적
④ 부족한 고고학 박물관

추상적인 내용은 뒤에서 구체화된다는 점을 기억하자.

구조독해가 정답이다

고고학적 기록을 검토할 때 고려할 점이 뭐냐고? 이어지는 설명과 사례를 보니 그 특징을 알겠네! 빈칸 말야!

2019학년도 고3 학력평가

정답률 55%
난이도 중상
제한시간 1분 40초

밑줄 친 부분 중, 문맥상 낱말의 쓰임이 적절하지 않은 것은?

Most people are confident that creativity is an individual possession, not a collective phenomenon. Despite some notable ① collaborations in the arts and sciences, the most impressive acts of creative thought— from Archimedes to Jane Austen—appear to have been the products of individuals (and often isolated and eccentric individuals who reject commonly held beliefs). I think that this perception is something of an ② illusion, however. It cannot be denied that the primary source of ③ novelty lies in the recombination of information within the individual brain. But I suspect that as individuals, we would and could accomplish little in the way of creative thinking ④ outside the context of the super-brain, the integration of individual brains. The heads of Archimedes, Jane Austen, and all the other original thinkers who stretch back into the Middle Stone Age in Africa were ⑤ disconnected with the thoughts of others from early childhood onward, including the ideas of those long dead or unknown. How could they have created without the collective constructions of mathematics, language, and art?

*eccentric: 기이한

내 생각?

◀ BACK TO THE PASSAGE

0 이 글의 전개 구조로 알맞은 것을 고르고, 두 번째 단락이 시작되는 부분의 첫 세 단어를 쓰시오.

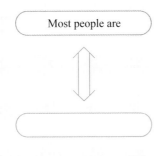

Most people are

① 문제 – 원인 분석
② 구체(원인과 결과) – 일반(결론)
③ 일반(주제와 설명) – 구체(사례)
④ 통념 – 반론과 주장

1 이 글의 요지로 가장 적절한 것은?

① 개인의 창조 행위에는 많은 사람의 생각이 포함되어 있다.
② 예술의 창조 행위는 독창적인 개인이 오래 노력한 결과이다.
③ 위대한 창조는 일상생활에서 독특한 점을 발견한 결과이다.
④ 위대한 창조물은 창조자 개인의 지성과 가치관만을 반영한다.

2 이 글에서 언급한 the super-brain이 의미하는 것은?

① 높은 목표를 세우고 달성하는 능력
② 새로 발견된 지식을 종합하는 능력
③ 남보다 훨씬 뛰어난 선천적인 지능
④ 여러 사람의 생각이 모여 쌓인 지능

이 글에서 전체 흐름과 관계 없는 문장은?

A variety of theoretical perspectives provide insight into immigration. Economics, which assumes that actors engage in utility maximization, represents one framework. ① From this perspective, it is assumed that individuals are rational actors, i.e., that they make migration decisions based on their assessment of the costs as well as benefits of remaining in a given area versus the costs and benefits of leaving. ② Benefits may include but are not limited to short-term and long-term monetary gains, safety, and greater freedom of cultural expression. ③ People with greater financial benefits tend to use their money to show off their social status by purchasing luxurious items. ④ Individual costs include but are not limited to the expense of travel, uncertainty of living in a foreign land, difficulty of adapting to a different language, uncertainty about a different culture, and the great concern about living in a new land. ⑤ Psychic costs associated with separation from family, friends, and the fear of the unknown also should be taken into account in cost-benefit assessments.

*psychic: 심적인

내 생각?

◀ BACK TO THE PASSAGE

0 이 글의 전개 구조로 알맞은 것을 고르고, 두 번째 단락이 시작되는 부분의 첫 세 단어를 쓰시오.

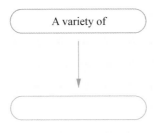

A variety of

① 일반(주제) – 구체(예와 설명)
② 원인과 결과 – 결론
③ 통념 – 반전과 요지
④ 구체(사례 나열) – 결론

1 이 글의 주제로 가장 적절한 것은?

① a variety of theoretical perspectives on immigration
② social status exhibited by purchasing luxurious items
③ economic perspective on factors leading to migration
④ psychological costs associated with separation from family

CHAPTER 08

1

2020학년도 고3 학력평가

정답률 71%
난이도 중
제한시간 1분 30초

이 글의 제목으로 가장 적절한 것은?

Normally, bodies and faces work together as integrated units. Conveniently, experiments can separate and realign face and body. When face and body express the same emotion, assessments are more accurate. If face and body express different emotions, the body carries more weight than the face in judging emotions. When they conflict, emotion expressed by the body can override and even reverse emotion expressed by the face. A striking example comes from competitive tennis matches. Players typically react strongly to points they win or lose. When a winning body is paired with a losing face, people see the reaction as positive. And vice versa: when a losing body is paired with a winning face, people interpret the reaction as negative. Impressions go with the body when the face and the body conflict. In these cases, the face alone, without the body, even when viewed close up in a photograph, is not reliably judged for positive or negative affect.

*realign: 재정렬하다

① Never-ending Conflicts Between Body and Face
② Use Both Face and Body for Rich Emotional Expression
③ Reading Facial Expressions: A Key to Avoiding Mistakes
④ Nonverbal Language Is More Important in Communication
⑤ Body vs. Face: Which Do We Rely on in Judging Emotions?

내 생각? 내가 어떤 구조로 글을 썼는지
숲을 먼저 보라구!

◀ **BACK TO THE PASSAGE**

0 이 글의 전개 구조로 알맞은 것을 고르고, 두 번째 단락이 시작되는 부분의 첫 세 단어를 쓰시오.

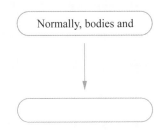

Normally, bodies and

① 문제 – 해결
② 판단(요지) – 근거(사례)
③ 잘못된 통념 – 반박
④ 구체(사례 나열) – 일반(분석과 결론)

1 이 글의 요지로 가장 적절한 것은?

① 사람들은 얼굴보다 몸으로 표현된 감정을 더 믿는다.
② 사람들은 얼굴과 몸짓 표현을 합쳐 감정을 파악한다.
③ 일반적으로 얼굴과 몸이 표현하는 감정은 일치한다.
④ 얼굴과 몸이 다른 감정을 보이는 사람은 위선적이다.

2 이 글의 내용으로 보아, 사람들이 가장 신뢰할 감정은?

① 가까이서 찍은 얼굴 사진에 나타난 감정
② 얼굴은 기뻐하지만 몸은 슬퍼하는 감정
③ 몸과 얼굴이 함께 슬픔을 드러내는 감정
④ 몸은 기뻐하지만 얼굴은 슬퍼하는 감정

구조독해가 정답이다

연구에서 검증한 내용과 그걸 보여주는 사례!
감정 판단에 영향을 주는 요인을 비교하는 구조!

2

2020학년도 고3 학력평가

정답률 85%
난이도 중하
제한시간 1분 35초

이 글의 요지로 가장 적절한 것은?

Some company leaders say that their company is going through a lot of change and stress, which they "know" will lower their effectiveness, drive away top talent, and tear apart their teams. They need to think about the military, a place where stress and uncertainty are the status quo, and where employees are on-boarded not with a beach vacation but with boot camp. And yet, the employees of the military remain among the highest functioning, steadfast, and loyal of virtually any organization on the planet. That's because after centuries of practice, the military has learned that if you go through stress with the right lens, and alongside others, you can create meaningful narratives and social bonds that you will talk about for the rest of your life. Instead of seeing stress as a threat, the military culture derives pride from the shared resilience it creates. And this has nothing to do with the fact that they are soldiers; every company and team can turn stress into wellsprings of potential.

*status quo: 현 상태   **boot camp: 신병 훈련소

① 적절한 긴장감은 사고를 예방하는 데 도움이 된다.
② 신속함보다는 정확한 업무 처리가 생산성을 개선한다.
③ 목표 설정이 구체적일수록 성과를 빨리 달성할 수 있다.
④ 인적 자원에 대한 투자는 조직에 대한 충성심을 높인다.
⑤ 스트레스를 조직의 잠재력을 끌어낼 계기로 삼을 수 있다.

내 생각?

◀ **BACK TO THE PASSAGE**

0 이 글의 전개 구조로 알맞은 것을 고르고, 각 단락이 시작되는 부분의 첫 세 단어를 쓰시오.

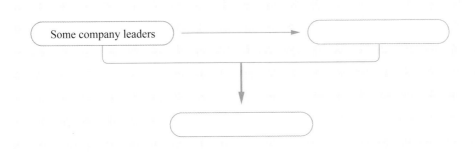

Some company leaders

① 일반(주제) – 구체(사례) – 결론
② 화제 도입 – 문제 제기 – 해결 모델
③ 문제 – 해결 모델 – 결론
④ 일반(주제) – 구체(사례 비교) – 결론

1 이 글의 주제로 가장 적절한 것은?

군대 사례를 제시한
이유는?

① turning stress into opportunities to unlock potential
② generating meaningful narratives and social bonds
③ organizations where there is stress and uncertainty
④ creating the functioning and steadfast organization

2 군대의 특성으로 글쓴이가 언급하지 <u>않은</u> 것은?

① 스트레스와 불확실성이 늘 존재한다.
② 구성원이 확고부동하고 충성심이 높다.
③ 새로운 개선책을 찾으려고 노력한다.
④ 스트레스를 이겨내고 자부심을 느낀다.

3

2019학년도 고3 학력평가

정답률 46%
난이도 상
제한시간 1분 35초

글의 구조 속에서 글쓴이가 의도한 핵심 개념을 파악했나?

이 글의 내용을 한 문장으로 요약하고자 한다. 빈칸 (A), (B)에 들어갈 말로 가장 적절한 것은?

It is widely believed that verbal rehearsal improves our memory. However, an experiment by Schooler and Engstler-Schooler suggests that is not the case. Participants in the study watched a film of a robbery where they saw a bank robber's face. The experimental group of participants then gave as detailed a description of the face as they could for 5 minutes while the control group did something unrelated. Each participant then had to identify the robber from a line up of eight similar looking people. The participants in the control group, who performed an unrelated task for 5 minutes, picked the correct person from the line up 64% of the time. But the participants who had been recalling all they could of the suspect's face picked the correct person just 38% of the time. Somehow, putting the details of the face into words interfered with the natural facial recognition at which we all usually excel. This effect is called verbal overshadowing.

Contrary to the common assumption about effective memory, _____(A)_____ an image seen earlier _____(B)_____ recognition afterwards.

	(A)		(B)
①	describing	....	facilitates
②	describing	....	impairs
③	verbalizing	....	reinforces
④	correcting	....	enhances
⑤	correcting	....	undermines

내 생각?

◀ BACK TO THE PASSAGE

0 이 글의 전개 구조로 알맞은 것을 고르고, 각 단락이 시작되는 부분의 첫 세 단어를 쓰시오.

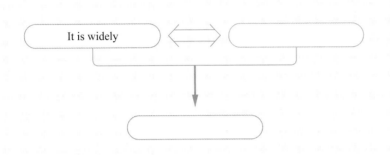

① 연구 – 결과 분석 – 적용
② 판단 – 근거(연구 – 분석)
③ 구체(사례 – 원인 설명) – 일반(결론)
④ 대립(통념 – 반박 연구) – 결론

1 이 글의 요지로 가장 적절한 것은?

① 얼굴 모습을 말로 묘사하면 기억하는 데 방해가 된다.
② 얼굴 모습을 말로 듣고 사진처럼 그리는 것은 어렵다.
③ 얼굴의 특정 부위를 과장해서 기억하는 경향이 있다.
④ 관심이 없는 사람의 얼굴을 오랫동안 기억하기는 힘들다.

2 이 글에서 다음 단어가 쓰인 의미를 |보기|에서 골라 쓰시오.

| 보기 |

impair   describe   belief

(1) put into words: _____
(2) interfere with: _____
(3) assumption: _____

통념을 뒤집는 연구 결과가 이 글의 핵심!
사례에서 확인한 결론을 동의어로 요약하자!

구조독해가 정답이다

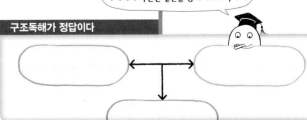

이 글의 빈칸에 들어갈 말로 가장 적절한 것은?

Humour involves not just practical disengagement but cognitive disengagement. As long as something is funny, we are for the moment not concerned with whether it is real or fictional, true or false. This is why we give considerable leeway to people telling funny stories. If they are getting extra laughs by exaggerating the silliness of a situation or even by making up a few details, we are happy to grant them comic licence, a kind of poetic licence. Indeed, someone listening to a funny story who tries to correct the teller—'No, he didn't spill the spaghetti on the keyboard and the monitor, just on the keyboard'—will probably be told by the other listeners to stop interrupting. The creator of humour is putting ideas into people's heads for the pleasure those ideas will bring, not to provide _____ information.

*cognitive: 인식의   **leeway: 여지

① accurate   ② detailed   ③ useful
④ additional   ⑤ alternative

내 생각?

◀ BACK TO THE PASSAGE

0 이 글의 전개 구조로 알맞은 것을 고르고, 각 단락이 시작되는 부분의 첫 두 단어를 쓰시오.

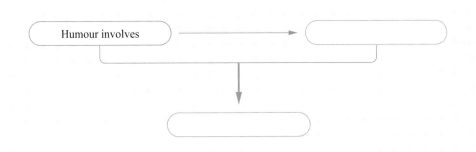

Humour involves

① 일반(요지) – 구체(예시) – 결론(요지 반복)

② 화제 도입 – 문제 제기 – 해결책

③ 구체(사례 – 설명) – 결론

④ 통념 – 반박 – 결론

1 이 글의 요지로 가장 적절한 것은?

① 긴장을 풀고 이야기를 들어야 재미를 느낄 수 있다.

② 적절한 몸동작을 사용해 이야기를 재미있게 할 수 있다.

③ 재미있는 이야기를 듣는 사람은 말하는 핵심 내용을 이해해야 한다.

④ 재미있는 이야기를 하는 사람은 정확한 진실만 말할 필요는 없다.

2 이 글에서 comic licence가 의미하는 것은?

① 과장하거나 지어낼 권리

② 사람들을 웃겨야 하는 책임감

③ 상상의 청중에게 말하는 느낌

④ 타인의 창작물을 이용할 권리

2019학년도 고3 학력평가

정답률 44%
난이도 상
제한시간 1분 40초

이 글의 빈칸에 들어갈 말로 가장 적절한 것은?

Any discussion of coevolution quickly runs into what philosophers call a "causality dilemma," a problem we recognize from the question, "Which came first, the chicken or the egg?" For bees and flowers, we know that both sides arrived at the party well-prepared for dancing. Branched hairs apparently complemented a bee's taste for pollen from the earliest stage of their evolution. On the botanical side, plants had long been experimenting with insect pollination, attracting dance partners with nectar or edible blossoms. Lack of fossil evidence makes it impossible to run the movie backward and watch the first steps of the dance unfold, but modern studies suggest that _____.
When researchers changed monkeyflowers from pink to orange, for example, pollinator visits shifted from bumblebees to hummingbirds. A similar experiment on South American petunias showed that the flower could trade in bees for hawk moths by altering the activity of a single gene. These findings confirm that relatively simple steps in floral evolution can have dramatic consequences for pollinators.

*pollen: 꽃가루   **monkeyflower: 물꽈리아재비(꽈리 꽃의 일종)

① plants are often the ones taking the lead

② bees are the most suitable partner for plants

③ pollinators manipulate plants to join the dance

④ the scents of plants have nothing to do with pollination

⑤ animals visit the same type of plants on a regular basis

내 생각?

◀ BACK TO THE PASSAGE

0 이 글의 전개 구조로 알맞은 것을 고르고, 두 번째 단락이 시작되는 부분의 첫 세 단어를 쓰시오.

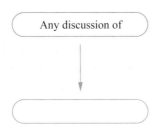

Any discussion of

① 사례 분석 – 결론
② 문제 제기 – 해결책
③ 대립(연구 – 반박 연구)
④ 의문(주제) – 답변(연구)

의문(질문)과 답변을 다루는 글이라면 답변이 글의 요지.

1 이 글의 요지로 가장 적절한 것은?

① 식물과 꽃가루 매개체 사이의 공생 관계는 식물이 주도한다.
② 꽃가루 매개체는 일정한 때에 피어난 식물의 꽃에 모여든다.
③ 꽃 피는 식물들은 꽃가루 매개체가 사라지면 결국 멸종한다.
④ 식물과 꽃가루 매개체의 공생은 오랜 시간에 걸쳐 진화해 왔다.

2 이 글에서 dancing〔dance〕이 상징적으로 의미하는 것은?

① 공생 관계
② 화려한 꽃
③ 꽃의 진화
④ 수정된 꽃

구조독해가 정답이다

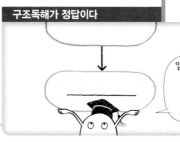

앞에서 제기한 의문을 놓치지 않고
연구 결과에서 답을 찾는 센스!
빈칸 뒤 설명을 보니,
질문에 대한 답이 뭔지 알겠군!
역시 어려울수록 구조가 답이야!

2022학년도 수능 모의평가

정답률 55%
난이도 중상
제한시간 1분 30초

이 글의 흐름으로 보아, 주어진 문장이 들어가기에 가장 적절한 곳은?

A problem, however, is that supervisors often work in locations apart from their employees and therefore are not able to observe their subordinates' performance.

In most organizations, the employee's immediate supervisor evaluates the employee's performance. (①) This is because the supervisor is responsible for the employee's performance, providing supervision, handing out assignments, and developing the employee. (②) Should supervisors rate employees on performance dimensions they cannot observe? (③) To eliminate this dilemma, more and more organizations are implementing assessments referred to as *360-degree evaluations*. (④) Employees are rated not only by their supervisors but by coworkers, clients or citizens, professionals in other agencies with whom they work, and subordinates. (⑤) The reason for this approach is that often coworkers and clients or citizens have a greater opportunity to observe an employee's performance and are in a better position to evaluate many performance dimensions.

*subordinate: 부하 직원

내 생각?

◀ **BACK TO THE PASSAGE**

0 이 글의 전개 구조로 알맞은 것을 고르고, 각 단락이 시작되는 부분의 첫 두 단어를 쓰시오.

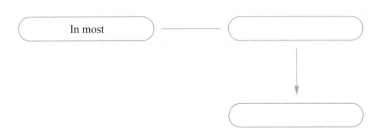

In most

① 통념 – 사례 – 반박
② 문제 제기 – 해결책 – 다른 문제 제기
③ 일반(주제) – 구체(사례) – 결론
④ 화제 도입 – 문제 제기 – 해결책

1 이 글에서 제시한 직원 평가 제도의 문제점은?

① 주관적이어서 기준을 알 수 없는 평가 제도를 고수하는 것
② 회사가 객관성과 공정성이 부족한 기관에 평가를 부탁하는 것
③ 불공평한 상관의 평가로 능력 있는 직원의 사기가 저하되는 것
④ 직원과 떨어져 일하는 상관이 부하 직원의 업무 능력을 평가하는 것

구조독해가 정답이다

주어진 문장은 흐름을 바꿔
문제 상황을 말하는 부분!
문제 상황 속 딜레마와 해결책을 보니
어디서 끊을지 딱 보여!

수능,
구조독해가 정답이다!

다음 글의 내용을 한 문장으로 요약하고자 한다. 빈칸 (A), (B)에 들어갈 말로
가장 적절한 것을 고르시오.

From a cross-cultural perspective the equation between public leadership and dominance is questionable. What does one mean by 'dominance'? Does it indicate coercion? Or control over 'the most valued'? 'Political' systems may be about both, either, or conceivably neither. The idea of 'control' would be a bothersome one for many peoples, as for instance among many native peoples of Amazonia where all members of a community are fond of their personal autonomy and notably allergic to any obvious expression of control or coercion. The conception of political power as a *coercive* force, while it may be a Western fixation, is not a universal. It is very unusual for an Amazonian leader to give an order. If many peoples do not view political power as a coercive force, *nor as the most valued domain*, then the leap from 'the political' to 'domination' (as coercion), *and from there* to 'domination of women', is a shaky one. As Marilyn Strathern has remarked, the notions of 'the political' and 'political personhood' are cultural obsessions of our own, a bias long reflected in anthropological constructs.

*coercion: 강제 **autonomy: 자율 *** anthropological: 인류학의

It is ___(A)___ to understand political power in other cultures through our own notion of it because ideas of political power are not ___(B)___ across cultures.

	(A)		(B)
①	rational	....	flexible
②	appropriate	....	commonplace
③	misguided	....	uniform
④	unreasonable	....	varied
⑤	effective	....	objective

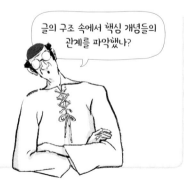

글의 구조 속에서 핵심 개념들의
관계를 파악했나?

내가 왜 이런 구조로 썼는지,
그래서 뭘 말하고 싶은지 생각해 봐.
그게 내 의도!

궁금하게 질문부터!
내 생각은 답에서!

궁금하게 질문부터!
내가 하고 싶은 말은 답에서.
이게 내가 질문–답변 구조를 택한 이유!

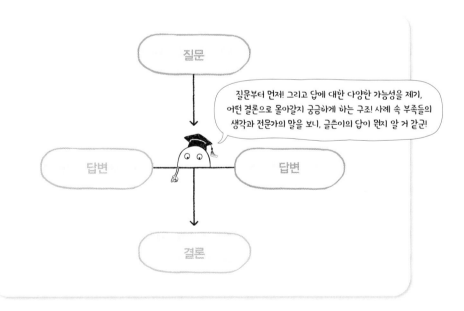

CHAPTER 09

이 글의 제목으로 가장 적절한 것은?

Although photocopiers are made for easy use by anyone, their complicated features and interfaces can make them frustrating. They need periodic maintenance—tasks that require specialized knowledge (such as how to install a toner cartridge or extract jammed paper) that tends to be unevenly distributed among users. These characteristics are wonderful stimuli for informal interactions, because they give people natural reasons to launch into conversation. We've observed employees turning to one another for help, watching one another to learn more about the machine, and commenting on its poor operation. These casual conversations can naturally lead to other subjects, some of them work related. And <u>what is being copied</u> can be as important as the fact that it is being copied. People gathered around might discover, in the documents coming off the machine, the write-up of a colleague's project that's relevant to their own work, or a new company policy that might affect them. Rich discussions often follow.

① Less Paperwork, Better Performance
② Too Much Talk Blocks Work Efficiency
③ User-Friendly Photocopiers Never Achieved
④ High-Tech Machines: A Source of Work Stress
⑤ Workplace Photocopiers: A Conversation Booster

내 생각? 내가 어떤 구조로 글을 썼는지
숲을 먼저 보라구!

◀ BACK TO THE PASSAGE

0 이 글의 전개 구조로 알맞은 것을 고르고, 두 번째 단락이 시작되는 부분의 첫 세 단어를 쓰시오.

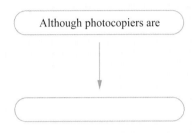

Although photocopiers are

① 문제 – 해결
② 구체(연구 사례) – 일반(결론)
③ 화제 도입 – 판단과 근거
④ 잘못된 통념 – 반론과 요지

1 이 글의 밑줄 친 **what is being copied**의 예로 글쓴이가 제시한 것을 <u>모두</u> 고르시오.

① 토너 카트리지를 설치하는 방법
② 기계에 걸린 종이를 빼내는 방법
③ 자신의 업무와 관련된 동료의 프로젝트에 관한 문서
④ 직원에게 영향을 미칠 수 있는 새로운 회사 정책

이 글의 요지로 가장 적절한 것은?

Official definitions of sport have important implications. When a definition emphasizes rules, competition, and high performance, many people will be excluded from participation or avoid other physical activities that are defined as "second class." For example, when a 12-year-old is cut from an exclusive club soccer team, she may not want to play in the local league because she sees it as "recreational activity" rather than a real sport. This can create a situation in which most people are physically inactive at the same time that a small number of people perform at relatively high levels for large numbers of fans—a situation that negatively impacts health and increases health-care costs in a society or community. When sport is defined to include a wide range of physical activities that are played for pleasure and integrated into local expressions of social life, physical activity rates will be high and overall health benefits are likely.

① 운동선수의 기량은 경기 자체를 즐길 때 향상된다.
② 공정한 승부를 위해 합리적인 경기 규칙이 필요하다.
③ 스포츠의 대중화는 스포츠 산업의 정의를 바꾸고 있다.
④ 스포츠의 정의는 신체 활동 참여와 건강에 영향을 미친다.
⑤ 활발한 여가 활동은 원만한 대인 관계 유지에 도움이 된다.

내 생각?

◀ BACK TO THE PASSAGE

0 이 글의 전개 구조로 알맞은 것을 고르고, 각 단락이 시작되는 부분의 첫 세 단어를 쓰시오.

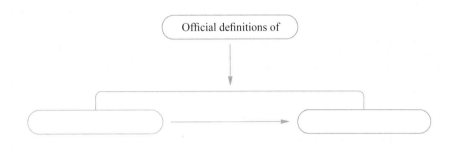

Official definitions of

① 일반(주제와 요지) – 구체(긍정적 사례 – 부정적 사례)
② 일반(주제와 요지) – 구체(부정적 사례 – 긍정적 사례)
③ 구체(긍정적 사례 – 부정적 사례) – 일반(결론)
④ 구체(부정적 사례 – 긍정적 사례) – 일반(결론)

1 스포츠의 정의가 규칙과 경쟁, 높은 성과를 강조할 때 발생하는 문제가 아닌 것은?

① 대다수 사람이 운동하지 않는다.
② 값비싼 운동 기구의 판매가 늘어난다.
③ 소수의 사람만 높은 수준의 경기력을 갖는다.
④ 지역 사회의 의료비가 증가한다.

이 글의 내용을 한 문장으로 요약하고자 한다. 빈칸 (A), (B)에 들어갈 말로 가장 적절한 것은?

People typically consider the virtual, or imaginative, nature of cyberspace to be its unique characteristic. Although cyberspace involves imaginary characters and events of a kind and magnitude not seen before, less developed virtual realities have always been integral parts of human life. All forms of art, including cave drawings made by our Stone Age ancestors, involve some kind of virtual reality. In this sense, cyberspace does not offer a totally new dimension to human life. What is new about cyberspace is its interactive nature and this interactivity has made it a psychological reality as well as a social reality. It is a space where real people have actual interactions with other real people, while being able to shape, or even create, their own and other people's personalities. The move from passive imaginary reality to the interactive virtual reality of cyberspace is much more radical than the move from photographs to movies.

What makes cyberspace unique is not the _____(A)_____ of its virtual reality but the interaction among people that gives cyberspace the feeling of _____(B)_____.

	(A)		(B)
①	novelty	....	authenticity
②	novelty	....	security
③	variety	....	completedness
④	accessibility	....	authority
⑤	accessibility	....	hospitality

내 생각?

◀ BACK TO THE PASSAGE

0 이 글의 전개 구조로 알맞은 것을 고르고, 두 번째 단락이 시작되는 부분의 첫 세 단어를 쓰시오.

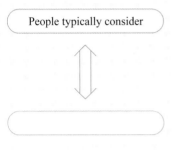

People typically consider

① 구체(연구 사례) – 일반(결론)
② 대립(통념과 반론 – 주장)
③ 문제 제기 – 해결책
④ 일반(주제) – 구체(사례)

1 이 글에서 언급한 passive imaginary reality의 예로 가장 적절한 것은?

① 온라인 게임
② 소셜 미디어
③ 원시인의 동굴 벽화
④ 최초의 비디오 게임

구조독해가 정답이다

가상공간의 특징에 대한 통념을 부정하고 다른 특징을 주장하는 구조! 글쓴이 생각을 요약하려면 이 구조를 반영할 수밖에!

이 글의 빈칸에 들어갈 말로 가장 적절한 것은?

Research with human runners challenged conventional wisdom and found that the ground-reaction forces at the foot and the shock transmitted up the leg and through the body after impact with the ground _____ as runners moved from extremely compliant to extremely hard running surfaces. As a result, researchers gradually began to believe that runners are subconsciously able to adjust leg stiffness prior to foot strike based on their perceptions of the hardness or stiffness of the surface on which they are running. This view suggests that runners create soft legs that soak up impact forces when they are running on very hard surfaces and stiff legs when they are moving along on yielding terrain. As a result, impact forces passing through the legs are strikingly similar over a wide range of running surface types. Contrary to popular belief, running on concrete is not more damaging to the legs than running on soft sand.

*compliant: 말랑말랑한   **terrain: 지형

① varied little
② decreased a lot
③ suddenly peaked
④ gradually appeared
⑤ were hardly generated

내 생각?

◀ BACK TO THE PASSAGE

0 이 글에 사용된 서술 방식을 고르고, 각 단락이 시작되는 부분의 첫 네 단어를 쓰시오.

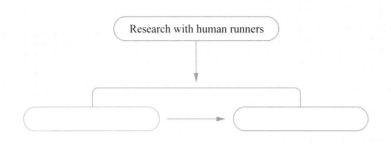

① 통념을 뒤집는 연구결과를 주제로 제시, 원리와 예로 구체화하는 구조
② 통념을 부분적으로 인정하고 절충안을 제시하는 구조
③ 문제의 원인을 분석하고, 원인을 제거하여 해결책을 모색하는 구조
④ 이론을 소개한 뒤 이론에 해당하는 현상과 사례를 제시하는 구조

1 이 글의 주제로 가장 적절한 것은?

① how runners adjust leg stiffness according to the stiffness of surfaces
② how runners measure impact forces that pass up to the legs and body
③ how impact forces that pass through the legs may hurt runners' health
④ how severely running on extremely hard surfaces may damage our legs

2 이 글에서 yielding terrain의 예로 글쓴이가 제시한 것은?

① soft sand
② stiff leg
③ concrete
④ hard surface

yielding
= lacking stiffness

구조독해가 정답이다

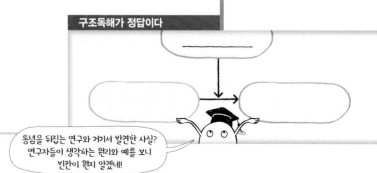

통념을 뒤집는 연구와 거기서 발견한 사실?
연구자들이 생각하는 원리와 예를 보니
빈칸이 뭔지 알겠네!

5

2020학년도 고3 학력평가

정답률 39%
난이도 상
제한시간 1분 35초

이 글의 빈칸에 들어갈 말로 가장 적절한 것은?

Both the acquisition and subsequent rejection of agriculture are becoming increasingly recognized as adaptive strategies to local conditions that may have occurred repeatedly over the past ten millennia. For example, in a recent study of the Mlabri, a modern hunter-gatherer group from northern Thailand, it was found that these people had previously been farmers, but had abandoned agriculture about 500 years ago. This raises the interesting question as to how many of the diminishing band of contemporary hunter-gatherer cultures are in fact the descendents of farmers who have only secondarily readopted hunter-gathering as a more useful lifestyle, perhaps after suffering from crop failures, dietary deficiencies, or climatic changes. Therefore, the process of what may be termed the 'agriculturalization' of human societies was _____, at least on a local level. Hunter-gatherer cultures across the world, from midwestern Amerindians to !Kung in the African Kalahari, have adopted and subsequently discarded agriculture, possibly on several occasions over their history, in response to factors such as game abundance, climatic change, and so on.

*!Kung: !Kung족(族)

① not necessarily irreversible
② met with little resistance
③ essential for adaptation
④ started by pure coincidence
⑤ rarely subject to reconsideration

내 생각?

◄ BACK TO THE PASSAGE

0 이 글의 전개 구조로 알맞은 것을 고르고, 각 단락이 시작되는 부분의 첫 두 단어를 쓰시오.

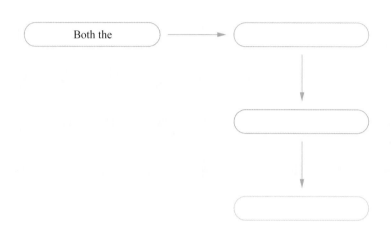

① 일반(요지) – 구체(사례 – 원인과 결과 – 사례)
② 구체(사례 – 사례 – 사례) – 일반(결론)
③ 일반(주제) – 구체(절차 – 사례) – 결론
④ 문제 제시 – 문제 사례 – 문제 해결 – 전망

1 이 글의 요지로 가장 적절한 것은?

① 수렵채집 집단이 농경 집단보다 건강 상태가 더 좋다.
② 수렵채집 집단은 빈부 격차 없이 평등하게 살았다.
③ 인류는 수렵채집 생활에 이어 농경 생활에 정착했다.
④ 다양한 이유로 농경 문화를 버리고 수렵채집 생활로 돌아간 부족들도 있다.

글의 구조와 글쓴이의 의도는?

2 농경 문화를 버린 이유로 글쓴이가 언급하지 않은 것은?

① 흉작으로 인한 식량 부족
② 기후 변화
③ 풍부한 사냥감
④ 이민족의 침략

구조독해가 정답이다

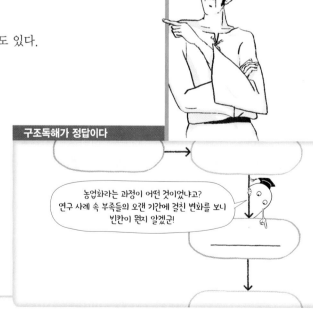

농업화라는 과정이 어떤 것이었냐고?
연구 사례 속 부족들의 오랜 기간에 걸친 변화를 보니
빈칸이 뭔지 알겠군!

2022학년도 수능 모의평가

정답률 81%
난이도 중하
제한시간 1분 35초

이 글에서 전체 흐름과 관계 <u>없는</u> 문장은?

<u>Kinship ties</u> continue to be important today. In modern societies such as the United States people frequently have family get-togethers, they telephone their relatives regularly, and they provide their kin with a wide variety of services. ① Eugene Litwak has referred to this pattern of behaviour as the 'modified extended family'. ② It is an extended family structure because multigenerational ties are maintained, but it is modified because it does not usually rest on co-residence between the generations and most extended families do not act as corporate groups. ③ Although modified extended family members often live close by, the modified extended family does not require geographical proximity and ties are maintained even when kin are separated by considerable distances. ④ The oldest member of the family makes the decisions on important issues, no matter how far away family members live from each other. ⑤ In contrast to the traditional extended family where kin always live in close proximity, the members of modified extended families may freely move away from kin to seek opportunities for occupational advancement.

*kin: 친족   **proximy: 근접

내 생각?

◀ BACK TO THE PASSAGE

0   이 글의 전개 구조로 알맞은 것을 고르고, 두 번째 단락이 시작되는 부분의 첫 두 단어를 쓰시오.

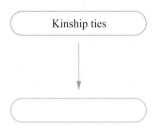

Kinship ties

① 일반(주제) – 구체(정의와 설명)
② 문제 제기 – 해결책
③ 통념 – 반론과 원인 분석
④ 구체(사례 나열) – 일반(결론)

1   이 글의 주제로 가장 적절한 것은?

① the characteristics of modified extended family
② how modified extended families help each other
③ how modern technology changes family structure
④ differences between tradional and modern families

CHAPTER 10

2020학년도 수능

정답률 69%
난이도 중
제한시간 1분 30초

이 글의 제목으로 가장 적절한 것은?

Invasions of natural communities by non-indigenous species are currently rated as one of the most important global-scale environmental problems. The loss of biodiversity has generated concern over the consequences for ecosystem functioning and thus understanding the relationship between both has become a major focus in ecological research during the last two decades. The "biodiversity-invasibility hypothesis" by Elton suggests that high diversity increases the competitive environment of communities and makes them more difficult to invade. Numerous biodiversity experiments have been conducted since Elton's time and several mechanisms have been proposed to explain the often observed negative relationship between diversity and invasibility. Beside the decreased chance of empty ecological niches but the increased probability of competitors that prevent invasion success, diverse communities are assumed to use resources more completely and, therefore, limit the ability of invaders to establish. Further, more diverse communities are believed to be more stable because they use a broader range of niches than species-poor communities.

*indigenous: 토착의   **niche: 생태적 지위

① Carve Out More Empty Ecological Spaces!
② Guardian of Ecology: Diversity Resists Invasion
③ Grasp All, Lose All: Necessity of Species-poor Ecology
④ Challenges in Testing Biodiversity-Invasibility Hypothesis
⑤ Diversity Dilemma: The More Competitive, the Less Secure

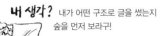

내 생각? 내가 어떤 구조로 글을 썼는지
숲을 먼저 보라구!

◀ BACK TO THE PASSAGE

0 이 글의 전개 구조로 알맞은 것을 고르고, 두 번째 단락이 시작되는 부분의 첫 세 단어를 쓰시오.

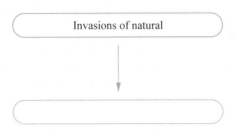

Invasions of natural

① 구체(연구 사례) – 일반(결론)

② 일반(주제 도입) – 구체(가설과 설명)

③ 문제 – 해결

④ 문제 – 사례 비교

1 다양한 토착종이 사는 생태계에 외래종이 침입하기 힘든 이유로 글쓴이가 언급하지 <u>않은</u> 것은?

① 토착종이 외래종이 군집에 침투하는 것을 어렵게 해서

② 토착종이 외래종보다 자원을 더 완전하게 사용해서

③ 토착종이 외래종이 침입해 자리잡는 능력을 제한해서

④ 토착종이 외래종보다 왕성한 번식력을 갖고 있어서

2018학년도 수능 모의평가

정답률 67%
난이도 중
제한시간 1분 30초

이 글의 필자가 주장하는 바로 가장 적절한 것은?

Have you ever met someone while you were experiencing significant emotional, psychological, or physical stress? Perhaps you stayed up all night studying for a final, or maybe you learned that a grandparent recently died. You likely exhibited behaviors that are not consistent with how you usually act. Meeting someone when you are extremely stressed can create an inaccurate impression of you. For this reason, recognize that our first impressions of others also may be perceptual errors. To help avoid committing these errors, engage in perception checking, which means that we consider a series of questions to confirm or challenge our perceptions of others and their behaviors. For example, see if you can provide two possible interpretations for the verbal and nonverbal behavior observed and seek clarification of it in order to determine the accuracy of your evaluation.

① 상대방에 대한 자신의 인식에 오류가 없는지 점검하라.
② 정신적 스트레스가 심할 때는 타인과의 만남을 피하라.
③ 처음 만나는 사람에게 좋은 인상을 주도록 노력하라.
④ 상대방의 심리를 파악하고 자신의 감정을 표현하라.
⑤ 언어적 행동과 비언어적 행동을 일치시켜라.

내 생각?

◀ **BACK TO THE PASSAGE**

0 이 글의 전개 구조로 알맞은 것을 고르고, 두 번째 단락이 시작되는 부분의 첫 세 단어를 쓰시오.

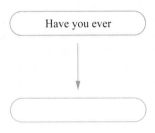

Have you ever

① 구체(예) – 일반(교훈)

② 일반(주제) – 구체(예시)

③ 예시 – 문제 제기와 해결책

④ 질문 – 답변

1 다른 사람에 대한 우리의 인식이 옳은지 판단하는 방법으로 글쓴이가 제시한 것은?

① 첫인상으로 사람을 잘못 판단했던 과거 경험의 원인을 분석한다.

② 다른 사람이 우리를 보는 관점이 정확한지 이해하려고 노력한다.

③ 언어적 및 비언어적 행동에 대한 두 가지 해석을 마련하고 비교한다.

④ 다른 사람이 어떤 행동을 하게 된 원인인 감정을 먼저 정확히 꿰뚫어 본다.

구조독해가 정답이다

구체적인 상황으로 끌어넘고 문제를 제기,
해결방법과 예까지 보여주니 글쓴이가
뭘 주장하는지 바로 알겠네!

이 글의 내용을 한 문장으로 요약하고자 한다. 빈칸 (A), (B)에 들어갈 말로 가장 적절한 것은?

The idea that *planting* trees could have a social or political significance appears to have been invented by the English, though it has since spread widely. According to Keith Thomas's history *Man and the Natural World*, seventeenth- and eighteenth-century aristocrats began planting hardwood trees, usually in lines, to declare the extent of their property and the permanence of their claim to it. "What can be more pleasant," the editor of a magazine for gentlemen asked his readers, "than to have the bounds and limits of your own property preserved and continued from age to age by the testimony of such living and growing witnesses?" Planting trees had the additional advantage of being regarded as a patriotic act, for the Crown had declared a severe shortage of the hardwood on which the Royal Navy depended.

*aristocrat: 귀족   **patriotic: 애국적인

For English aristocrats, planting trees served as statements to mark the ____(A)____ ownership of their land, and it was also considered to be a(n) ____(B)____ of their loyalty to the nation.

	(A)		(B)
①	unstable	....	confirmation
②	unstable	....	exaggeration
③	lasting	....	exhibition
④	lasting	....	manipulation
⑤	official	....	justification

내 생각?

◀ **BACK TO THE PASSAGE**

0 이 글의 전개 구조로 알맞은 것을 고르고, 각 단락이 시작되는 부분의 첫 두 단어를 쓰시오.

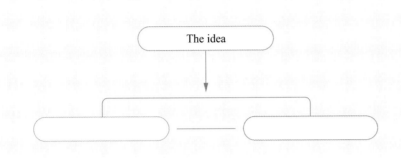

① 구체(사례 1 – 사례 2) – 일반(요지)
② 화제 도입 – 일반(요지) – 구체(인과 분석)
③ 일반(주제) – 구체(사례 1 – 사례 2)
④ 화제 도입 – 문제 – 해결

1 이 글의 주제로 가장 적절한 것은?

① how the shortage of the hardwood made nations plant trees
② the bounds and limits of properties preserved by living trees
③ the social and polical meaning of planting trees in England
④ how English aristocrats claimed the extent of their properties

2 이 글에서 living and growing witnesses가 가리키는 것은?

① trees
② aristocrats
③ readers
④ Englishmen

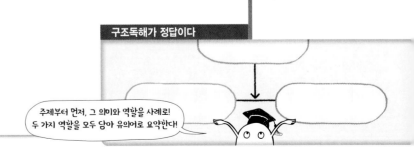

구조독해가 정답이다

주제부터 먼저, 그 의미와 역할을 사례로!
두 가지 역할을 모두 담아 유의어로 요약한다!

이 글의 빈칸에 들어갈 말로 가장 적절한 것은?

Evolutionary biologist Robert Trivers gives an extraordinary example of a case where an animal _____ may be damaging to its evolutionary fitness. When a hare is being chased, it zigzags in a random pattern in an attempt to shake off the pursuer. This technique will be more reliable if it is genuinely random, as it is better for the hare to have no foreknowledge of where it is going to jump next: if it knew where it was going to jump next, its posture might reveal clues to its pursuer. Over time, dogs would learn to anticipate these cues—with fatal consequences for the hare. Those hares with more self-awareness would tend to die out, so most modern hares are probably descended from those that had less self-knowledge. In the same way, humans may be descended from ancestors who were better at the concealment of their true motives. It is not enough to conceal them from others—to be really convincing, you also have to conceal them from yourself.

*hare: 산토끼

① disconnecting the link from its circumstance
② having conscious access to its own actions
③ sharpening its own intuitions and instincts
④ relying on its individual prior experiences
⑤ activating its innate survival mechanism

내 생각?

◀ BACK TO THE PASSAGE

0 이 글의 전개 구조로 알맞은 것을 고르고, 각 단락이 시작되는 부분의 첫 네 단어를 쓰시오.

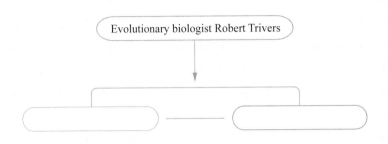

① 일반(요지) – 구체(사례) – 결론

② 문제 제기 – 예시 – 결론

③ 구체(예시 1 – 예시 2) – 일반(요지)

④ 일반(요지) – 구체(예시 1 – 예시 2)

1 이 글의 요지로 가장 적절한 것은?

① 여러 세대에 걸친 변화가 쌓여 생물 집단이 진화한다.

② 생물 집단은 자연선택으로 환경에 적응하여 진화한다.

③ 자신의 의도를 모르는 개체가 진화에 성공할 수 있다.

④ 생존 경쟁에 유리한 특징을 갖는 개체들만 살아남는다.

2 이 글의 내용에 따르면 다음 중 생존에 가장 유리한 산토끼는?

① 추격자보다 훨씬 빠르게 뛰는 산토끼

② 추격자와 다른 방향으로 뛰는 산토끼

③ 자신이 뛸 방향을 모른 채 뛰는 산토끼

④ 다른 산토끼보다 더 빠르게 뛰는 산토끼

구조독해가 정답이다

어떤 특징이 진화에 위협이 돼냐고?
얘네들이 그걸 보여주는 예들이군!
예를 보니 빈칸이 뭔지 알겠어!

밑줄 친 부분 중, 문맥상 낱말의 쓰임이 적절하지 <u>않은</u> 것은?

<u>One misconception</u> that often appears in the writings of physical scientists who are looking at biology from the outside is that the environment appears to them to be a static entity, which cannot contribute new bits of information as evolution progresses. This, however, is by no means the case. Far from being static, the environment is constantly changing and offering new ① <u>challenges</u> to evolving populations. For higher organisms, the most significant changes in the environment are those produced by the contemporaneous evolution of other organisms. The evolution of a horse's hoof from a five-toed foot has ② <u>enabled</u> the horse to gallop rapidly over open plains. But such galloping is of no ③ <u>advantage</u> to a horse unless it is being chased by a predator. The horse's efficient mechanism for running would never have evolved except for the fact that meat-eating predators were at the same time evolving more efficient methods of ④ <u>attack</u>. Consequently, laws based upon ecological relationships among different kinds of organisms are ⑤ <u>optional</u> for understanding evolution and the diversity of life to which it has given rise.

*hoof: 발굽   **gallop: 질주하다   ***predator: 포식자

내 생각?

◀ BACK TO THE PASSAGE

0 이 글의 전개 구조로 알맞은 것을 고르고, 각 단락이 시작되는 부분의 첫 두 단어를 쓰시오.

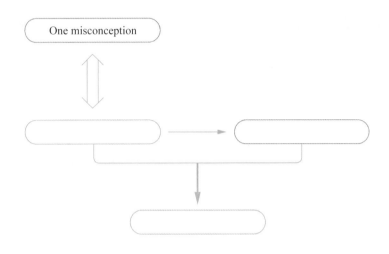

① 일반(요지) – 구체(예시 1 – 예시 2) – 결론
② 대립(틀린 생각 – 반박 – 사례) – 결론
③ 문제 제시 – 해결 방안 – 사례 – 결론
④ 구체(사례 – 사례) – 일반(요지) – 결론

1 이 글의 요지로 가장 적절한 것은?

① 생물은 다른 종의 진화에 따라 필연적으로 진화한다.
② 개체마다 다른 유전자 변형을 거쳐 진화가 일어난다.
③ 다른 종의 유전자와 우연히 결합해 진화가 일어난다.
④ 생물은 생태 환경에서 먹이를 구하기 쉽게 진화한다.

구조독해가 정답이다

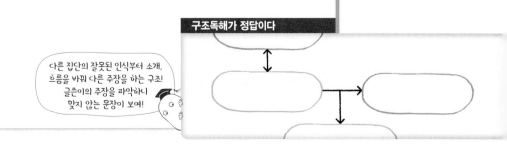

다른 집단의 잘못된 인식부터 소개,
흐름을 바꿔 다른 주장을 하는 구조!
글쓴이의 주장을 파악하니
맞지 않는 문장이 보여!

2019학년도 고3 학력평가

정답률 66%
난이도 중
제한시간 1분 40초

글의 흐름으로 보아, 주어진 문장이 들어가기에 가장 적절한 곳은?

> It would be easy to assume that if you put a group of high-IQ people together, naturally they would exhibit a high collective intelligence.

For decades, we have been measuring intelligence at the individual level, just as we have been measuring creativity, engagement, and grit. (①) But it turns out we were failing to measure something with far greater impact. (②) As reported in the journal *Science*, researchers from MIT, Union College, and Carnegie Mellon have finally found a method for systematically measuring the intelligence of a *group* as opposed to an individual. (③) Just as we evaluate how successful an individual student will be at solving a problem, we are now able to predict how successful a *group* of people will be at solving a problem or problems. (④) But that's not what happens. (⑤) Indeed, their research found that a team on which each person was merely average in their individual abilities but possessed a *collective* intelligence would continually exhibit higher success rates than a team of individual geniuses.

*grit: 근성

내 생각?

◀ BACK TO THE PASSAGE

0 이 글의 전개 구조로 알맞은 것을 고르고, 각 단락이 시작되는 부분의 첫 세 단어를 쓰시오.

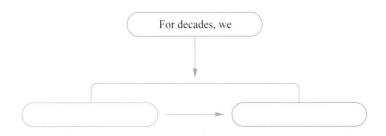
For decades, we

① 문제 – 원인 분석 – 해결

② 구체(연구 내용 – 연구결과) – 일반(결론)

③ 잘못된 통념 – 반박(연구결과) – 다른 주장

④ 일반(주제) – 구체(연구 소개 – 연구 결과)

1 이 글에서 something with far greater impact가 가리키는 것은?

① measuring intelligence at the individual level

② the intelligence of a *group*

③ solving a problem

④ higher success rates

2 이 글의 내용을 한 문장으로 요약하고자 한다. 빈칸 (A), (B)에 들어갈 말로 가장 적절한 것을 |보기|에서 골라 쓰시오.

> | 보기 |
>
> creative   average   intelligent   independent

> Contrary to popular wisdom, a team of _____(A)_____ people with collective intelligence was more successful at solving problems than a team of highly _____(B)_____ people.

(A) _____   (B) _____

정답과 해설

V

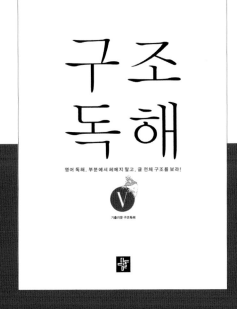

구조독해 V
정답과
해설

이 글의 주제로 가장 적절한 것은?

> It turns out that the secret behind our recently extended life span is not due to genetics or natural selection, but rather to the relentless improvements made to our overall standard of living. From a medical and public health perspective, these developments were nothing less than game changing.

> For example, major diseases such as smallpox, polio, and measles have been eradicated by mass vaccination. At the same time, better living standards achieved through improvements in education, housing, nutrition, and sanitation systems have substantially reduced malnutrition and infections, preventing many unnecessary deaths among children. Furthermore, technologies designed to improve health have become available to the masses, whether via refrigeration to prevent spoilage or systemized garbage collection, which in and of itself eliminated many common sources of disease. These impressive shifts have not only dramatically affected the ways in which civilizations eat, but also determined how civilizations will live and die.

① ways to raise public awareness of sanitation
② effects of improved nutrition on child growth
③ factors contributing to longer life expectancy
④ demand for establishing better medical infrastructure
⑤ controversies over how technologies change human life

 내 생각?

평균 수명이 증가한 이유에 주목! 구체적인 사례를 통해 혁신적인 생활 수준 향상과 의학의 발전 덕분임을 보여주기.

```
일반(요지)
   │
   ▼
구체(사례)
```

|전문해석|

우리의 최근 늘어난 수명의 비결은 유전학이나 자연 선택 때문이 아니라, 오히려 우리의 전반적인 생활 수준의 끊임없는 향상 때문이라는 것이 밝혀졌다. 의학과 공중위생의 관점에서, 이런 발전들은 그야말로 혁신적이었다.

예를 들어, 천연두와 소아마비, 홍역과 같은 주요 질병들은 대규모 예방 접종에 의해서 근절되었다. 동시에, 교육과 주거, 영양, 위생 체계의 향상으로 이루어진 더 나은 생활 수준이 영양실조와 감염들을 상당히 감소시켰고, 어린이들의 많은 불필요한 죽음을 막았다. 게다가, 건강을 개선하려고 고안된 기술들을 대중들이 이용하는 것이 가능해졌고, 그것이 부패를 막기 위한 냉장이든 체계화된 쓰레기 수거를 통해서든, 그 자체로 질병의 많은 공통된 원인들을 제거하였다. 이러한 인상적인 변화들은 문명 사회가 음식을 먹는 방식들에 극적인 영향을 주었을 뿐만 아니라, 문명 사회가 생존하고 사라지는 방식을 결정해 왔다.

출제의도

주제 파악 ▶ 글쓴이가 무엇에 대해 어떤 구조로 서술하는지 파악할 수 있는가?

문제해설

생활 수준의 향상과 의학 발전, 기술 발달로 인류의 수명이 늘어났음을 사례를 들어 설명하는 글이므로, ③ '평균 수명 연장에 기여한 요인들'이 글의 구조와 글쓴이 의도가 반영된 주제로 적절하다.

① 위생에 대한 대중의 인식을 높이는 방법들
② 개선된 영양 상태가 어린이 성장에 미친 영향들
④ 더 나은 의료 기반 시설 설립에 대한 요구
⑤ 기술이 인간의 삶을 바꾼 방식에 대한 논란들

|어휘·어법|

- extend 늘리다, 확장하다   - life span(= lifespan) 수명
- genetics 유전학, 유전적 특징   - public health 공중위생
- perspective 관점   - nothing lees than 다름아닌, 바로
- smallpox 천연두   - polio 소아마비   - measles 홍역

- vaccination 예방 접종   - nutrition 영양   - sanitation 위생
- malnutrition 영양실조   - infection 감염   - spoilage 손상, 파괴
- eliminate 제거하다   - affect 영향을 미치다

- Furthermore, technologies designed to improve health have become available to the masses, [**whether** *via* refrigeration to prevent spoilage **or** systemized garbage collection, which *in and of itself eliminated* many common sources of disease].: [ ]는 「whether A or B」 구문으로 'A이건 B이건 관계 없이'라는 의미를 나타내며 whether 뒤에 「주어+be동사 (it(앞 내용 전체) was)」가 생략되어 있다.

via는 by the way of를 의미하는 전치사로, 뒤에 refrigeration to prevent spoilage와 systemized garbage collection이 연결되어 병렬구조를 이루고 있다. in and of itself는 '그 자체로, 다른 것은 고려하지 않고도'의 의미이다.

2 ③   **0** ③   **1** ①   **2** ①

이 글의 요지로 가장 적절한 것은?

Fears of damaging ecosystems are based on the sound conservationist principle that we should aim to minimize the disruption we cause, but there is a risk that this principle may be confused with the old idea of a 'balance of nature.' This supposes a perfect order of nature that will seek to maintain itself and that we should not change. It is a romantic, not to say idyllic, notion, but deeply misleading because it supposes a static condition.

Ecosystems are dynamic, and although some may endure, apparently unchanged, for periods that are long in comparison with the human lifespan, they must and do change eventually. Species come and go, climates change, plant and animal communities adapt to altered circumstances, and when examined in fine detail such adaptation and consequent change can be seen to be taking place constantly.

The 'balance of nature' is a myth. Our planet is dynamic, and so are the arrangements by which its inhabitants live together.

① 생물 다양성이 높은 생태계가 기후 변화에 더 잘 적응한다.
② 인간의 부적절한 개입은 자연의 균형을 깨뜨린다.
③ 자연은 정적이지 않고 역동적으로 계속 변한다.
④ 모든 생물은 적자생존의 원칙에 순응하기 마련이다.
⑤ 동식물은 상호 경쟁을 통해 생태계의 균형을 이룬다.

내 생각?

환경 보호주의 원칙이 자연을 정적인 상태로 보는 오래된 통념과 혼동될 수 있다는 점에서 문제를 제기! 생태계는 끊임없이 변하기 때문에 자연의 완벽한 질서를 전제로 하는 '자연의 균형'은 잘못된 통념이라는 게 내 생각!

| 전문해석 |

생태계를 손상하는 것에 대한 두려움은 온전한 환경 보호주의 원칙에 근거하며 그것은 우리가 초래하는 (환경) 파괴를 최소화하는 것을 목표로 해야 한다는 것이지만, 이 원칙은 '자연의 균형'이라는 오랜 생각과 혼동될지도 모른다는 위험이 있다. 이것은 완벽한 자연의 질서를 전제로 하는데, 그 질서란 그 자체를 유지하려고 노력하고 우리가 바꾸어서는 안 된다는 것이다. 그것은 목가적이라고까지는 할 수 없어도 낭만적(이상적)인 개념이지만, 오해의 소지가 깊은데 왜냐하면 정적인 상태를 전제로 하기 때문이다.

생태계는 역동적이고, 비록 일부는 겉보기에는 변하지 않는 채로 인간의 수명에 비해 오랜 기간 동안 지속될지 모르지만, 그것은 결국에는 변할 것이 분명하고 정말 변한다. 생물의 종(種)들은 생겼다 사라지고 기후는 변하며 동식물 군집은 달라진 환경에 적응하고 아주 자세히 살펴보면 그런 적응과 결과적인 변화는 항상 일어나고 있는 것으로 보일 수 있다.

'자연의 균형'이란 잘못된 통념이다. 우리의 지구는 역동적이고 지구의 서식자들이 함께 사는 모습(생활 방식)도 그러하다.

요지 파악 ▶ 글의 구조 속에서 주제에 대한 글쓴이의 의견과 핵심 내용을 파악할 수 있는가?

문제해설

글쓴이는 자연이 완벽한 균형 상태를 계속 유지해야 한다는 생각은 정적인 상태를 전제로 하기 때문에 잘못된 인식이라고 반박하며 자연은 정적이지 않고 역동적으로 계속 변한다고 주장하고 있다. 따라서 ③이 글쓴이의 주장과 일치한다.

1 생태계는 역동적이고 일부는 겉보기에는 변하지 않는 채로 지속될지 모르지만 결국 변한다는 내용의 글이므로, ① '역동적인 생태계'와 '자연의 균형'이라는 잘못된 통념'이 글의 주제로 가장 적절하다.
  ② 생태계와 정통한 원칙을 파괴하는 것에 대한 두려움
  ③ 자연의 균형이라는 절대 변하지 않는 정통한 개념
  ④ 식물과 동물 군집이 환경을 개선하는 방식

| 어휘 · 어법 |

- ecosystem 생태계   • sound 온전한, 건전한, 철저한, 믿을 만한

- conservationist principle 환경 보호주의 원칙   • disruption (환경) 파괴
- notion 개념   • misleading 오해의 소지가 있는   • static 정적인
- endure 지속되다, 견디다   • apparently 명백하게
- in comparison with ~과 비교해 보면   • species (생물의) 종(種)
- community (동식물의) 군집   • adapt ~에 적응하다   • alter 바꾸다
- consequent 결과적인   • myth 잘못된 통념
- arrangement (사는) 모습, (생활) 방식   • inhabitant 서식자, 거주자

- It is a **romantic**, *not to say idyllic*, notion, but **deeply misleading** because it supposes a static condition.: deeply misleading은 앞의 명사 notion을 수식하며 romantic, idyllic과 대조를 이루고 있다. not to say는 부정사 표현으로 '~이라고까지는 할 수 없어도'라는 의미이다.
- Our planet is dynamic, and **so are the arrangements** [*by which* its inhabitants live together].: 「so+동사+주어」 구문은 '~도 역시 그러하다'라는 의미로 앞에 언급한 긍정의 말에 동조할 때 사용한다. [ ]는 선행사 the arrangements를 수식하는 「전치사+목적격 관계대명사」 절이다.

이 글의 내용을 한 문장으로 요약하고자 한다. 빈칸 (A), (B)에 들어갈 말로 가장 적절한 것은?

Music is used to mold customer experience and behavior. A study was conducted that explored what impact it has on employees. Results from the study indicate that participants who listen to rhythmic music were inclined to cooperate more irrespective of factors like age, gender, and academic background, compared to those who listened to less rhythmic music. This positive boost in the participants' willingness to cooperate was induced regardless of whether they liked the music or not.

When people are in a more positive state of mind, they tend to become more agreeable and creative, while those on the opposite spectrum tend to focus on their individual problems rather than giving attention to solving group problems. The rhythm of music has a strong pull on people's behavior. This is because when people listen to music with a steady pulse, they tend to match their actions to the beat. This translates to better teamwork when making decisions because everyone is following one tempo.

According to the study, the music played in workplaces can lead employees to be (A)cooperative because the beat of the music creates a (B)shared rhythm for working.

(A)	(B)	(A)	(B)
① uncomfortable	competitive mood	② cooperative	shared rhythm
③ distracted	shared rhythm	④ attentive	competitive mood
⑤ indifferent	disturbing pattern		

내 생각?

음악이 직원들에게 미치는 영향을 다루기 위해 음악이 직원들의 협력을 끌어낸다는 연구결과부터 먼저! 이어서 그 원인을 조목조목!

일반(연구 결과)

↓

구체(원인 분석)

| 전문 해석 |

음악은 고객의 경험과 행동을 형성하는 데 사용된다. 그것이 직원에게 어떤 영향을 미치는지를 탐구하는 연구가 수행되었다. 연구 결과는 리듬감 있는 음악을 듣는 참가자가 리듬감이 덜 있는 음악을 듣는 참가자에 비해 나이, 성별, 학력과 같은 요인에 관계없이 더 협력하는 경향이 있다는 것을 보여준다. 참가자가 협력하려는 이러한 자발성의 긍정적인 증가는 그들이 음악을 좋아하는지 혹은 그렇지 않은지와 관계없이 야기되었다.

사람들은 좀 더 긍정적인 심리 상태에 있을 때, 더 기분이 좋고 창의적이 되는 경향이 있는 반면, 반대 범주에 있는 사람은 집단의 문제 해결에 주의를 기울이기보다는 자신의 개별 문제에 초점을 두는 경향이 있다. 음악의 리듬은 사람들의 행동을 강하게 끌어낸다. 이것은 사람이 일정한 박자로 음악을 들을 때, 자신의 행동을 비트(박자)에 맞추는 경향이 있기 때문이다. 이것은 모든 사람들이 하나의 박자를 따르고 있기 때문에 결정을 내릴 때 더 나은 협동 작업으로 전환된다.

→ 연구에 따르면, 업무 현장에서 들려준 음악은 직원이 (A)협동적이도록 이끌 수 있는데 이는 작업 동안 음악의 비트(박자)가 (B)공유된 리듬을 만들기 때문이다.

출제의도

문단 요약 ▶ 글의 구조 속에서 핵심 개념들의 관계를 파악하고 한 문장으로 표현할 수 있는가?

문제해설

리듬감 있는 음악을 들으면 나이, 성별, 학력과 같은 요인에 관계없이 더 협력하는 경향이 있다는 것을 보여주는 연구 결과와 그 이유를 소개하는 글이다. 따라서 빈칸 (A)에는 cooperative(협동적이도록), (B)에는 shared rhythm(공유된 리듬)이 들어가야 글의 핵심 개념을 요약할 수 있다.

① 불편하도록 – 경쟁적인 분위기 ③ 마음이 산만하도록 – 공유된 리듬 ④ 집중하도록 – 경쟁적인 분위기 ⑤ 무관심하도록 – 방해가 되는 패턴

| 어휘 · 어법 |

• mold 형성하다 • conduct 수행하다

• irrespective of ~와 관계없이(= regardless of) • boost 촉진(제), 증가
• induce 야기하다 • agreeable 기분 좋은, 선뜻 동의하는
• pulse (광선·음향 따위의) 진동, 박자 • translate 바뀌다, (특정하게) 이해하다
• Results from the study indicate [that *participants* ⟨**who** listen to rhythmic music were inclined to cooperate more irrespective of factors ⟨like age, gender, and academic background⟩. {**compared to** *those* ⟨**who** listened to less rhythmic music⟩}.]: [ ]는 indicate의 목적어 역할을 하는 명사절이다. { }는 앞에 being이 생략된 수동태 분사구문으로 '~와 비교해서'라고 해석한다. 그 안의 those는 같은 종류의 두 대상을 비교할 때 뒤에 언급한 대상을 가리키는 지시대명사로, 이 문장에서는 participants를 가리킨다.

4

②   **0** ①   **1** ③   **2** ③

이 글의 빈칸에 들어갈 말로 가장 적절한 것은?

The whole history of mathematics is one long sequence of taking the best ideas of the moment and finding new extensions, variations, and applications.

Our lives today are totally different from the lives of people three hundred years ago, mostly owing to scientific and technological innovations that required the insights of calculus. Isaac Newton and Gottfried von Leibniz independently discovered calculus in the last half of the seventeenth century. But a study of the history reveals that mathematicians had thought of all the essential elements of calculus before Newton or Leibniz came along. Newton himself acknowledged this flowing reality when he wrote, "If I have seen farther than others it is because I have stood on the shoulders of giants." Newton and Leibniz came up with their brilliant insight at essentially the same time because <u>it was not a huge leap from what was already known.</u>

All creative people, even ones who are considered geniuses, start as nongeniuses and take baby steps from there.

① calculus was considered to be the study of geniuses
② it was not a huge leap from what was already known
③ it was impossible to make a list of the uses of calculus
④ they pioneered a breakthrough in mathematic calculations
⑤ other mathematicians didn't accept the discovery as it was

내 생각?

수학의 모든 역사는 연결된 하나의 사건이라는 게 내 생각! 미적분학을 동시에 발견한 뉴턴과 라이프니츠의 사례로, 위대한 학자조차도 과거 연구를 바탕으로 발전을 이뤘다는 점을 증명하기!

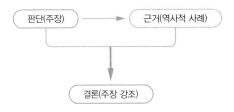

판단(주장) ➡ 근거(역사적 사례)
⬇
결론(주장 강조)

| 전문 해석 |

수학의 모든 역사는 그 순간의 가장 좋은 생각들을 취하여 새로운 확장, 변이, 그리고 적용을 찾아가는 하나의 긴 연결된 사건이다.

오늘날 우리의 삶은, 300년 전 사람들의 삶과는 전적으로 다른데, 주로 미적분학의 통찰을 요구하는 과학적이고 기술적인 혁신 때문이다. Isaac Newton과 Gottfried von Leibniz는 (각자) 독립적으로 17세기 후반에 미적분학을 발견하였다. 하지만 역사 연구는 수학자들이 Newton 또는 Leibniz가 나타나기 전에 미적분학의 모든 주요한 요소들에 대해 생각했었다는 것을 보여준다. Newton 자신도 "만약 내가 다른 사람들보다 더 멀리 보았다면 그것은 내가 거인들의 어깨 위에 섰기 때문이다."라고 썼을 때 이러한 흐름 속의 현실을 인정하였다. Newton과 Leibniz는 뛰어난 통찰력을 본질적으로 동시에 내놓았는데 왜냐하면 <u>그것은 이미 알려진 것으로부터의 큰 도약은 아니었기</u> 때문이었다.

모든 창의적인 사람들은, 심지어 천재라고 여겨지는 사람들조차도, 천재가 아닌 사람으로 시작하여 거기에서부터 걸음마를 뗀다.

출제의도

빈칸 추론 ▶ 글의 구조 속에서 글쓴이의 의도와 빈칸이 포함된 문장의 역할을 파악할 수 있는가?

문제해설

글쓴이는 수학의 전 역사가 하나의 연결된 사건이라고 주장하면서 미적분학을 동시에 발견한 뉴턴과 라이프니츠의 사례를 통해, 해당 발견이 갑자기 등장한 것이 아니라 이미 그 전 수학자들이 생각했던 주요 요소들이 있었기 때문이라는 점을 말하고 있다. 뉴턴도 '거인들의 어깨 위에 섰기 때문'이라는 점을 인정했다고 빈칸 앞 문장에서 언급했고 마지막 단락에서도 천재조차 천재가 아닌 사람으로서 그 걸음마를 뗀다고 했으므로, 빈칸에 ② '그것은 이미 알려진 것으로부터의 큰 도약은 아니었기'가 들어가야 글쓴이의 의도와 일치한다.

① 미적분학은 천재들의 학문으로 생각되었기
③ 미적분학의 사용 범위를 열거하기 불가능했기
④ 그들이 수학 계산 분야에서 획기적인 발견을 주도했기
⑤ 다른 수학자들이 그 발견을 사실 그대로 받아들이지 않았기

| 어휘 · 어법 |

- sequence 연속된 일(장면)   • extension 확장   • variation 변이
- application 적용   • owing to ~ 때문에   • innovation 혁신
- insight 통찰(력)   • independently 독립적으로
- reveal 보여주다   • acknowledge 인정하다
- stand on the shoulders of ~에게 의지하다. ~을 이용하다
- come up with ~을 내놓다. 제시하다   • genius 천재

- But a study of the history reveals [that mathematicians **had thought** of all the essential elements of calculus before Newton or Leibniz **came** along].: [ ]는 reveals의 목적어 역할을 하는 명사절이며 Newton 또는 Leibniz가 나타난(came along) 것보다 미적분학의 모든 주요한 요소들에 대해 생각한(had thought) 것이 먼저 일어난 일이므로 과거완료 시제(had+p.p.)를 썼다.

① 　　　0 ①　　　1 ②

이 글의 빈칸에 들어갈 말로 가장 적절한 것은?

The tendency for one purchase to lead to another one has a name: the Diderot Effect. The Diderot Effect states that obtaining a new possession often creates a spiral of consumption that leads to additional purchases.

You can spot this pattern everywhere. You buy a dress and have to get new shoes and earrings to match. You buy a toy for your child and soon find yourself purchasing all of the accessories that go with it. It's a chain reaction of purchases. Many human behaviors follow this cycle. You often decide what to do next based on what you have just finished doing. Going to the bathroom leads to washing and drying your hands, which reminds you that you need to put the dirty towels in the laundry, so you add laundry detergent to the shopping list, and so on.

No behavior happens in isolation. Each action becomes a cue that triggers the next behavior.

① isolation 　　　② comfort 　　　③ observation
④ fairness 　　　⑤ harmony

내 생각?

'디드로 효과'를 설명하기 위해 정의부터 먼저, 이어서 구체적인 예로 이해시키기! 한 가지 구매가 다른 구매로 이어지는 연쇄적인 구매 반응의 예를 보면 모든 행동은 따로 일어나지 않는다는 당연한 결론!

| 전문 해석 |

한 구매가 또 다른 구매로 이어지는 경향은 이름이 있다. '디드로 효과'이다. '디드로 효과'는 새로운 소유가 종종 추가 구매들로 이어지는 소비의 소용돌이를 만든다고 말한다.

당신은 이러한 경향을 어디서든지 발견할 수 있다. 드레스를 사면 어울리는 새 신발과 귀걸이를 사야 한다. 당신은 아이를 위해 장난감을 사고 곧 그것에 수반되는 모든 부대용품들을 구매하는 자신을 발견한다. 이것은 구매의 연쇄 반응이다. 많은 인간의 행동들은 이 순환을 따른다. 당신은 종종 당신이 방금 끝낸 것에 근거하여 다음에 무엇을 할지 결정한다. 화장실에 가는 것은 손을 씻고 말리는 것으로 이어지고, 그것은 당신으로 하여금 더러운 수건을 세탁실에 넣을 필요가 있다는 생각이 들게 하고, 그래서 쇼핑 목록에 세탁 세제를 추가하고, 기타 등등을 한다.

별개로 일어나는 행동은 없다. 각각의 행동은 다음 행동을 유발하는 신호가 된다.

빈칸 추론 ▶ 글의 구조 속에서 글쓴이의 의도와 빈칸이 포함된 문장의 역할을 파악할 수 있는가?

문제해설

'디드로 효과'를 소개하는 글로, 글쓴이가 제시한 예와 각각의 행동이 다음 행동을 유발한다는 결론의 마지막 문장으로 보아, 빈칸에 ① '별개(분리)'가 들어가야 함을 알 수 있다.

한 구매가 또 다른 구매로 이어짐 → 새로운 소유가 소비의 소용돌이를 만듦 → 구매의 연쇄 반응 → 방금 끝낸 것에 근거하여 다음에 무엇을 할지 결정 → 별개로 일어나는 행동은 없다.

② 편안함 　　　③ 관찰
④ 공정함 　　　⑤ 화합

| 어휘 · 어법 |

- tendency 경향 　• purchase 구매; 구매하다 　• obtain 얻다
- possession 소유(물) 　• additional 추가의(=extra) 　• spot 발견하다
- go with 수반하다, ~와 어울리다 　• chain 연쇄

- remind 생각나게 하다 　• detergent 세제 　• cue 신호
- trigger 유발하다

- You often decide [**what to do** next] [*based* on {**what** you have just finished doing}].: 첫 번째 [ ]는 decide의 목적어 역할을 하는 「의문사 what+to부정사」 구문으로 '무엇을 ~할지'라는 의미이다. 두 번째 [ ]는 '~에 근거하여'라는 수동태 분사구문으로, 앞에 being이 생략되어 있으며, 그 안의 { }는 전치사 on에 연결되는 명사절로 what은 선행사를 포함한 관계대명사이다.
  (*cf.* how+to 부정사: 어떻게 ~할지(~하는 방법)
  　　when+to 부정사: 언제 ~할지
  　　where+to 부정사: 어디서 ~할지
  　　which+to 부정사: 어떤 것을 ~할지)

CHAPTER 01

6 ⑤   0 ②   1 ②   2 ①

이 글의 흐름으로 보아, 주어진 문장이 들어가기에 가장 적절한 곳은?

Most beliefs—but not all—are open to tests of verification. This means that beliefs can be tested to see if they are correct or false. (①) Beliefs can be verified or falsified with objective criteria external to the person. (②) There are people who believe the Earth is flat and not a sphere. (③) Because we have objective evidence that the Earth is in fact a sphere, the flat Earth belief can be shown to be false. (④) Also, the belief that it will rain tomorrow can be tested for truth by waiting until tomorrow and seeing whether it rains or not.

⑤However, some types of beliefs cannot be tested for truth because we cannot get external evidence in our lifetimes (such as a belief that the Earth will stop spinning on its axis by the year 9999 or that there is life on a planet 100-million light-years away). Also, meta-physical beliefs (such as the existence and nature of a god) present considerable challenges in generating evidence that everyone is willing to use as a truth criterion.

내 생각?

두 종류의 믿음에 주목! 검증할 수 있는 믿음과 검증할 수 없는 믿음을 대조, 사례로 이해시키기!

소주제 1
(검증이 가능한 믿음의 예)

↕

소주제 2
(검증이 불가능한 믿음의 예)

| 전문 해석 |

대부분의 믿음은 전부는 아니지만 검증 시험을 받을 수 있다. 이것은 믿음이 옳거나 그른지를 확인하기 위해 시험 받을 수 있다는 것을 의미한다. 믿음은 사람의 외부에 있는 객관적인 기준을 통해 진실임이 입증되거나 거짓임이 입증될 수 있다. 지구가 구가 아니라 평평하다고 믿는 사람들이 있다. 우리는 지구가 사실은 구라는 객관적인 증거를 가지고 있기 때문에, 지구가 평평하다는 믿음은 거짓임이 증명될 수 있다. 또한, 내일 비가 올 것이라는 믿음은 내일까지 기다려 비가 오는지 안 오는지 봄으로써 진실인지 확인될 수 있다.

⑤하지만, 어떤 종류의 믿음은 우리가 일생 동안 외부 증거를 얻을 수 없기 때문에 진실인지 확인될 수 없다. (9999년이 되면 지구가 자전하는 것을 멈출 것이라는 믿음이나 1억 광년 떨어진 행성에 생명체가 있다는 믿음 같은) 또한, 형이상학적 믿음(신의 존재와 본질과 같은)은 모든 사람이 진리 기준으로 기꺼이 사용할 증거를 만드는 데 있어서 상당한 난제가 된다.

주어진 문장의 위치 판단 ▶ 글의 구조와 글쓴이 의도에 맞게 문장을 넣어 일관성 있는 글을 완성할 수 있는가?

검증할 수 있는 믿음과 검증할 수 없는 믿음을 서로 대조하여 설명하는 글이다. 첫 문장에서 검증 가능한 믿음 외에 다른 믿음도 있음을 어느 정도 예고한 뒤, 이어서 검증할 수 있는 믿음의 예를 제시하고 있다. 주어진 문장은 역접의 연결어 However로 시작하고 검증할 수 없는 믿음에 대한 내용이므로 ⑤에 들어가야 글의 구조상 흐름이 자연스럽다.

2 ②, ③, ④는 검증할 수 없는 믿음이지만, ①은 객관적인 증거가 있어 검증 가능한 믿음이다.

| 어휘 • 어법 |

• verification 검증, 입증, 증거   • verify 검증하다, 확인하다
• falsify 거짓임을 입증하다, 위조하다

• criterion 기준(pl. criteria)   • external 외부의   • sphere 구(球)
• evidence 증거   • spin on one's axis 자전하다, 축을 중심으로 돌다
• meta-physical 형이상학의   • present a challenge 난제가 되다
• generate 만들어내다

• Most beliefs—but **not all**—are open to tests of verification.: 부정어 (not 등)와 전체를 나타내는 말(every, both, all 등)을 함께 쓰면 '모두 ~인 것은 아니다'라는 부분 부정의 의미가 된다. 특히 주제문에 부분 부정 표현이 있다면 글쓴이가 예외에 주목하거나, 이 글에서처럼 검증할 수 있는 대부분의 믿음 외에 검증할 수 없는 믿음에 대해서도 다룰 수 있음을 예측할 수 있다.

• This means that beliefs can be tested to see [**if** they are correct or false].: [ ]는 see의 목적어 역할을 하는 명사절로, if는 '~인지 아닌지'라는 의미를 나타내며 whether로 바꿔 쓸 수 있다.

수능, 구조독해가 정답이다!

다음 빈칸에 들어갈 말로 가장 적절한 것을 고르시오.

Precision and determinacy are a necessary requirement for all meaningful scientific debate, and progress in the sciences is, to a large extent, the ongoing process of achieving ever greater precision. But historical representation puts a premium on a proliferation of representations, hence not on the refinement of one representation but on the production of an ever more varied set of representations.

Historical insight is not a matter of a continuous "narrowing down" of previous options, not of an approximation of the truth, but, on the contrary, is an "explosion" of possible points of view. It therefore aims at the unmasking of previous illusions of determinacy and precision by the production of new and alternative representations, rather than at achieving truth by a careful analysis of what was right and wrong in those previous representations. And from this perspective, the development of historical insight may indeed be regarded by the outsider as a process of creating ever more confusion, a continuous questioning of <u>certainty and precision seemingly achieved already</u>, rather than, as in the sciences, an ever greater approximation to the truth.

*proliferation: 증식

① criteria for evaluating historical representations
② certainty and precision seemingly achieved already
③ possibilities of alternative interpretations of an event
④ coexistence of multiple viewpoints in historical writing
⑤ correctness and reliability of historical evidence collected

내 생각?

과학적 진술과 다른 역사적 진술의 특징에 주목, 각각의 특징을 대조하여 역사적 진술의 접근 방식 이해시키기!

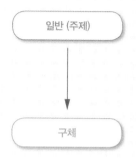

일반 (주제)	과학적 진술과 다른 역사적 진술 – 정확성과 확정성을 중시하는 과학과 달리, 역사적 진술에서는 진술의 증식, 즉 더 다양한 진술의 생성을 중요시한다.
구체	역사적 진술의 접근 방식 – 가능한 관점들의 '폭발적 증가' 　→ 확정성과 정확성에 대해 이전에 가졌던 오해의 정체 밝히기 – 정확성과 확정성에 대한 지속적인 의문 제기

전문해석

정확성과 확정성은 모든 의미 있는 과학적 토론에 필요조건이며, 과학의 진보는 상당 부분 더 높은 정확성을 달성하기 위한 진행 중인 과정이다. 그러나 역사적 진술은 진술의 증식을 중시하여, 하나의 진술을 정제하는 것이 아닌, 훨씬 더 다양한 진술의 집합을 생산하는 데 중점을 둔다.

역사적 통찰은 이전에 선택한 것들을 지속해서 '좁혀 가는' 것의 문제, 즉 진리에 근접함의 문제가 아니라, 반대로 가능한 관점들의 '폭발적 증가'에 대한 것이다. 따라서 그것은 새롭고 대안적인 진술을 생성함으로써 확정성과 정확성에 대해 이전에 가진 오해의 정체를 드러내는 것을 목표로 하지, 이전의 진술에서 무엇이 옳고 틀렸는지에 대한 신중한 분석을 통해 진리를 획득하는 것이 아니다. 그리고 이러한 관점에서 볼 때, 역사적 통찰의 발전은 과학에서처럼 진리에 훨씬 더 많이 근접하기보다는, 오히려 더 큰 혼란을 만들어내는 과정으로, 즉 <u>이미 획득한 것처럼 보이는 확실성과 정확성</u>에 대한 지속적인 의문 제기로 외부인에게 실은 여겨질 수도 있다.

빈칸 추론 ▶ 글의 구조 속에서 글쓴이의 의도와 빈칸이 포함된 문장의 역할을 파악할 수 있는가?

구조로 보면

이 글은 역사의 접근 방식을 과학의 접근 방식과 대조, 그 구체적 특징을 다른 표현들로 바꿔가며 진술하고 있는 구조의 글이다.

글쓴이는 첫 번째 단락에서 과학에서는 정확성과 확정성이 중요하지만, 역사적 진술에서는 한 가지 진술을 정제하는 것이 아닌, 훨씬 더 다양한 진술을 생성하는 것을 중시한다고 말하고 있다.

두 번째 단락에서는 과학의 접근 방식과 다른 역사적 통찰과 역사적 진술의 특징을 설명하기 위해 〈not A but B〉, 〈B rather than A〉 구문을 반복적으로 사용했다. 따라서 차이점에 주목, 역사적 진술의 특징을 파악하면서 읽으면 빈칸에 누락된 내용을 조금 더 쉽게 추론할 수 있다.

글쓴이는 역사적 진술은 진리에 가까이 가는 것이 아니라 그 반대로, '다양한 관점을 확산시키는 것', 새롭고 대안적인 진술을 통해 확정성과 정확성에 대해 이전에 가진 오해의 정체를 드러내는 것을 목표로 한다고 했다. 빈칸이 포함된 문장도 앞서 언급한 내용처럼 역사적 진술을 과학과 대조하여(rather than~) 설명하면서 역사적 진술은 빈칸에 대한 의문 제기로 여겨질 수 있다고 했으므로, 빈칸의 내용은 과학의 특징과 관련된 것임을 추론할 수 있다. 따라서 certainty and precision seemingly achieved already(이미 획득한 것처럼 보이는 확실성과 정확성)가 적절함을 판단할 수 있다. 이 표현은 앞 문장의 previous illusions of determinacy and precision과 유사한 표현이다.

선택지 분석

선택지별 선택비율 ①24% ②32% ③25% ④8% ⑤8%

① 역사적 진술을 평가하는 기준
 → 언급된 바 없다.

③ 어떤 사건에 대한 대안적 해석의 가능성
 → 이것 자체는 역사적 진술의 특징이지만, 빈칸의 내용에 대해 의문을 제기한다는 내용임에 주의해야 한다. 빈칸에 누락된 내용을 추론할 때, 해당 문장이 부정문인지, 어떤 내용에 문제를 제기하는 문장인지 확인해야 한다.

④ 역사 저술에서 다수의 관점 공존
 → ③과 마찬가지로 역사적 통찰의 접근에 해당하는 내용이나, 빈칸에 대한 의문 제기임을 놓치지 말아야 한다.

⑤ 수집된 역사적 증거의 정확성과 신뢰성
 → 언급된 바 없다.

|어휘·어법|

- precision 정확성 • determinacy 확정성
- necessary requirement 필요조건 • to a large extent 상당 부분
- representation 진술, 설명 • put a premium on ~을 중요시하다
- hence 그러므로, 따라서 • refinement 정제, 개선
- narrow down 좁히다 • approximation 근접, 근사
- explosion 폭발적 증가 • unmasking 정체 밝히기
- illusion 오해, 착각, 환상 • be regarded as ~으로 여겨지다
- questioning 의문 제기, 탐구 • seemingly ~인 것처럼 보이는

- **But** historical representation puts a premium on a proliferation of representations, hence **not** on the refinement of one representation **but** on the production of an ever more varied set of representations.
 → 역접의 접속사 But 다음에는 글쓴이가 주목한 내용이 제시될 가능성이 높으므로, 주의 깊게 읽어야 한다. 글쓴이는 과학의 접근 방식에 대해 설명한 다음, 이와 대비되는 역사적 진술에 대한 내용을 But으로 연결하여 제시하였다.
 → 또한 'A가 아니라 B이다'의 의미인 not A but B 구문을 사용하여 역사적 진술의 성격을 과학과 대조하여 설명하고 있다.

- And from **this** perspective, the development of historical insight may indeed **be regarded** by the outsider **as** a process of creating ever more confusion, a continuous questioning of certainty and precision seemingly achieved already, **rather than**, **as** in the sciences, an ever greater approximation to the truth.
 → 지시 형용사 this는 바로 앞 문장의 내용을 가리킨다. And from this perspective를 통해 앞 문장에 대한 추가 설명을 이어가는 문장임을 알 수 있다. be regarded as는 '~라고 여겨지다'라는 의미이고, B rather than A는 'A가 아니라 B'라는 뜻으로 역사적 진술을 과학과 대조하여 설명하기 위해 사용되었다. 이 구문에서 A와 B는 동일한 문법적 형식을 써야 한다.(병렬 구조)

이 글의 제목으로 가장 적절한 것은?

Some beginning researchers mistakenly believe that a good hypothesis is one that is guaranteed to be right (e.g., *alcohol will slow down reaction time*).

However, if we already know your hypothesis is true before you test it, testing your hypothesis won't tell us anything new. Remember, research is supposed to produce *new* knowledge. To get new knowledge, you, as a researcher-explorer, need to leave the safety of the shore (established facts) and venture into uncharted waters (as Einstein said, "If we knew what we were doing, it would not be called research, would it?").

If your predictions about what will happen in these uncharted waters are wrong, that's okay: Scientists are allowed to make mistakes (as Bates said, "Research is the process of going up alleys to see if they are blind"). Indeed, scientists often learn more from predictions that do not turn out than from those that do.

① Researchers, Don't Be Afraid to Be Wrong
② Hypotheses Are Different from Wild Guesses
③ Why Researchers Are Reluctant to Share Their Data
④ One Small Mistake Can Ruin Your Whole Research
⑤ Why Hard Facts Don't Change Our Minds

내 생각?

검증될 게 확실한 가설이 좋은 가설이라고 생각하는 초보 연구자들의 그릇된 생각을 꺾고 내 생각을 주장하기! 미개척 영역에 대한 도전과 실수를 통해 더 많은 걸 배울 수 있다는 게 내 생각!

| 전문 해석 |

일부 초보 연구자들은 좋은 가설은 옳다는 것이 보장된 가설이라고 잘못 믿는다 (예를 들면, '알코올은 반응 시간을 둔화시킬 것이다.').

하지만, 여러분이 가설을 검증하기 전에 우리가 이미 그것이 사실이라는 것을 알고 있다면, 여러분의 가설을 검증하는 것은 우리에게 어떤 새로운 것도 말해 주지 않을 것이다. 연구란 '새로운' 지식을 생산해야 한다는 것을 기억하라. 새로운 지식을 얻기 위해서 연구자이자 탐험가로서 여러분은 해변의 안전함(기정 사실)을 떠나 미개척 영역으로 과감히 들어가 볼 필요가 있다 (아인슈타인이 말했듯이, "우리가 무엇을 하고 있는지 안다면, 그것은 연구라고 불리지 않을 것이다, 그렇지 않은가?").

이런 미개척 영역에서 무엇이 일어날 것인지에 관한 여러분의 예측이 틀린다 해도 괜찮다. 과학자는 실수를 하는 게 허용되어 있다(Bates가 말했듯이, "연구는 골목길이 막다른 길인지 (아닌지) 보려고 그 길을 올라가 보는 과정이다."). 정말로, 과학자는 흔히 결과를 내는 예측들보다는 결과를 내지 않는 예측들로부터 더 많이 배운다.

출제의도

제목 파악 ▶ 글의 구조 속에서 글쓴이가 의도한 바를 대표하거나 상징적으로 표현한 제목을 붙일 수 있는가?

문제해설

글쓴이는 초보 연구자들의 잘못된 생각을 반박하면서, 새로운 지식을 얻기 위한 연구 과정에서 가설이 틀렸다는 걸 발견했더라도 오히려 더 많은 것을 알 수 있다고 주장하고 있다. 인용한 두 학자의 말도 글쓴이의 생각과 일치하는 내용이다. 따라서 ① '연구자들이여, 틀렸다고 두려워하지 마라.'가 글쓴이의 생각을 반영한 제목으로 적절하다.
② 가설은 황당한 추측과는 다르다
③ 연구자들이 자신들의 데이터를 공유하기 싫어하는 이유
④ 하나의 작은 실수가 여러분의 연구 전체를 망칠 수 있다
⑤ 확실한 사실이 우리의 마음을 바꿔 놓지 못하는 이유

2 to see if they are blind에서 they가 가리키는 alleys는 hypotheses(가설들)를 가리키고 blind는 '막다른 길, 눈을 속이는 것' 등의 의미로 쓰였다.

| 어휘 • 어법 |

• mistakenly 잘못하여, 틀리게　• hypothesis 가설(*pl.* hypotheses)
• guarantee 보장하다　• slow down ~을 둔화시키다
• reaction 반응　• shore 해변　• established fact 기정사실
• venture into ~로 과감히 들어가 보다　• prediction 예측
• alley 골목길　• blind 막다른

• Some beginning researchers mistakenly believe [**that** a good hypothesis is *one* {**that** is guaranteed to be right (e.g., *alcohol will slow down reaction time*)}].: [ ]는 believe의 목적어 역할을 하는 명사절이고 그 안의 { }는 hypothesis를 의미하는 부정대명사 one을 수식하는 관계대명사절이다.

① 　　　0 ② / Not only 　　　1 ④

이 글의 요지로 가장 적절한 것은?

The effects of climate change will not be equally distributed across the globe, and there are likely to be winners and losers as the planet warms. Regarding climate effects in general, developing countries are likely to experience more negative effects of global warming.

Not only do many developing countries have naturally warmer climates than those in the developed world, they also rely more heavily on climate sensitive sectors such as agriculture, forestry, and tourism. As temperatures rise further, regions such as Africa will face declining crop yields and will struggle to produce sufficient food for domestic consumption, while their major exports will likely fall in volume. This effect will be made worse for these regions if developed countries are able to make up for the fall in agricultural output with new sources, potentially from their own domestic economies as their land becomes more suitable for growing crops.

① 지구온난화가 개발도상국에 더 부정적 영향을 끼칠 수 있다.
② 환경오염의 심화로 사회 계층 간 갈등이 악화되고 있다.
③ 지구온난화 극복을 위해 환경 친화적 기술 도입이 시급하다.
④ 지구온난화가 농지 활용도를 높여 생산량을 증가시킬 수 있다.
⑤ 개발도상국의 기근 해결을 위한 선진국의 기술 지원이 필요하다.

내 생각?

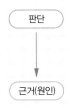

기후 변화의 영향이 지역에 따라 편차가 있을 가능성, 즉 개발도상국에 부정적인 영향을 더 미칠 거라는 게 내 판단! 그 원인과 예측되는 결과로 근거를 조목조목!

판단

↓

근거(원인)

| 전문 해석 |

기후 변화의 영향이 전 세계에 균등하게 분포되지 않을 것이며, 지구가 따뜻해짐에 따라 승자와 패자가 생길 가능성이 있다. 일반적으로 기후의 영향에 대해 말하자면, 개발도상국이 지구온난화의 부정적 영향을 더 많이 겪을 것 같다.

많은 개발도상국이 선진국보다 자연적으로 기후가 더 따뜻할 뿐만 아니라, 또한 농업, 임업, 관광업과 같은 기후에 민감한 부문에 더 많이 의존하고 있다. 기온이 더 높이 상승함에 따라, 아프리카와 같은 지역은 농작물 수확량의 감소에 직면하게 될 것이고, 국내 소비에 필요한 충분한 식량 생산이 힘들어지게 될 것인 반면, 주요 수출품이 대량으로 감소할 가능성이 있을 것이다. 이 영향은 이들 지역에서 더 악화될 것인데, 만약 선진국들이 그들의 토지가 농작물 경작에 더 적합해지면서 국내 경제로부터 나올 가능성이 있는 새로운 자원들로 농작물 생산량의 감소를 보충할 수 있게 된다면 말이다.

요지 파악 ► 글의 구조 속에서 주제에 대한 글쓴이의 의견과 핵심 내용을 파악할 수 있는가?

지구온난화가 선진국들보다 개발도상국들에 더 부정적인 영향을 끼칠 수 있다는 주장의 근거로, 개발도상국들이 주로 따뜻한 지역에 위치하고 기후가 온난해지면 농작물 수확량이 감소하는 반면, 선진국들은 새로운 자원들로 그 감소를 보충하는 등 영향을 크게 받지 않는다는 내용을 언급했으므로, 글의 요지로 ①이 가장 적절하다.

| 어휘 · 어법 |

- distribute 분배하다 　• regarding ~에 관해
- developing country 개발도상국
- developed (산업·경제·기술이) 발달한, 선진의 　• sector 부문
- agriculture 농업 　• forestry 임업, 산림 관리 　• decline 감소하다
- yield 수확량 　• domestic 국내의 　• consumption 소비
- in volume 대량으로 　• make up for ~을 보충하다 　• output 생산량
- potentially 잠재적으로 　• suitable 적합한

- **Not only** do many developing countries have naturally warmer climates than *those* in the developed world, they **also** rely more heavily on climate sensitive sectors *such as* agriculture, forestry, and tourism.: 「not only A (but) also B」 구문에서 not only를 문장 앞에 써서, 주어와 동사의 위치가 바뀌어 「do동사+주어+동사원형(have)」의 어순이 되었다. those는 countries를 가리키는 지시대명사이고, such as는 '~와 같은(= like)'이라는 의미로 예를 제시할 때 사용한다.

- **This effect** will be made worse for these regions if developed countries are able to make up for the fall in agricultural output with *new sources*, [potentially from their own domestic economies as their land becomes more suitable for growing crops].: This effect는 지구온난화의 영향 중 바로 앞에서 언급한 '개발도상국들이 농작물 수확량 감소에 직면하고 충분한 식량도 생산하지 못하게 되는 현상'을 가리킨다. [ ]는 앞의 명사구 new sources를 부연 설명한다.

이 글의 빈칸에 들어갈 말로 가장 적절한 것은?

Firms in almost every industry tend to be clustered. Suppose you threw darts at random on a map of the United States. You'd find the holes left by the darts to be more or less evenly distributed across the map. But the real map of any given industry looks nothing like that; it looks more as if someone had thrown all the darts in the same place.

This is probably in part because of reputation; buyers may be suspicious of a software firm in the middle of the cornfields. It would also be hard to recruit workers if every time you needed a new employee you had to persuade someone to move across the country, rather than just poach one from your neighbor. There are also regulatory reasons: zoning laws often try to concentrate dirty industries in one place and restaurants and bars in another. Finally, people in the same industry often have similar preferences (computer engineers like coffee, financiers show off with expensive bottles of wine). <u>Concentration</u> makes it easier to provide the amenities they like.

① Automation　　② Concentration
③ Transportation　④ Globalization
⑤ Liberalization

내 생각?

같은 업종의 회사들이 한 지역에 모이는 현상에 주목! 현상의 구체적인 이유들을 열거하여 이해시키기!

```
일반(주제-현상)
      ↓
구체(현상의 원인)
```

|전문 해석|

거의 모든 산업에서 회사들이 모여 있는 경향이 있다. 당신이 미국 지도에 무작위로 다트를 던진다고 가정해 보라. 당신은 다트가 남긴 구멍들이 지도 전체에 거의 고르게 분포된 것을 보게 될 것이다. 하지만 어떤 특정 산업의 실제 지도는 전혀 그렇게 보이지 않는다. 그것은 마치 어떤 사람이 모든 다트를 같은 지역에 던진 것처럼 보인다.

이것은 아마 어느 정도는 평판 때문일 것이다. 바이어(구매자)들은 곡물 재배 밭 한 가운데 있는 소프트웨어 회사를 수상쩍게 여길 것이다. 직원을 채용하는 것도 어려울 수 있는데, 당신이 새로운 직원을 필요로 할 때마다 근처에서 인력을 빼내기 보다는 오히려, 누군가에게 나라를 가로질러 이주하도록 설득해야 한다면 말이다. 또한 규제상의 이유들도 있다. 토지 사용 제한법들은 흔히 공해 유발 산업들을 한 지역에, 식당들과 술집들은 다른 지역에 집중시키려 노력한다. 마지막으로, 같은 산업에 종사하는 사람들은 보통 선호하는 것들이 비슷하다. (컴퓨터 엔지니어들은 커피를 좋아하고, 금융업 종사자들은 비싼 와인을 가지고 뽐낸다.) 집중은 그들이 좋아하는 생활 편의시설을 제공하는 것을 더 쉽게 해준다.

출제의도

빈칸 추론 ▶ 글의 구조 속에서 글쓴이의 의도와 빈칸이 포함된 문장의 역할을 파악할 수 있는가?

문제해설

글쓴이는 같은 업종의 회사들이 한 지역에 모이는 현상을 설명하기 위해 평판, 직원 채용, 규제상 이유, 종사자들의 비슷한 선호도와 같은 다양한 이유들을 열거하고 있다. 빈칸이 포함된 문장은 문맥상 바로 앞에서 언급한 '종사자들의 비슷한 선호도'와 관련, 생활 편의시설 제공이 쉬워진다는 의미이므로, 한 장소에 ② '집중'되어 있음으로 해서 가능해지는 일임을 추론할 수 있다.

① 자동화　　③ 교통　　④ 세계화　　⑤ 해방

1 ① 전국에 있는 산업의 지도를 그리는 방법
　② 같은 산업의 회사들이 한 지역에 집중되는 이유
　③ 지리적 이점이 일부 회사들에 중요한 이유
　④ 중요한 회사들의 다양한 위치를 찾는 방법

|어휘·어법|

- cluster 무리를 이루다 ● more or less 거의, 대략 ● evenly 고르게
- distribute 분포시키다 ● given 특정한, 정해진, 일정한
- reputation 평판 ● cornfield 곡물을 재배하는 밭
- regulatory 규제상의 ● zoning (공장·주택 지대 등의) 지대 설정
- zoning law 토지 사용 제한법 ● concentrate 집중하다
- preference 선호되는 것 ● financier 자본가, 금융가
- amenities 편의시설

- It **would** also **be** hard to recruit workers **if** [every time {you needed a new employee}] you **had to persuade** someone to move across the country, **rather than** just **poach** one from your neighbor.: 가정법 과거 구문을 써서, 현재 사실과 반대의 상황에서 생길 수 있는 결과를 가정하고 있다. [ ]는 시간의 부사구인데, 선행사 every time을 { }가 수식하고 있다. 「A rather than B」 구문은 'B라기 보다는 A'의 의미로, poach와 (had to) persuade가 병렬구조를 이루고 있다.

CHAPTER 02

4

②   0 ① / Throughout this – It is   1 ①

이 글의 빈칸에 들어갈 말로 가장 적절한 것은?

Do you advise your kids to keep away from strangers? That's a tall order for adults. After all, you expand your network of friends and create potential business partners by meeting strangers.

Throughout this process, however, analyzing people to understand their personalities is not all about potential economic or social benefit. There is your safety to think about, as well as the safety of your loved ones. For that reason, Mary Ellen O'Toole, who is a retired FBI profiler, emphasizes the need to <u>go beyond a person's superficial qualities</u> in order to understand them.

It is not safe, for instance, to assume that a stranger is a good neighbor, just because they're polite. Seeing them follow a routine of going out every morning well-dressed doesn't mean that's the whole story. In fact, O'Toole says that when you are dealing with a criminal, even your feelings may fail you. That's because criminals have perfected the art of manipulation and deceit.

① narrow down your network in social media
② go beyond a person's superficial qualities
③ focus on intelligence rather than wealth
④ trust your first impressions of others
⑤ take advantage of criminals

내 생각?

낯선 사람을 만나 관계를 맺을 때 그 사람의 성격을 분석하고 판단할 필요가 있다는 게 내 생각! 범죄 심리 분석관의 말을 인용, 내 생각 전하기. 겉모습만 보고 판단하지 말라는 것!

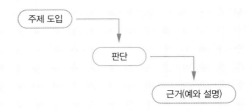

주제 도입 → 판단 → 근거(예와 설명)

| 전문해석 |

여러분은 여러분의 아이들에게 낯선 사람을 멀리 하라고 조언하는가? 그것은 어른들에게는 무리한 요구이다. 어차피, 여러분은 낯선 사람들을 만남으로써 친구의 범위를 확장하고 잠재적인 사업 파트너를 만든다.

그러나 이 과정에서, 사람들의 성격을 이해하기 위해 그들을 분석하는 것은 잠재적인 경제적 이익이나 사회적 이익에 대한 것만은 아니다. 여러분이 사랑하는 사람들의 안전뿐만 아니라, 여러분의 안전도 생각해 보아야 한다. 그런 이유로, 은퇴한 FBI 범죄 심리 분석관인 Mary Ellen O'Toole은 그들을 이해하기 위해 사람의 피상적인 특성을 넘어서야 할 필요성을 강조한다.

예를 들어, 단지 낯선 이들이 공손하다는 이유로 그들이 좋은 이웃이라고 가정하는 것은 안전하지 않다. 매일 아침 잘 차려 입고 외출하는 그들을 보는 것이 전부는 아니다. 사실, O'Toole은 여러분이 범죄자를 다룰 때, 심지어 여러분의 느낌도 틀릴 수 있다고 말한다. 그것은 범죄자들이 조작과 사기의 기술에 통달했기 때문이다.

출제의도

빈칸 추론 ▶ 글의 구조 속에서 글쓴이의 의도와 빈칸이 포함된 문장의 역할을 파악할 수 있는가?

문제해설

낯선 사람을 멀리 하라는 조언이 어른에게는 무리한 요구이지만, 어른 역시도 자신의 안전뿐만 아니라 사랑하는 사람들의 안전을 위해 새롭게 만나는 사람들을 분석해야 한다고 주장하는 글이다. 범죄 심리 분석관인 O'Toole의 충고를 인용해 주장하면서 예를 들고 있으므로, 그 내용을 통해 빈칸에 들어갈 말을 추론할 수 있다. ② '사람의 피상적인 특성을 넘어서야'가 들어가야 글쓴이의 충고와 일치한다.

① 소셜 미디어에서 여러분의 네트워크를 좁혀야
③ 부유함보다는 오히려 지능에 집중해야
④ 다른 사람들에 대한 여러분의 첫인상을 믿어야
⑤ 범죄자들을 이용해야

1 O'Toole의 충고가 글의 요지이다. O'Toole은 사람의 피상적인 특성(겉모습)만으로 낯선 사람을 판단하지 말라고 충고하고 있으므로

① '책 표지로 책을 판단하지 마라.(겉모습만으로 판단하지 마라.)' 가 O'Toole의 충고와 일치하는 격언이다.
② 말보다 행동이 중요하다.
③ 역경과 상실은 사람을 현명하게 만든다.
④ 떨어져 있으면 더 그리워진다.

| 어휘 · 어법 |

• tall order 무리한 요구 • after all (잊고 있던 논리나 이유를 꺼내며) 어차피
• expand 확장하다 • potential 잠재적인 • analyze 분석하다
• A as well as B B뿐만 아니라 A도 • retired 은퇴한
• profiler 범죄 심리 분석관 • superficial 피상적인, 얄팍한
• perfect 숙달하다 • manipulation 조작 • deceit 사기, 속임수

• **It** is not safe, for instance, [**to assume** {that a stranger is a good neighbor, ⟨just **because** they're polite⟩}].: It은 가주어이고 [ ]가 진주어인 문장으로, { }는 assume의 목적어 역할을 하는 명사절이고, ⟨ ⟩는 이유를 나타내는 부사절이다.

밑줄 친 부분 중, 문맥상 낱말의 쓰임이 적절하지 않은 것은?

The objective point of view is illustrated by John Ford's "philosophy of camera."

Ford considered the camera to be a window and the audience to be ① outside the window viewing the people and events within. We are asked to watch the actions as if they were taking place at a distance, and we are not asked to participate. The objective point of view employs a static camera as much as possible in order to ② avoid(→ produce[create]) this window effect, and it concentrates on the actors and the action without drawing attention to the camera.

The objective camera suggests an emotional distance between camera and subject; the camera seems simply to be recording, as ③ straightforwardly as possible, the characters and actions of the story. For the most part, the director uses natural, normal types of camera positioning and camera angles. The objective camera does not comment on or ④ interpret the action but merely records it, letting it unfold. We see the action from the viewpoint of an impersonal observer. If the camera moves, it does so unnoticeably, calling as ⑤ little attention to itself as possible.

내 생각?

존 포드 감독의 카메라의 철학에 주목! '화면을 보는 관객의 객관적 시점(창문 효과)', 그리고 관객과 카메라 사이에 감정적 거리를 두는 카메라 기법으로 설명하기!

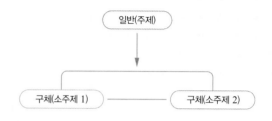

| 전문 해석 |

객관적 관점은 John Ford의 '카메라의 철학'에 의해 설명된다.

Ford는 카메라를 창문이라고 생각했고 관객은 실내에 있는 사람과 사건을 바라보면서 창문 ① 밖에 있다고 생각했다. 우리는 사건들이 멀리서 일어나고 있는 것처럼 그것들을 바라보도록 요구받고, 참여하도록 요구받지 않는다. 객관적인 관점은 이런 창문 효과를 ② 피하기(→ 만들기) 위해 정적인 카메라를 가능한 한 많이 이용하고, 그것은 카메라에 대한 관심을 끌지 않고 배우와 사건에 집중한다.

객관적 카메라는 카메라와 대상 간의 감정적인 거리를 보여주는데, 카메라는 이야기의 등장인물과 사건을 가능한 한 ③ 있는 그대로 그저 기록하고 있는 것으로 보인다. 대부분의 경우, 감독은 자연스럽고 일반적인 방식의 카메라 위치 선정과 카메라 각도를 사용한다. 객관적 카메라는 사건에 관해 논평하거나 ④ 해석하지 않고 그것이 전개되게 하면서 단지 그것을 기록만 한다. 우리는 냉담한 관찰자의 관점에서 사건을 본다. 만약 카메라가 움직인다면, 눈에 띄지 않게, 가능한 한 카메라 자체에 ⑤ 거의 관심을 불러일으키지 않으면서, 그렇게 한다(움직인다).

출제의도

어휘 적합성 판단 ▶ 글의 구조 속에서 각 낱말이 포함된 문장이 글쓴이의 의도에 맞게 쓰였는지 판단할 수 있는가?

문제해설

존 포드 감독의 객관적 관점은 카메라를 보는 관객의 객관적 시점인 창문 효과(window effect)를 극대화하려고 노력하는 것이므로, ② avoid(피하기)는 produce(만들기) 또는 create(만들기)로 바꿔야 감정 이입 없이 화면을 객관적으로 보게 하려는 감독의 노력과 일치한다.

1 객관적 관점을 존 포드 감독의 '카메라의 철학'을 이용해 설명하는 글이므로, ③ '객관적 관점이란 무엇이며 객관적 카메라는 어떻게 활용되는가'가 글의 주제로 가장 적절하다.
① 감독이 객관적 관점을 이루기 위해 등장인물들을 감독하는 방식
② 객관적 카메라가 카메라 자체에 관심을 끌지 않고 움직여야 하는 이유
④ 객관적 카메라가 연기를 있는 그대로 기록하는 것이 중요한 이유

| 어휘 • 어법 |

• objective 객관적인 • point of view 관점 • illustrate 설명하다
• philosophy 철학 • at a distance 멀리서[거리를 두고]
• straightforwardly 있는 그대로, 솔직하게 • positioning 위치 선정
• comment on ~에 관해 논평하다 • interpret 해석하다
• unfold 전개되다 • impersonal 냉담한
• unnoticeably 눈에 띄지 않게 • call attention 주의를 환기하다

• We are asked to watch the actions **as if** they **were** taking place at a distance, and we are not asked to participate.: 「as if+가정법 과거(과거동사[were])」 구문으로 '(현재 그렇지 않은데) 마치 ~인 것처럼'과 같이 사실이 아니지만 있을 법하거나 상상하는 상황을 표현할 때 사용한다.

CHAPTER 02
6

③　　　　**0** ③ / Advertisers have　　　**1** ②

이 글에서 전체 흐름과 관계 없는 문장은?

Academics, politicians, marketers and others have in the past debated whether or not it is ethically correct to market products and services directly to young consumers. ① This is also a dilemma for psychologists who have questioned whether they ought to help advertisers manipulate children into purchasing more products they have seen advertised.

② Advertisers have admitted to taking advantage of the fact that it is easy to make children feel that they are losers if they do not own the 'right' products. ③ (When products become more popular, more competitors enter the marketplace and marketers lower their marketing costs to remain competitive.) ④ Clever advertising informs children that they will be viewed by their peers in an unfavorable way if they do not have the products that are advertised, thereby playing on their emotional vulnerabilities. ⑤ The constant feelings of inadequateness created by advertising have been suggested to contribute to children becoming fixated with instant gratification and beliefs that material possessions are important.

내 생각?

아이들을 대상으로 광고하는 것에 대한 윤리적 문제의식에 주목! 광고주들이 사용하는 광고 전략 사례로 문제가 되는 이유를 조목조목 밝히기!

일반(주제)
↓
구체(사례)

| 전문해석 |

대학교수, 정치인, 마케팅 담당자, 그리고 그 외의 사람들은 제품과 서비스를 어린 소비자들에게 직접 판촉하는 것이 윤리적으로 옳은지 아닌지를 지금까지 논쟁해 왔다. 이것은 또한 심리학자들에게도 딜레마인데 이들이 의문을 제기해 온 바는 광고주들이 아이들을 교묘히 이끌어 그들(아이들이) 광고를 본 더 많은 제품을 구매하도록 하는 데 자신들(심리학자들)이 도움이 되어야 하는가이다.

광고주들이 인정해 온 바는 그들(아이들)이 '적절한' 제품을 소유하지 않으면 자기들(아이들)이 패배자라고 느끼도록 하는 게 쉽다는 사실을 이용했다는 것이다. ③ (제품이 더 인기 있어질 때 더 많은 경쟁자들이 시장에 진출하고 마케팅 담당자들은 경쟁력을 유지하기 위해 그들의 마케팅 비용을 줄인다.) 교묘한 광고는 아이들에게 광고되는 제품을 자신들이 가지고 있지 않으면, 자신의 또래 친구들에게 부정적으로 보일 것이라고 알려주고, 그렇게 함으로써 아이들의 정서적인 취약성을 이용한다. 광고가 만들어내는, 끊임없이 충분하지 않다고 느끼는 감정은, 아이들이 즉각적인 만족감과 물질적 소유물이 중요하다는 믿음에 집착하게 되는 데 한 원인이 된다고 언급되어 왔다.

출제의도

무관한 문장 판단 ▶ 글의 구조 속에서 각 문장이 글의 주제 또는 글쓴이 의도와 일치하는지 판단할 수 있는가?

문제해설

아이들에게 광고하는 것의 윤리적 문제를 다룬 글인데, ③은 시장 경쟁과 마케팅 비용 문제를 언급하고 있어 글의 주제와 일치하지 않는다.

1 '아이들을 대상으로 한 광고의 윤리적 문제'를 주제로 다루고 있다.
　① 아이들을 대상으로 한 광고를 제한할 필요
　③ 경쟁력을 유지하기 위해 치솟는 마케팅 비용
　④ 아이들이 만족감에 집착하게 되는 이유

| 어휘 · 어법 |

- academic 대학교수　　· in the pust (완료형과 함께) 지금까지
- ethically 윤리적으로　　· manipulate 조종하다
- competitor 경쟁자　　· unfavorabe 부정적인, 호의적이지 않은
- vulnerability 취약성(= weakness)　　· inadequateness 불충분함
- contribute to ~에 기여하다, ~의 원인이 되다

- This is also a dilemma for *psychologists* [**who** have questioned {whether they ought to *help advertisers manipulate* children into purchasing *more products* ⟨they have seen advertised⟩}].: [ ]는 선행사 psychologists를 수식하는 관계대명사절이다. 그 안의 { }는 have questioned의 목적어 역할을 하는 명사절로 「whether[if]+주어+동사」 형태의 간접의문문이며 「help+목적어+목적격보어(동사원형/to부정사)」 구문이 쓰였다. ⟨ ⟩는 선행사 more products를 수식하는 관계대명사절로, 목적격 관계대명사 which[that]가 생략되었다.

- Advertisers have admitted to taking advantage of **the fact** [**that** *it* is easy *to make children feel* {**that** they are losers ⟨**if** they do not own the 'right' products⟩}].: the fact와 [ ]는 동격 관계이며, 그 안의 it은 가주어, to make 이하가 진주어인 문장으로, 「사역동사 make+목적어+목적격보어(동사원형)」 구문이 쓰였다. { }는 feel의 목적어 역할을 하는 명사절이고, 그 안의 ⟨ ⟩는 조건을 나타내는 부사절이다.

CHAPTER 03
1
② 0 ① / Using the Human 1 스포츠가 폭력성(공격성)을 감소시킨다.

본문 40쪽

이 글의 제목으로 가장 적절한 것은?

There has been a general belief that sport is a way of reducing violence. Anthropologist Richard Sipes tests this notion in a classic study of the relationship between sport and violence. Focusing on what he calls "combative sports," those sports including actual body contact between opponents or simulated warfare, he hypothesizes that if sport is an alternative to violence, then one would expect to find an inverse correlation between the popularity of combative sports and the frequency and intensity of warfare. In other words, the more combative sports (e.g., football, boxing) the less likely warfare.

Using the Human Relations Area Files and a sample of 20 societies, Sipes tests the hypothesis and discovers a significant relationship between combative sports and violence, but a direct one, not the inverse correlation of his hypothesis. According to Sipes' analysis, the more pervasive and popular combative sports are in a society, the more likely that society is to engage in war. So, Sipes draws the obvious conclusion that combative sports are not alternatives to war but rather are reflections of the same aggressive impulses in human society.

① Is There a Distinction among Combative Sports?
② Combative Sports Mirror Human Aggressiveness
③ Never Let Your Aggressive Impulses Consume You!
④ International Conflicts: Creating New Military Alliances
⑤ Combative Sports Are More Common among the Oppressed

내 생각?

격투 스포츠를 통해 공격성이 해소된다는 일반적인 통념에 주목! 통념을 검증한 연구 내용과 결과로 격투 스포츠가 사회의 공격성을 반영한다는 반론 주장하기!

통념과 가설
⇕
반론과 결론

| 전문 해석 |

스포츠가 폭력을 감소시키는 방법이라는 일반적인 믿음이 있어 왔다. 인류학자인 Richard Sipes는 스포츠와 폭력의 관계에 대한 대표적인 연구에서 이 개념을 검증한다. 그는 '격투 스포츠'라고 하는 상대들 사이의 실제 신체 접촉과 모의 전투를 포함하는 스포츠에 초점을 맞추며 가설을 세우길, 만약 스포츠가 폭력에 대한 대안이라면, 그러면 사람은 격투 스포츠의 인기와 전투의 빈도 및 강도 사이에 역 상관관계를 발견하게 될 것이라고 예상할 것이다. 다시 말해서, 격투 스포츠(예를 들면, 축구, 권투)가 많을수록 전투가 일어날 가능성은 더 낮아진다.

Human Relations Area Files와 20개 집단의 샘플을 사용하여 Sipes는 그 가설을 검증하고 격투 스포츠와 폭력 사이의 중요한 관련성, 하지만 그가 가정한 역 상관관계가 아닌 직접적인 상관관계를 발견한다. Sipes의 분석에 따르면, 격투 스포츠가 한 사회에서 더 만연하고 인기가 많을수록, 그 사회는 전쟁에 참여할 가능성이 더 높아진다. 그래서 Sipes는 분명한 결론을 도출해내는데, 그것은 격투 스포츠가 전쟁에 대한 대안이 아니라 오히려 인간 사회의 (전쟁과) 동일한 공격적인 충동을 반영한다는 점이다.

출제의도

제목 파악 ▶ 글의 구조 속에서 글쓴이가 의도한 바를 대표하거나 상징적으로 표현한 제목을 붙일 수 있는가?

문제해설

격투 스포츠와 폭력 사이의 관계를 검증한 Richard Sipes의 연구를 통해 일반적인 통념과는 반대로 격투 스포츠의 인기는 사회의 공격성을 반영한다는 반론을 제시하고 있으므로, ② '격투 스포츠의 인기는 인간의 공격성을 반영한다'가 글쓴이 의도를 대표하는 제목이다.

① 격투 스포츠 사이에 차이점이 있는가?
③ 절대 공격적인 충동에 휩싸이지 마라!
④ 국제 갈등: 새로운 군사 동맹의 창설
⑤ 격투 스포츠는 억압받는 사람들 사이에서 더 흔하다

| 어휘 • 어법 |

• violence 폭력　• anthropologist 인류학자
• classic 대표적인, 고전적인　• combative 전투적인

• opponent (게임, 대회, 논쟁 등의) 상대　• simulate ~의 모의 실험을 하다
• hypothesize 가정하다　• alternative 대체물　• inverse 역의; 역
• correlation 상관관계　• frequency 빈도　• intensity 강도
• society (특정한) 집단, 사회　• hypothesis 가정　• pervasive 만연한
• reflection 반영　• aggressive 공격적인　• impulse 충동

• Using the Human Relations Area Files and a sample of 20 societies, Sipes tests the hypothesis and discovers [a significant relationship between combative sports and violence]. [*but* a direct **one**, *not* the inverse **correlation** of his hypothesis].: 두 개의 명사구 [　]는 동격 관계이다. one은 앞에 쓰인 relationship을 의미하며 중요한 관련성이 곧 직접적인 상관관계임을 바로 보여 주기 위해, 「not A, but B」에서 순서를 바꿔 「but B, not A」 구문과 같이 표현했다.

2

③   0 ① / But this formula   1 ③   2 ②

이 글의 요지로 가장 적절한 것은?

The vast majority of companies, schools, and organizations measure and reward "high performance" in terms of individual metrics such as sales numbers, résumé accolades, and test scores. The problem with this approach is that it is based on a belief we thought science had fully confirmed: that we live in a world of "survival of the fittest." It teaches us that those with the *best* grades, or the *most* impressive résumé, or the *highest* point score, will be the ONLY ones to succeed. The formula is simple: be better and smarter and more creative than everyone else, and you will be successful.

But this formula is inaccurate. Thanks to new research, we now know that achieving our highest potential is not about survival of the fittest but survival of the best fit. In other words, success is not just about how creative or smart or driven you are, but how well you are able to connect with, contribute to, and benefit from the ecosystem of people around you.

① 효율적인 업무 배분은 조직의 생산성을 향상시킨다.
② 유연한 사고방식은 원활한 의사소통에 도움이 된다.
③ 사람들과 잘 어울려 일하는 능력이 성공을 가능하게 한다.
④ 비판적 사고 능력은 정확성을 추구하는 태도에서 출발한다.
⑤ 치열한 경쟁 사회에서 최고의 실력을 갖추는 것이 필수적이다.

내 생각?

남보다 높은 점수, 높은 성과를 내는 게 성공이라는 보편적인 생각과 적자생존이란 통념을 비판, 연구 내용으로 반론 주장하기! '다른 사람과 가장 잘 어울리는 사람'이 성공한다는 게 내 생각!

통념
⇅
반론

| 전문 해석 |

대다수의 회사, 학교, 조직은 매출, 수상 이력, 시험 성적과 같은 개인의 수치적 관점에서 '높은 성과'를 측정하고 보상한다. 이러한 접근법의 문제는 과학이 완전히 확인해 주었다고 생각하는 믿음, 즉 우리가 '적자생존'의 세상에서 살고 있다는 믿음에 바탕을 두고 있다는 점이다. 그것은 우리에게 '최고의' 성적, '가장' 인상적인 이력서, 혹은 '최상의' 점수를 가진 사람들이 성공할 '유일한' 사람들일 것이라고 가르친다. 이 공식은 간단하다. 즉, 다른 모든 사람보다 더 잘하고 더 똑똑하고 더 창의적이 되면 여러분은 성공할 것이다.

그러나 이 공식은 정확하지 않다. 새로운 연구 덕분에, 우리가 이제 알게 된 바는 최상의 잠재력을 확보하는 것이란, 가장 잘 적응하는 사람의 생존이 아니라 가장 잘 어울리는 사람의 생존에 관한 것이라는 점이다. 다시 말해서, 성공이란 단지 여러분이 얼마나 창의적이고, 똑똑하고, 열의가 있는가에 관한 것이 아니라, 여러분의 주변에 있는 사람들의 생태계와 얼마나 잘 관계를 맺고, 거기에 기여하고, 그로부터 이익을 얻는지에 관한 것이다.

출제의도

요지 파악 ▶ 글의 구조 속에서 글쓴이가 끌어낸 결론 또는 의도한 바를 파악할 수 있는가?

문제해설

글쓴이는 일반적인 통념에 문제를 제기하면서 연구 내용을 바탕으로 '최고의 능력을 지닌 사람(the fittest)'이 아니라, '다른 사람과 가장 잘 어울리는 사람(the best fit)'이 자신이 가진 능력을 최대한 발휘할 수 있다고 주장하고 있다. 따라서 ③이 글쓴이의 의도와 일치한다.

1 글쓴이는 '적자생존'에서 '적자'의 조건으로 "high performance", the *best* grades, the *most* impressive résumé, the *highest* point score 등을 제시하고 있다.

| 어휘 · 어법 |

- vast majority 대다수, 대부분   • measure 측정하다
- reward 보상하다   • performance 성과
- metrics 메트릭스(업무 수행 결과를 보여주는 계량적 분석)
- confirm 확인해 주다   • survival of the fittest 적자생존
- formula 식, 공식   • inaccurate 부정확한   • driven 의욕이 넘치는
- connect 관계를 맺다   • contribute 기여하다   • benefit 이익을 얻다

- In other words, success is **not** just about [how creative or smart or driven you are], **but** [how well you are able to *connect* with, *contribute* to, and *benefit* from the ecosystem {of people around you}].: 「not A but B」 구문으로 'A가 아니라 B이다'라는 의미이며, A와 B 자리에 [ ]의 간접의문문(의문사구+주어+동사)이 쓰였다. 두 번째 [ ]에서 connect, contribute, benefit은 are able to에 연결되어 있다. { }는 the ecosystem을 수식하는 형용사구이다.

이 글의 빈칸에 들어갈 말로 가장 적절한 것은?

> We are now imposing ourselves on nature, instead of the other way around.

Perhaps the clearest way to see this is to look at changes in the biomass—the total worldwide weight—of mammals. A long time ago, all of us humans together probably weighed only about two-thirds as much as all the bison in North America, and less than one-eighth as much as all the elephants in Africa. But in the Industrial Era our population exploded and we killed bison and elephants at industrial scale and in terrible numbers. The balance shifted greatly as a result. At present, we humans weigh more than 350 times as much as all bison and elephants put together. We weigh over ten times more than all the earth's wild mammals combined. And if we add in all the mammals we've domesticated—cattle, sheep, pigs, horses, and so on—the comparison becomes truly ridiculous: we and our tamed animals now represent 97 percent of the earth's mammalian biomass.

This comparison illustrates a fundamental point: instead of being limited by the environment, we learned to shape it to our own ends.

① imposing ourselves on nature
② limiting our ecological impact
③ yielding our land to mammals
④ encouraging biological diversity
⑤ doing useful work for the environment

내 생각?

자연과 인간의 관계에 주목! 인간이 자연환경을 압도적으로 지배하고 있다는 걸 인류 전체의 무게와 다른 동물의 무게 비교로 구체적이면서도 시각적으로 이해시키기!

판단(요지) → 근거(사례)
↓
결론(요지)

| 전문 해석 |

우리는 이제 그 반대가 아니라 우리 자신을 자연에게 강요하고 있다(우리가 자연에 영향을 주고 있다).

아마도 이것을 알 수 있는 가장 분명한 방법은 전 세계 포유류 무게의 총합, 즉 생물량의 변화를 보는 것이다. 오래 전에, 우리 모든 인류는 합쳐서 아마도 북미에 있는 모든 들소 무게의 대략 3분의 2 정도에 불과한 무게였고, 아프리카의 모든 코끼리의 8분의 1 무게보다 적었다. 하지만 산업 시대에 인구는 폭발적으로 증가했고 우리는 산업적 규모와 엄청난 수 해당하는 들소와 코끼리를 죽였다. 그 결과 균형이 엄청나게 바뀌었다. 현재, 우리 인류는 모든 들소와 코끼리를 합친 무게의 350배가 넘는 무게가 나간다. 우리는 지구상의 모든 야생 포유류를 합친 것보다 10배 이상의 무게가 나간다. 그리고 우리가 사육해 온 소, 양, 돼지, 말 등의 모든 포유류를 포함시키면, 그 비교는 정말로 터무니없어지는데, 우리와 우리가 길들인 동물은 현재 지구 포유류 생물량의 97%에 해당한다.

이러한 비교는 근본적인 핵심 사항을 보여주고 있는데, 우리가 환경에 의해 제약을 받는 것이 아니라, 우리 자신의 목적에 맞게 그것(환경)을 형성하도록 배웠다는 점이다.

출제의도

빈칸 추론 ▶ 글의 구조 속에서 글쓴이의 의도와 빈칸이 포함된 문장의 역할을 파악할 수 있는가?

문제해설

인류 전체의 무게와 다른 포유류의 무게를 비교한 구체적 사례와 결론을 통해 인류가 자연환경을 압도적으로 지배하고 있다는 글쓴이의 주장을 확인, 빈칸이 포함된 첫 문장에 ① '우리 자신을 자연에게 강요하고 있다'와 같이 이 글의 요지를 제시했음을 역추적할 수 있다.

② 우리가 생태계에 미치는 영향을 제한하고 있다
③ 우리의 땅을 포유류에게 양보하고 있다
④ 생물학적 다양성을 촉진하고 있다
⑤ 환경에 도움을 주는 일을 하고 있다
1 ① 자연을 지배해 온 방법 ② 자연에 미치는 영향을 제한할 수 있는 방법 ③ 생물 다양성을 보호할 수 있는 방법 ④ 진화 과정에 영향을 미치는 방법

| 어휘 · 어법 |

• impose 강요하다 • instead of the other way around 그 반대가 아니라
• biomass 생물량(어느 지역 내에 현존하는 생물의 총량)
• explode 폭발적으로 증가하다 • shift 바뀌다 • put together 합치다
• combine 합치다 • domesticate 사육하다 • comparison 비교
• tame 길들이다 • end 목적, 끝

• A long time ago, all of us humans together probably weighed only about two-thirds **as** much **as** all the bison in North America, and less than one-eighth **as** much **as** all the elephants in Africa.: 「as+형용사/원급+as」 구문을 사용. 인간과 동물의 무게를 견주어 생물량의 변화를 실감 나게 보여주고 있다.

이 글의 빈칸에 들어갈 말로 가장 적절한 것은?

Deep-fried foods are tastier than bland foods, and children and adults develop a taste for such foods. Fatty foods cause the brain to release oxytocin, a powerful hormone with a calming, antistress, and relaxing influence, said to be the opposite of adrenaline, into the blood stream; hence the term "comfort foods."

We may even be genetically programmed to eat too much. For thousands of years, food was very scarce. Food, along with salt, carbs, and fat, was hard to get, and the more you got, the better. All of these things are necessary nutrients in the human diet, and when their availability was limited, you could never get too much. People also had to hunt down animals or gather plants for their food, and that took a lot of calories.

It's different these days. We have food at every turn—lots of those fast-food places and grocery stores with carry-out food. But that ingrained "caveman mentality" says that we can't ever get too much to eat. So craving for "unhealthy" food may actually be our body's attempt to stay healthy.

① actually be our body's attempt to stay healthy
② ultimately lead to harm to the ecosystem
③ dramatically reduce our overall appetite
④ simply be the result of a modern lifestyle
⑤ partly strengthen our preference for fresh food

내 생각?

지방이 많은 음식을 좋아하는 현상의 생리적인 원인, 그리고 과식을 하게 된 진화론적 원인까지 따라가다 보면 당연하지만 의외의 결과! 뿌리 깊은 생존 본능이 우리 안에 있다는 게 내가 하고 싶은 말!

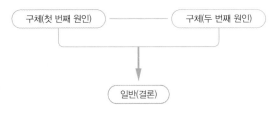

구체(첫 번째 원인) ─── 구체(두 번째 원인)

일반(결론)

| 전문 해석 |

기름에 튀긴 음식은 싱거운 음식보다 더 맛있고, 아이들과 어른들은 그런 음식에 대한 취향을 발달시킨다. 지방이 많은 음식은 뇌가 옥시토신을 분비하게 하는데, 옥시토신은 진정, 항스트레스, 이완 효과가 있는 강력한 호르몬이며 아드레날린의 반대로 알려져 있으며 혈류로 들어간다. 이런 이유로 '위안 음식'이라는 용어가 있다.

심지어 우리는 너무 많이 먹도록 유전적으로 프로그램되어 있을지도 모른다. 수천 년 동안, 식량은 매우 부족했다. 소금, 탄수화물, 지방이 있는 식량을 섭취하기 어려웠고, 더 많이 섭취할수록 더 좋았다. 이러한 모든 것은 인간의 식단에 필수 영양소이고, 섭취 가능성이 제한되었던 상황에서는 아무리 많이 먹어도 지나침이 없었다. 사람들은 또한 식량을 얻기 위해 동물을 사냥하거나 식물을 채집해야 했고, 그것은 많은 칼로리를 필요로 했다.

오늘날은 이와 다르다. 도처에 음식이 있다. 많은 패스트푸드점의 음식과 식료품점의 포장음식이 있다. 하지만 그 뿌리 깊은 '원시인 정신'은 우리가 먹기에 너무 많은 것을 얻을 수는 없다고 말한다. 그래서 '건강에 해로운' 음식에 대한 갈망은 실제로 건강을 유지하려는 우리 몸의 시도일 수 있다.

출제의도

빈칸 추론 ▶ 글의 구조 속에서 글쓴이의 의도와 빈칸이 포함된 문장의 역할을 파악할 수 있는가?

문제해설

빈칸이 포함된 문장은 앞서 제시한 원인 분석 (생리적인 측면과 진화론적인 측면)에 따른 자연스러운 결론으로, 건강에 해로운 음식에 대한 열망이 ① '실제로 건강을 유지하려는 우리 몸의 시도일' 수 있음을 추론할 수 있다.

② 결국 생태계에 해를 끼치게 될 ③ 우리의 전반적인 식욕을 심하게 감소시킬 ④ 단순히 현대 생활 습관의 결과일 ⑤ 신선한 음식에 대한 선호를 부분적으로 강화시킬

1 ① 우리가 건강에 나쁜 음식을 먹고 과식하는 이유
② 우리가 건강에 좋은 음식 섭취를 선택하는 방법
③ 튼튼하고 건강을 유지하기 위해 우리에게 좋은 음식이 필요한 이유
④ 오랜 시간에 걸쳐 우리가 식습관을 바꾸어 온 방식

| 어휘 · 어법 |

• bland 싱거운, 단조로운 • release 분비하다 • relaxing 진정의
• opposite 반대 • blood stream 혈류 • comfort 위안
• genetically 유전적으로 • nutrient 영양소 • diet 식단
• at every turn 도처에 • ingrain (습관 등을) 깊이 뿌리박히게 하다
• caveman 원시인 • mentality 정신 • attempt 시도

• Fatty foods cause the brain to **release** *oxytocin*, [{a powerful hormone with a calming, antistress, and relaxing influence}, {said to be the opposite of adrenaline}], into the blood stream; hence the term "comfort foods.": release의 목적어인 oxytocin을 설명하기 위해 [ ]가 사용되었는데, 그 안의 첫 번째 { }는 동격의 명사구, 두 번째 { }는 과거분사구로 둘 다 oxytocin이 무엇인지 구체적으로 설명하기 위해 사용되었다.

밑줄 친 부분 중, 문맥상 낱말의 쓰임이 적절하지 <u>않은</u> 것은?

Sudden success or winnings can be very dangerous.

Neurologically, chemicals are released in the brain that give a powerful burst of excitement and energy, leading to the desire to ①repeat this experience. It can be the start of any kind of addiction or manic behavior. Also, when gains come quickly we tend to ②lose sight of the basic wisdom that true success, to really last, must come through hard work. We do not take into account the role that luck plays in such ③hard-earned(→ easy-earned[sudden]) gains. We try again and again to recapture that high from winning so much money or attention. We acquire feelings of superiority. We become especially ④resistant to anyone who tries to warn us—they don't understand, we tell ourselves. Because this cannot be sustained, we experience an inevitable ⑤fall, which is all the more painful, leading to the depression part of the cycle.

Although gamblers are the most prone to this, it equally applies to businesspeople during bubbles and to people who gain sudden attention from the public.

내 생각?

갑작스러운 성공이나 승리가 위험할 수 있다는 판단부터 먼저! 구체적인 근거와 적용 사례를 따라가다 보면 결국 몰락으로 이어질 수밖에 없음을 이해하게 될 거야. 그게 내가 이 글을 쓴 이유!

| 전문 해석 |

갑작스러운 성공이나 소득은 아주 위험할 수 있다.

신경학적으로, 흥분과 에너지의 강력한 분출을 가져오는 화학물질들이 뇌에서 분비되고, 이 경험을 ①반복하고자 하는 욕구로 이어진다. 그것이 어떤 종류의 중독 또는 광적 행동의 출발점일 수 있다. 또한, 이익이 빨리 얻어지면, 우리는 진정한 성공이 정말 지속되기 위해서는 노력을 통해 이루어져야 한다는 기본적인 지혜를 ②놓치는 경향이 있다. 우리는 그처럼 ③어렵게 얻은(→ 쉽게 얻은[갑작스러운]) 이득에 있어 운이 하는 역할을 고려하지 않는다. 우리는 많은 돈이나 관심을 통해 얻는 황홀감을 되찾기 위해 계속해서 시도한다. 우리는 우월감을 획득한다. 특히 우리에게 경고를 하려고 하는 사람에게 ④저항하는 마음을 갖게 된다. 그들은 이해하지 못한다고 스스로에게 이야기한다. 이것은 지속될 수 없기 때문에 우리는 필연적인 ⑤몰락을 경험하는데, 그것은 한층 더 고통스럽고 그 사이클의 우울한 시기로 이어진다.

도박꾼들이 가장 이러기 쉽지만, 이것은 거품 경제일 때의 사업가들과 대중으로부터 갑작스러운 관심을 얻은 사람들에게도 똑같이 적용된다.

어휘 적합성 판단 ▶ 글의 구조 속에서 각 낱말이 포함된 문장이 글쓴이의 의도에 맞게 쓰였는지 판단할 수 있는가?

쉽게 얻은 성공이나 소득이 위험한 이유를 제시한 글이다. 운의 역할을 언급한 문장 속 ③ hard-earned(어렵게 얻은)는 반의어인 easy-earned(쉽게 얻은) 또는 sudden(갑작스러운)으로 바꿔야 글쓴이 의도와 일치한다.

1 갑작스러운 성공이나 이득이 위험한 이유(심리적 흥분과 에너지를 느끼게 해서 같은 경험을 하려고 무리한 행동을 하게 하므로)를 상세히 설명하고 있으므로, ② '갑작스러운 성공이나 소득이 위험할 수 있는 이유'가 글의 주제로 가장 적절하다.
① 성공이나 관심을 유도하는 요인들
③ 갑작스러운 성공이나 소득에서 운이 하는 역할
④ 뇌에서 분비되는 흥분을 유발하는 화학물질

| 어휘 · 어법 |

- winnings (시합, 게임, 도박에서 따는) 소득, 상금
- neurologically 신경학적으로 • chemical 화학물질
- release 분비하다 • addiction 중독 • manic 광적인
- lose sight of ~을 보지 못하다 • come through ~을 통하다
- take into account 고려하다 • recapture 되찾다
- resistant 저항하는, ~에 잘 견디는 • sustain 지속되다
- inevitable 불가피한, 필연적인 • depression 우울 • gambler 도박꾼
- bubble 거품 경제

- Because this cannot be sustained, we experience *an inevitable fall*, [**which** is all the more painful]. [**leading** to the depression part of the cycle].: 첫 번째 [ ]는 선행사 an inevitable fall을 부연 설명하는 관계대명사절이다. 두 번째 [ ]는 연속동작을 나타내는 분사구문으로, and it(= 문장 전체) leads to ~의 의미이다.

주어진 글 다음에 이어질 글의 순서로 가장 적절한 것은?

Once we recognize the false-cause issue, we see it everywhere.

For example, a recent long-term study of University of Toronto medical students concluded that medical school class presidents lived an average of 2.4 years less than other medical school graduates. (C) At first glance, this seemed to imply that being a medical school class president is bad for you.

Does this mean that you should avoid being medical school class president at all costs? (B) Probably not. Just because being class president is correlated with shorter life expectancy does not mean that it *causes* shorter life expectancy. In fact, it seems likely that the sort of person who becomes medical school class president is, on average, extremely hard-working, serious, and ambitious. (A) Perhaps this extra stress, and the corresponding lack of social and relaxation time—rather than being class president per se— contributes to lower life expectancy. If so, the real lesson of the study is that we should all relax a little and not let our work take over our lives.

① (A) – (C) – (B)　　② (B) – (A) – (C)　　③ (B) – (C) – (A)
④ (C) – (A) – (B)　　⑤ (C) – (B) – (A)

내 생각?

원인을 잘못 파악하는 문제에 주목! 원인을 잘못 파악하면 진단도 처방도 엉뚱한 데서 찾게 된다는 사실을 연구 사례로 보여주기.

일반(요지) → 구체(사례) → 구체(사례 진단)

| 전문 해석 |

일단 원인을 잘못 파악하는 문제를 우리가 인식하면, 우리는 그것을 어디에서나 보게 된다.

예를 들어, 토론토 대학의 의대생들에 대한 최근의 장기간의 연구는 의대 과대표들이 다른 의대 졸업생들보다 평균 2.4년 더 적게 살았다는 결론을 내렸다. (C) 언뜻 보기에는, 이것은 의대 과대표인 것이 여러분에게 해롭다는 것을 의미하는 것처럼 보였다.

이것이 의미하는 바가 여러분이 무슨 수를 써서라도 의대 과대표가 되는 것을 피해야 한다는 것일까? (B) 아마도 그렇지는 않을 것이다. 과대표인 것이 더 짧은 평균 수명과 서로 관련된다고 해서 그것이 더 짧은 평균 수명을 '유발한다'는 의미는 아니다. 사실, 아마도 의대 과대표가 되는 그런 부류의 사람은 평균적으로 몹시 열심히 공부하고, 진지하며, 야망이 있을 듯하다. (A) 아마도 이러한 가중된 스트레스와 그에 상응하는 사교와 휴식 시간 부족이 의대 과대표인 것 그 자체보다 더 짧은 평균 수명의 원인인 것 같다. 만약 그렇다면, 이 연구의 진정한 교훈은 우리 모두가 약간의 휴식을 취해야 하고 우리의 일이 우리의 삶을 장악하게 해서는 안 된다는 것이다.

출제의도

글의 순서 판단 ▶ 주어진 글로 전체 구조를 예측하면서 흐름에 맞게 단락을 구성할 수 있는가?

문제해설

주어진 글에서 글쓴이는 '원인을 잘못 파악하는 문제'가 흔하다고 주장하면서 의대 과대표가 일반 의대 졸업생보다 수명이 더 짧다는 연구 사례를 예로 제시하고 있다. 원인을 잘못 짚은 예가 (C)의 첫 문장까지 제시되고, (C)의 마지막 문장에서 질문을 던지며 진짜 원인을 찾기 시작한다. (B)부터 (A) 첫 문장까지 진짜 원인을 진단, 마지막으로 진짜 원인이 주는 교훈이 이어져야 글쓴이의 의도에 맞게 글이 완성된다.

1 이 글은 ① '원인을 잘못 파악하는 문제'를 주제로 다루고 있다.
　② 장기간의 의학 수련　③ 평균 수명　④ 사교와 휴식 시간

| 어휘 • 어법 |

• false-cause 잘못 파악한 원인, 거짓 원인　• class president 과대표
• graduate 졸업생　• at first glance 처음 봐서는　• imply 의미하다

• at all costs 무슨 수를 써서라도　• correlated with ~과 서로 관련된
• life expectancy 평균 수명　• corresponding 상응하는, 대응하는
• relaxation 휴식　• take over ~을 장악하다

• **In fact, it seems likely that** the sort of *person* [**who** becomes medical school class president] **is**, on average, extremely hard-working, serious, and ambitious.: 「it seems likely that+주어+동사」 구문은 '~일 가능성이 있는 것 같다'는 의미이다. [ ]는 선행사 person을 수식하는 관계대명사절로, 동사는 is이다.

• **If so, the real lesson of the study is** [that we should all relax a little and **not let our work take** over our lives].: [ ]는 보어 역할을 하는 명사절로 not 앞에 should가 생략되어 있으며, 「사역동사 let+목적어+목적격보어(동사원형)」 구문이 쓰여 '(목적어)가 ~하게 하다'라는 의미를 나타낸다.

수능, 구조독해가 정답이다!

주어진 글 다음에 이어질 글의 순서로 가장 적절한 것은?

> A sovereign state is usually defined as one whose citizens are free to determine their own affairs without interference from any agency beyond its territorial borders.

> (C) But freedom in space (and limits on its territorial extent) is merely one characteristic of sovereignty. Freedom in time (and limits on its temporal extent) is equally important and probably more fundamental.

> (B) Sovereignty and citizenship require freedom from the past at least as much as freedom from contemporary powers. No state could be sovereign if its inhabitants lacked the ability to change a course of action adopted by their forefathers in the past, or even one to which they once committed themselves. (A) No citizen could be a full member of the community so long as she was tied to ancestral traditions with which the community might wish to break — the problem of Antigone in Sophocles' tragedy.

> Sovereignty and citizenship thus require not only borders in space, but also borders in time.

*sovereign: 주권의 **territorial: 영토의

① (A) − (C) − (B)
② (B) − (A) − (C)
③ (B) − (C) − (A)
④ (C) − (A) − (B)
⑤ (C) − (B) − (A)

내 생각?

영토의 경계를 중심으로 서술하는 주권 국가의 정의부터 먼저! 하지만 시간의 경계에 주목, 과거의 전통으로부터의 자유 역시 주권의 주요 요건임을 주장하기!

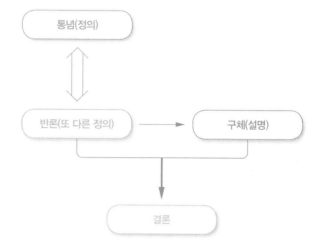

통념	주권 국가의 정의 – 국경 너머 어떤 기관으로부터도 간섭받지 않고 결정할 자유가 있는 국가
반론	공간적 자유 외에 시간적 자유의 중요성 강조
구체 (설명)	과거로부터의 자유 필요 – 선조들의 행동 방침뿐만 아니라 한때 전념했던 행동 방침을 바꾸거나 벗어날 수 있어야 함
결론	주권의 요건 – 공간의 경계뿐 아니라 시간의 경계도 필요

전문해석

주권 국가는 보통 그 국가의 시민들이 국경 너머의 그 어떤 기관으로부터도 간섭받지 않고 자신들의 일을 결정할 자유가 있는 국가라고 정의된다.

(C) 하지만 공간적 자유는 (그리고 영토 범위의 제한은) 단지 주권의 한 가지 특징일 뿐이다. 시간적 자유가 (그리고 시간적 범위에 대한 제한이) 동등하게 중요하며 아마 더 근본적일 것이다.

(B) 주권과 시민권은 적어도 동시대 권력으로부터의 자유만큼이나 과거로부터의 자유를 필요로 한다. 국민들이 과거에 그들의 선조들에 의해 채택된 행동 방침 또는 한때 그들 자신이 전념했던 행동 방침조차 바꿀 능력이 없다면 그 어떤 국가도 자주적일 수 없을 것이다. (A) 공동체가 단절하기를 원할지도 모르는 선조의 전통에 묶여 있는 한 어떤 시민도 그 공동체의 완전한 구성원이 될 수 없을 것이다. 이것은 Sophocles의 비극에서 Antigone의 문제이다.

주권과 시민권은 따라서 공간의 경계뿐 아니라 시간의 경계도 필요로 한다.

Antigone(안티고네)

소포클레스의 비극 3부작 중 하나인 《안티고네》는 그리스 비극의 전형적인 구조를 취한 작품으로 정교한 플롯을 보여주고 있다.
이 작품은 크레온 왕의 조카이자 안티고네의 큰오빠인 폴리네이케스의 죽음과 매장이라는 단일한 사건을 중심으로 빈틈없는 인과 관계의 맥락 속에서 치밀하게 전개된다.
이 비극에서 안티고네의 문제는 오빠의 시신을 그대로 방치하라고 명한 크레온의 명을 어기고 시신을 매장한 것이다. 안티고네와 크레온의 대립, 즉 크레온 왕의 명령보다 신의 법을 우위에 두는 안티고네와, 국법을 고집하는 크레온의 갈등이 이 극의 가장 근원적인 갈등이다.

글의 순서 판단 ▶ 주어진 글로 전체 구조를 예측하면서 흐름에 맞게 단락을 구성할 수 있는가?

구조로 보면

주어진 글은 주권 국가에 대한 일반적인 정의를 제시하고 있다. 이처럼 일반적인 통념이나 보편적인 인식을 먼저 제시한 경우, 이를 부정 또는 비판하거나, 다른 측면에 주목하여 주장하는 경우가 흔하다. 이런 구조의 글에서는 글쓴이가 비판 또는 주목하는 다른 측면이 무엇이며 그 근거가 무엇인지, 구체적으로 어떻게 설명하고 있는지를 파악해야 한다.

주어진 글에서 주권 국가의 시민은 국경 너머의 기관으로부터 자유롭다고 하였는데, 역접의 접속사 But으로 시작하는 (C)에서 주어진 글에 언급된 공간적 자유 이외에 시간적 자유도 동등하게 중요하다고 말하고 있다. 주권 국가의 일반적인 정의를 인정하되, 또 다른 측면인 '시간의 경계'라는 측면에서 주권을 설명할 것임을 예상할 수 있다.

(C)에서 언급한 시간적 자유에 대해 구체적으로 설명하는 (B)가 그 뒤에 자연스럽게 연결된다. (B)에서 선조들의 행동 방침을 바꿀 능력이 없으면 자주 국가가 될 수 없다고 하였는데, (A)에서 이를 이어 선조의 전통에서 벗어나야 공동체의 완전한 구성원이 될 수 있다는 내용을 제시한 뒤, 마지막 문장에서 공간 및 시간적 경계가 모두 필요하다는 결론을 내리고 있다. '안티고네의 문제'는 구체적인 내용을 모르더라도 예로 제시한 것이라 생각하고 구조 속에서 드러나는 글쓴이의 생각에 중점을 두고 읽는 태도가 필요하다.

선택지 분석

선택지별 선택비율 ①3% ②21% ③21% ④13% ⑤39%

|어휘·어법|

- define 정의하다   • determine 결정하다
- affair (공적으로 중요하거나 관심사가 되는) 일   • interference 간섭, 방해
- border 경계
- extent 범위, 정도   • merely 단지   • sovereignty 주권
- temporal 시간적인   • fundamental 근본적인
- contemporary 동시대의   • inhabitant 주민, 거주자
- course of action 행동 방침   • adopt 채택하다   • forefather 조상, 선조
- ancestral 선조의   • break with ~과 단절하다

- A sovereign state **is** usually **defined as** one [whose citizens are free to determine their own affairs without interference from any agency beyond its territorial borders].

  → be defined as는 '~로 정의되다'라는 의미로 '주권 국가의 정의'가 이 글의 소재라는 것을 파악할 수 있다. [ ]는 소유격 관계대명사절로 one을 수식하며 one은 앞에 나온 state를 가리킨다.

- No state **could** be sovereign **if** its inhabitants **lacked** the ability to change **a course of action** [adopted by their forefathers in the past]. *or* even **one** [to which they once committed themselves].

  → if절의 내용이 갖춰지면 따라올 결과를 생각해 보기 위해 가정법 과거 구문을 써서 '선조들의 행동 방침 또는 한때 고수했던 행동 방침을 바꿀 능력이 부족하면 주권 국가라고 할 수 없다'는 글쓴이의 입장을 표현하고 있다.

  → 첫 번째 [ ]는 a course of action을 수식하는 과거분사구이고, 두 번째 [ ]는 one을 수식하는 관계대명사절로, commit oneself to(~에 전념하다)에서 to를 관계대명사 앞에 쓴 경우이다. one은 앞에 언급된 a course of action을 가리키며, a course of action ~과 even one ~이 등위접속사 or로 연결되어 있다.

이 글의 제목으로 가장 적절한 것은?

News reporters are taught to start their stories with the most important information.

The first sentence, called the lead, contains the most essential elements of the story. A good lead can convey a lot of information. After the lead, information is presented in decreasing order of importance. Journalists call this the "inverted pyramid" structure — the most important information (the widest part of the pyramid) is at the top. The inverted pyramid is great for readers. No matter what the reader's attention span — whether she reads only the lead or the entire story — the inverted pyramid maximizes the information she gets.

Think of the alternative: If news stories were written like mysteries with a dramatic payoff at the end, then readers who broke off in mid-story would miss the point. Imagine waiting until the last sentence of a story to find out who won the presidential election or the Super Bowl.

① Inverted Pyramid: Logically Impossible Structure
② Curiosity Is What Makes Readers Keep Reading
③ Where to Put Key Points in News Writing
④ The More Information, the Less Attention
⑤ Readers, Tell the Facts from the Fakes!

내 생각?

신문 기사를 쓸 때 가장 중요한 정보부터 먼저 쓴다는 점에 주목! 그렇게 쓰는 이유를 설명, 반대 사례로 강조하기!

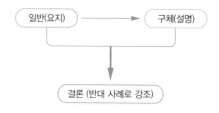

```
일반(요지) ──→ 구체(설명)
              ↓
         결론 (반대 사례로 강조)
```

| 전문 해석 |

신문 기자들은 가장 중요한 정보로 기사를 시작하도록 배운다.

리드라고 불리는 첫 번째 문장은 기사의 가장 본질적인 요소들을 담고 있다. 좋은 리드는 많은 정보를 전달할 수 있다. 리드 뒤로는, 중요도가 감소하는 순서로 정보가 제시된다. 언론인들은 이것을 '역 피라미드' 구조라고 부르는데, 가장 중요한 정보(피라미드의 가장 넓은 부분)가 맨 위에 있다. 역 피라미드는 독자들에게 아주 좋다. 독자의 주의 집중 시간에 상관없이, 리드만 읽든지 전체 기사를 읽든지 간에, 역 피라미드는 독자가 얻는 정보를 극대화한다.

다른 방법을 생각해 보라. 만약 뉴스 기사들이 마지막에 극적인 결말이 있는 미스터리물처럼 쓰여진다면, 기사 중반부에서 중단한 독자들은 요점을 놓칠 것이다. 대통령 선거 혹은 슈퍼볼에서 누가 이겼는지 알아내기 위해 기사의 마지막 문장까지 기다린다고 상상해 보라.

문제해설

독자들이 얻게 될 정보를 극대화하기 위해 기자들은 기사 맨 위에 가장 중요한 정보를 쓴다는 내용을 다루고 있으므로, ③ '뉴스를 쓸 때 핵심 정보를 넣어야 하는 위치'가 글쓴이의 의도를 대표하는 제목이다.

① 역 피라미드: 논리적으로 불가능한 구조
② 호기심이 독자들을 계속 읽게 만든다
④ 정보가 많을수록, 관심이 줄어든다
⑤ 독자들이여, 진실과 허위를 구별하라!

| 어휘 · 어법 |

- **news reporter** 신문 기자   **lead** 리드, (신문 기사의) 첫머리, 톱기사
- **contain** ~을 담다   **essential** 본질적인   **journalist** 언론인
- **inverted** 역의, 반대의   **span** 지속 시간   **maximize** 극대화하다
- **alternative** 다른 방법, 대안   **payoff** 결말, 고비   **break off** 중단하다

- **No matter what** the reader's attention span — *whether* she reads only the lead *or* the entire story — the inverted pyramid maximizes the information she gets.: 「No matter what+주어+동사」 구문은 '무엇이 ~든 간에 상관없다'는 의미로, 「Whatever+주어+동사」로 바꿔 쓸 수 있다.

- Think of the alternative: **If** news stories **were** written like mysteries with a dramatic payoff at the end, then *readers [who broke off in mid-story]* **would miss** the point.: 「If+주어+were ~, 주어+조동사 과거형+동사원형…」 형태의 가정법 과거 구문을 써서 실제와 반대로 가정하여 생길 수 있는 결과를 언급하여 실제 사실이 가진 의미를 강조하고 있다. 즉, 기사의 첫 문장(리드)이 가진 중요성을 반대 사례로 강조하기 위해 사용되었다. [ ]는 주절의 주어 readers를 수식하는 관계대명사절이다.

2 ⑤   **0** ④ / But When you—You'll have better   **1** ③

이 글에서 필자가 주장하는 바로 가장 적절한 것은?

When trying to convince someone to change their mind, most people try to lay out a logical argument, or make a passionate plea as to why their view is right and the other person's opinion is wrong.

But when you think about it, you'll realize that this doesn't often work. As soon as someone figures out that you are on a mission to change their mind, the metaphorical shutters go down.

You'll have better luck if you ask well-chosen, open-ended questions that let someone challenge their own assumptions. We tend to approve of an idea if we thought of it first—or at least, if we *think* we thought of it first. Therefore, encouraging someone to question their own worldview will often yield better results than trying to force them into accepting your opinion as fact. Ask someone well-chosen questions to look at their own views from another angle, and this might trigger fresh insights.

① 타인의 신뢰를 얻기 위해서는 일관된 행동을 보여 주어라.
② 협상을 잘하기 위해 질문에 담긴 상대방의 의도를 파악하라.
③ 논쟁을 잘하려면 자신의 가치관에서 벗어나려는 시도를 하라.
④ 원만한 대인 관계를 유지하려면 상대를 배려하는 태도를 갖춰라.
⑤ 설득하고자 할 때 상대방이 스스로 관점을 돌아보게 하는 질문을 하라.

내 생각?

누군가를 설득할 때 논리적으로 강요하듯 바꾸려고 하는 보편적 현상에 문제를 제기! 다른 관점에서 문제를 보도록 질문, 상대가 스스로 마음을 바꾸도록 하라는 게 내 제안!!

```
통념  ◄──►  문제 제기
         │
         ▼
      해결책
```

| 전문 해석 |

누군가를 설득하여 그 마음을 바꾸도록 할 때, 대부분의 사람들은 논리적 주장을 펼치거나 혹은 왜 자신의 관점이 옳고 다른 사람의 의견이 틀린지에 대해 열정적으로 간청한다.

하지만 생각해 보면, 이것이 보통 효과가 없다는 것을 깨달을 것이다. 상대가 여러분이 자신의 마음을 바꾸려는 임무를 띠고 있다는 것을 알아차리는 즉시 은유적인 (마음의) 문은 내려간다.

만약 여러분이 누군가에게 스스로 사실이라고 믿는 것을 의심하도록 하는 정선된 그리고 제약을 두지 않는 질문을 한다면, 여러분에게 더 좋은 운이 따를 것이다. 우리는 우리가 어떤 견해를 먼저 생각해 냈거나, 혹은 최소한 우리가 그것을 먼저 생각해 냈다고 '생각'하면, 그 견해를 인정하려는 경향이 있다. 그러므로, 상대에게 자기 자신의 세계관에 의문을 갖도록 장려하는 것이 억지로 여러분의 의견을 사실로 받아들이도록 강요하려는 것보다 보통 더 나은 결과를 가져올 것이다. 누군가에게 그들 자신의 관점을 다른 각도에서 바라보도록 잘 골라낸 질문을 하라. 그러면 이것은 새로운 통찰력을 불러일으킬 것이다.

출제의도

주장 파악 ► 글의 구조 속에서 글쓴이가 제시한 구체적인 의견을 파악할 수 있는가?

문제해설

상대방의 마음을 바꾸기 위해 논리적으로 강요하듯 설득하는 현상(통념)에 문제를 제기한 뒤, 상대방이 스스로 관점을 돌아보게 하는 질문을 하는 경우를 예로 들어 설명하면서, 후자가 더 효과적임을 충고하고 있으므로, ⑤가 글쓴이의 주장이다.

1 ① 사람들이 새로운 생각을 받아들이게 하는 방법
  ② 사람들이 계획에 동의하게 하는 방법
  ③ 사람들이 자신들의 마음을 바꾸게 하는 방법
  ④ 여러분의 적들과 친구가 되는 방법

| 어휘 · 어법 |
• convince 설득하여 ~하게 하다 • lay out 펼치다 • logical 논리적
• argument 주장 • plea 항변, 애원 • metaphorical 은유적인

• shutter 셔터, 덧문 • assumption 가정 • approve of ~을 인정하다
• yield (이익 등을) 가져오다 • trigger 유발하다 • insight 통찰력

• **When trying** to convince someone to change their mind, most people try to lay out a logical argument, or make a passionate plea *as to* [**why** their view is right and the other person's opinion is wrong].: When trying ~은 When they(= most people) are trying ~에서 「주절의 주어와 동일한 주어+be동사」는 생략할 수 있어서 they are가 생략된 형태이다. [ ]는 전치사구 as to에 연결된 간접의문문(의문사+주어+동사)이다.

• **Ask** someone well-chosen questions to look at their own views from another angle, **and** this might trigger fresh insights.: 「명령문 ~, and ...」 구문으로 '~하라, 그러면 …할 것이다'라는 의미이다. 충고나 제안을 할 때 사용하는 문장 형식이다.

이 글의 빈칸에 들어갈 말로 가장 적절한 것은?

Over 4.5 billion years ago, the Earth's primordial atmosphere was probably largely water vapor, carbon dioxide, sulfur dioxide and nitrogen. The appearance and subsequent evolution of exceedingly primitive living organisms (bacteria-like microbes and simple single-celled plants) began to change the atmosphere, liberating oxygen and breaking down carbon dioxide and sulfur dioxide. This made it possible for higher organisms to develop. When the earliest known plant cells with nuclei evolved about 2 billion years ago, the atmosphere seems to have had only about 1 percent of its present content of oxygen. With the emergence of the first land plants, about 500 million years ago, oxygen reached about one-third of its present concentration. It had risen to almost its present level by about 370 million years ago, when animals first spread on to land.

Today's atmosphere is thus not just a requirement to sustain life as we know it — it is also <u>a consequence of life.</u>

① a barrier to evolution
② a consequence of life
③ a record of primitive culture
④ a sign of the constancy of nature
⑤ a reason for cooperation among species

내 생각?

원시 지구부터 현재까지 시간의 흐름을 따라가다 보면 알게 되는 지구 대기의 변화 과정과 생명체의 상호작용! 이 과정이 의미하는 바에 주목, 대기는 생명체의 조건이자 결과라는 결론 내리기!

구체(변화 과정)

↓

일반(결론 — 과정의 의미)

│전문 해석│

45억 년도 더 전에 지구의 원시 대기는 아마도 대부분 수증기, 이산화탄소, 이산화황과 질소였을 것이다. 극히 원시적인 생물체(박테리아 같은 미생물과 단순한 단세포 식물)의 출현과 연이은 진화는 산소를 유리(遊離)시키고 이산화탄소와 이산화황을 분해하면서 대기를 변화시키기 시작했다. 이것은 더 상위 유기체가 발달하는 것을 가능하게 했다. 가장 최초라고 알려진 핵이 있는 식물 세포가 약 20억 년 전 진화했을 때, 대기는 현재 산소 함량의 고작 약 1%만을 가지고 있었던 것 같다. 최초의 육지 식물이 약 5억 년 전에 출현하면서, 산소는 현재 농도의 약 3분의 1에 달했다. 그것은 약 3억 7천만 년 전까지 거의 현재 수준으로 증가했고, 그때 동물들이 처음 육지로 퍼져나갔다.

오늘날의 대기는 그러므로 우리가 알고 있는 것처럼 생명체를 유지하기 위한 필요조건일 뿐 아니라, <u>생명체의 결과</u>이기도 하다.

빈칸 추론 ▶ 글의 구조 속에서 글쓴이의 의도와 빈칸이 포함된 문장의 역할을 파악할 수 있는가?

시간의 흐름에 따라 지구의 대기와 생명체의 변화된 과정을 서술, 마지막 단락에서 제시한 결론을 추론하는 문제이다. 오랜 세월에 걸쳐 대기의 구성이 생명체와 함께 '서로' 영향을 주면서 변화해왔음을 통해 대기가 생명체 유지 조건일 뿐 아니라 ② '생명체의 결과(생명체가 살아온 결과)'이기도 함을 알 수 있다.

① 진화를 막는 장벽 　　③ 원시 문화의 기록
④ 변함없는 자연의 상징(자연 불변성 성질)
⑤ 종들이 서로 협력하는 이유

1 ① 대기의 어느 정도가 수증기나 산소로 구성되어 있는가
　② 지구의 대기를 구성하고 있는 원소의 종류
　③ 행성들을 둘러싼 대기가 유래한 곳
　④ 진화하는 유기체가 지구의 대기를 변화시킨 방식

│어휘·어법│

- atmosphere 대기 　• water vapor 수증기
- carbon dioxide 이산화탄소 　• appearance 출현, 모습을 보임
- subsequent 연이은 　• evolution 진화
- exceedingly 대단히, 매우, 몹시 　• organism 생물체, 유기체
- liberate 유리(遊離)시키다, 자유롭게 하다
- nuclei (nucleus의 복수형) (원자)핵, 세포핵 　• content 내용물
- emergence 출현 　• concentration 농도 　• spread 퍼지다
- requirement 필요조건 　• sustain 유지하다

- When the earliest known plant cells with nuclei evolved about 2 billion years ago, the atmosphere **seems to have had** only about 1 percent of its present content of oxygen.: 현재 시점에서 '~였던 것처럼 보인다'와 같이 과거의 상황을 추정할 때는 「seem+완료부정사(to+have+과거분사)」 형태로 쓴다.

이 글의 빈칸에 들어갈 말로 가장 적절한 것은?

Philosophical activity is based on the <u>recognition of</u> <u>ignorance</u>. The philosopher's thirst for knowledge is shown through attempts to find better answers to questions even if those answers are never found. At the same time, a philosopher also knows that being too sure can hinder the discovery of other and better possibilities. In a philosophical dialogue, the participants are aware that there are things they do not know or understand. The goal of the dialogue is to arrive at a conception that one did not know or understand beforehand.

In traditional schools, where philosophy is not present, students often work with factual questions, they learn specific content listed in the curriculum, and they are not required to solve philosophical problems.

However, we know that awareness of what one does not know can be a good way to acquire knowledge. Knowledge and understanding are developed through thinking and talking. Putting things into words makes things clearer. Therefore, students must not be afraid of saying something wrong or talking without first being sure that they are right.

① recognition of ignorance
② emphasis on self-assurance
③ conformity to established values
④ achievements of ancient thinkers
⑤ comprehension of natural phenomena

내 생각?

철학의 지식 탐구 과정과 학교 교육의 현실을 비교, 내 생각을 끌어 내기! 학교 교육도 철학의 방법을 채택, 몰랐던 지식을 스스로 찾아가 는 과정이어야 한다는 게 내 생각!

| 전문 해석 |

철학적 활동은 <u>무지의 인식</u>에 기반을 둔다. 지식에 대한 철학자의 갈망은 그 답이 결코 발견되지 않는다 하더라도 질문에 대한 더 나은 답을 찾으려는 시도를 통해 보이게 된다. 동시에, 철학자는 지나치게 확신하는 것이 다른 가능성들과 더 나은 가능성들의 발견을 방해할 수 있다는 것 또한 알고 있다. 철학적 대화에서 참여자들은 그들이 알지 못하거나 이해하지 못하는 것이 있다는 점을 인식한다. 그 대화의 목표는 누구라도 미리 알지 못했거나 이해하지 못했다는 생각에 도달하는 것이다.

전통적 학교에서는, 철학이 존재하지 않고, 학생들은 흔히 사실적 질문에 대해 공부하고, 교육과정에 실린 특정한 내용을 배우며, 철학적인 문제를 해결하도록 요구받지 않는다.

하지만, 우리는 자기가 알지 못하는 것에 대한 인식이 지식을 습득하는 좋은 방법이 될 수 있다는 것을 안다. 지식과 이해는 사색과 토론을 통해 발달한다. 생각을 말로 표현하는 것은 생각을 더 분명하게 만든다. 따라서, 학생들은 잘못된 무언가를 말하거나 처음에 그들이 옳다는 것을 확신하지 않고 이야기하는 것을 두려워해서는 안 된다.

출제의도

빈칸 추론 ▶ 글의 구조 속에서 글쓴이의 의도와 빈칸이 포함된 문장의 역할을 파악할 수 있는가?

문제해설

글쓴이는 철학이 지식을 추구하는 방법과 학교 교육을 비교하면서 학교 교육도 철학의 방법을 채택해야 한다고 주장하고 있다. 글쓴이가 제시한 철학에 대한 설명과 학교 교육이 지향해야 할 목표를 통해 빈칸의 내용을 역추적해 보면 철학 활동이란 ① '무지를 인식'하고 지식을 찾는 과정임을 알 수 있다.

② 자신감의 강조　　　③ 기존 가치에 대한 순종
④ 고대 사상가들의 업적　　　⑤ 자연 현상의 이해

| 어휘 • 어법 |

* philosophical 철학의　　• recognition 인식, 인정　　• attempt 시도
* hinder 방해하다　　• goal 목표　　• conception 생각, 이해, 신념
* beforehand 미리　　• awareness (무엇의 중요성에 대한) 관심, 의식
* put ~ into words ~을 말로 표현하다

* In *traditional schools*, [**where** philosophy is not present], {students often work with factual questions}, {they learn specific content listed in the curriculum}, and {they are not required to solve philosophical problems}.: [ ]는 선행사 traditional schools를 부연 설명하는 관계부사절이다. 세 개의 절 { }을 「A, B, and C」의 형태로 나열하여 학교 교육의 현실을 언급하고 있다.

CHAPTER 04

5

⑤   0 ⓐ, ⓒ / This distinction   1 ②

(A), (B), (C)의 각 네모 안에서 문맥에 맞는 낱말로 가장 적절한 것은?

On projects in the built environment, people consider safety and functionality nonnegotiable. But the aesthetics of a new project—how it is *designed*—is too often considered (A) relevant / irrelevant . The question of how its design *affects* human beings is rarely asked. People think that design makes something highfalutin, called architecture, and that architecture differs from building, just as surely as the Washington National Cathedral differs from the local community church.

This (B) connection / distinction between architecture and building—or more generally, between design and utility—couldn't be more wrong. More and more we are learning that the design of all our built environments matters so profoundly that safety and functionality must not be our only urgent priorities. All kinds of design elements influence people's experiences, not only of the environment but also of themselves. They (C) overlook / shape our cognitions, emotions, and actions, and even our well-being. They actually help constitute our very sense of identity.

	(A)		(B)		(C)
①	relevant	....	distinction	....	shape
②	relevant	....	connection	....	overlook
③	irrelevant	....	distinction	....	overlook
④	irrelevant	....	connection	....	overlook
⑤	irrelevant	....	distinction	....	shape

내 생각?

건축 설계에서 기능성만 생각하고, 건축과 건물, 디자인과 실용성을 구분하는 사람들의 생각부터 먼저! 그 생각을 비판, 설계 디자인이 인간과 환경에 미치는 영향력 주장하기!

일반적 인식(잘못된 관점) ⟺ 반박과 주장

| 전문 해석 |

건축 환경에서의 설계에 있어서 사람들은 안전성과 기능성은 협상의 여지가 없다고 여긴다. 하지만 어떻게 그것이 '디자인 되는지'와 같은 새로운 설계의 미학은 너무나 자주 (A) 무관하다고 여겨진다. 그것(설계)의 디자인이 인간에게 어떻게 '영향을 미치는지'에 대한 질문은 거의 하지 않는다. 사람들은 디자인이 (미학적) 건축물이라고 하는 허세를 부리는 것을 만들어낸다고 생각하며, 워싱턴 국립 대성당이 지역 사회 교회와는 다른 것처럼, 분명히 (미학적) 건축물은 (일반적) 건물과 다르다고 생각한다.

(미학적) 건축물과 (일반) 건물, 즉, 더 일반적으로는 디자인과 실용성 사이의 이러한 (B) 구분은 완전히 잘못된 것이다. 우리는 우리가 구축한 모든 건축 환경의 디자인이 대단히 중요해서 안전성과 기능성이 오로지 우리의 긴요한(긴급하고 중요한) 우선순위여서는 안 된다는 것을 더욱더 알아가고 있다. 모든 종류의 디자인 요소들은 환경에 대한 사람들의 경험뿐만 아니라 그들 자신에 대한 경험에도 영향을 미친다. 그것들은 우리의 인지, 감정, 행동, 심지어 건강과 행복까지 (C) 형성한다. 그것들은 실제로 우리 자신의 정체성까지 만들어내는 데 도움이 된다.

출제의도

어휘 적합성 판단 ▶ 글의 구조 속에서 글쓴이의 의도에 맞는 단어를 선택할 수 있는가?

문제해설

(A) 사람들은 건축의 안정성과 기능성은 인정하지만 어떻게 '디자인'되어 있는지는 '무관하다(irrelevant)'고 여긴다.

(B) (미학적) 건축물과 (일반) 건물 또는 디자인과 실용성의 '구분(distinction)'은 잘못된 관점이라는 게 글쓴이의 입장이다.

(C) 디자인은 우리의 인지와 감정, 행동, 건강과 행복을 '형성하는(shape)' 데 큰 역할을 한다는 게 주장의 내용이다.

1 건축은 안전성과 기능성 뿐만 아니라 아름다움도 추구해야 한다는 것이 글쓴이의 주장이다.

| 어휘 · 어법 |

• project 설계   • built environment 건조(설계하고 만듦) 환경
• functionality 기능성   • nonnegotiable 협상의 여지가 없는

• aesthetics 미학   • irrelevant 무관한   • architecture (미학적) 건축물
• cathedral 대성당   • profoundly (영향 등이) 깊이
• urgent 중요하고 즉각적인 처리가 필요한   • priority 우선순위
• constitute 만들어내다   • identity 정체성

• People think [that design makes something highfalutin, called architecture]. and [that architecture *differs* from building, {just **as** surely **as** the Washington National Cathedral differs from the local community church}].: 두 개의 [ ]는 think의 목적어인 명사절이며, 두 번째 [ ]에서 { }는 「as+부사 원급+as」를 사용한 비교 표현으로, 건축물과 건물의 다름을 워싱턴 국립 대성당과 지역 교회의 다름에 빗대어 설명하기 위해 사용되었다.

CHAPTER 04

6 ②

0 ① / But the expressive – Taxes on tobacco – Not all taxes
1 ②   **2** ④

주어진 글 다음에 이어질 글의 순서로 가장 적절한 것은?

We commonly argue about the fairness of taxation—whether this or that tax will fall more heavily on the rich or the poor.

(B) But the expressive dimension of taxation goes beyond debates about fairness, to the moral judgements societies make about which activities are worthy of honor and recognition, and which ones should be discouraged. Sometimes, these judgements are explicit.

(A) Taxes on tobacco, alcohol, and casinos are called "sin taxes" because they seek to discourage activities considered harmful or undesirable. Such taxes express society's disapproval of these activities by raising the cost of engaging in them. Proposals to tax sugary sodas (to combat obesity) or carbon emissions (to address climate change) likewise seek to change norms and shape behavior.

(C) Not all taxes have this aim. We do not tax income to express disapproval of paid employment or to discourage people from engaging in it. Nor is a general sales tax intended as a deterrent to buying things. These are simply ways of raising revenue.

① (A) – (C) – (B)   ② (B) – (A) – (C)   ③ (B) – (C) – (A)
④ (C) – (A) – (B)   ⑤ (C) – (B) – (A)

내 생각?

세금의 공정성 문제 외에 세금의 다양한 목적과 기능을 설명하기 위해 사람들의 활동을 인정 또는 억제하는 기능으로서의 세금과 구체적 예, 마지막으로 세수 확보를 위한 세금의 기능 제시하기!

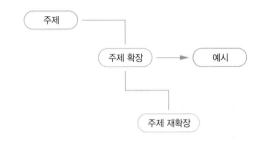

| 전문해석 |

우리는 흔히 과세의 공정성, 즉 이런 저런 세금이 부자들에게 더 과중하게 부과될 것인지 아니면 가난한 사람들에게 부과될 것인지에 관해 논한다.

(B) 그러나 과세의 표현적 측면은 공정성에 대한 논쟁을 넘어 사회가 내리는 도덕적 판단에까지 이르는데, 어떤 활동이 명예와 인정을 받을 가치가 있고 어떤 활동이 억제되어야 하는지에 대한 것이다. 때때로 이러한 판단은 명백하다.

(A) 담배, 술, 카지노에 부과하는 세금은 '죄악세'라고 불리는데, 그 이유는 해롭거나 바람직하지 않다고 여기는 행동들을 억제하려고 하기 때문이다. 그런 세금은 이러한 행동을 하는 데 드는 비용을 증가시킴으로써 그것에 대한 사회의 반감을 표현한다. 마찬가지로 (비만에 맞서기 위해) 설탕이 든 탄산음료 혹은 (기후 변화에 대처하기 위해) 탄소 배출에 세금을 부과하려는 제의는 규범을 변화시키고 행동을 형성하려는 것이다.

(C) 모든 세금이 이런 목적을 가진 것은 아니다. 유급 고용에 대한 반감을 표명한다거나 사람들이 고용에 참여하는 것을 막기 위해 소득에 세금을 부과하는 것은 아니다. 일반 판매세 역시 물건을 사는 것에 대한 억제책으로서 의도된 것은 아니다. 이것들은 단순히 세수를 올리는 방법이다.

출제의도

글의 순서 판단 ► 주어진 글로 전체 구조를 예측하면서 흐름에 맞게 단락을 구성할 수 있는가?

문제해설

주어진 문장에서 공정한 사회를 위한 세금 논의를 언급한 뒤, (B)에서 공정한 사회를 위한 세금 외에 과세의 표현적 측면을 언급하면서 구체적으로 (A)에서 바람직하지 않은 행동을 억제하는 윤리적 목적의 세금의 예를 제시, 마지막으로 (C)에서 세수를 확보하기 위한 세금을 설명한다. (C)의 첫 문장에 쓰인 this aim은 (B)와 (A)에 언급한 '바람직하지 않은 행동을 억제하는 목적의 세금'을 가리켜 글의 흐름을 분명히 보여준다.

1 ① 과세의 공정성 확보하기   ② 과세의 다양한 목적
③ 반감을 표현하는 세금   ④ 과세의 윤리적 측면

| 어휘·어법 |

- fairness 공정성   • taxation 과세
- fall on ~에게 부과되다, (책임 등이) 맡겨지다   • dimension 측면, 차원
- recognition 인정   • discourage (반대하여) 막다, 억제하다
- explicit 명백한   • sin tax 죄악세(술·담배·도박 등에 부과되는 세금)
- disapproval 반감, 못마땅해함   • carbon emission 탄소 배출
- engage in ~에 관여하다   • revenue 세입, 세수

- **Nor is a general sales tax** intended as a deterrent to buying things.: 「Nor+동사+주어」 구문은 앞에 언급한 부정의 말에 동조할 때 사용하며 '~ 역시 아니다(not ~ either)'라는 의미를 나타낸다. 부정어인 Nor를 강조하려고 문장 맨 앞에 쓰면서 주어와 동사가 도치되었다.

수능, 구조독해가 정답이다!

다음 글의 주제로 가장 적절한 것을 고르시오.

We argue that the ethical principles of justice provide an essential foundation for policies to protect unborn generations and the poorest countries from climate change. Related issues arise in connection with current and persistently inadequate aid for these nations, in the face of growing threats to agriculture and water supply, and the rules of international trade that mainly benefit rich countries.

Increasing aid for the world's poorest peoples can be an essential part of effective mitigation. With 20 percent of carbon emissions from (mostly tropical) deforestation, carbon credits for forest preservation would combine aid to poorer countries with one of the most cost-effective forms of abatement. Perhaps the most cost-effective but politically complicated policy reform would be the removal of several hundred billions of dollars of direct annual subsidies from the two biggest recipients in the OECD—destructive industrial agriculture and fossil fuels. Even a small amount of this money would accelerate the already rapid rate of technical progress and investment in renewable energy in many areas, as well as encourage the essential switch to conservation agriculture.

*mitigation: 완화 **abatement: 감소 ***subsidy: 보조금

① reforming diplomatic policies in poor countries
② increasing global awareness of the environmental crisis
③ reasons for restoring economic equality in poor countries
④ coping with climate change by reforming aid and policies
⑤ roles of the OECD in solving international conflicts

내 생각?

정책이 미래 세대와 빈곤 국가를 보호해야 한다는 공정의 윤리적 원칙에 주목하여 빈곤 국가에 대한 원조 부족 문제를 제기, 문제 해결을 위해 원조 증대와 정책 개혁 주장하기!

문제	**정책의 목적과 기반** – 기후 변화로부터 미래 세대와 빈곤 국가 보호 – 공정의 윤리적 원칙
	문제 발생의 배경 – 빈곤 국가에 대한 원조 부족 – 농업과 물 공급 위험 증가, 선진국에 이로운 국제 무역 규칙
해결	**원조 증대 → 탄소 배출 완화** – 산림 보존을 위한 탄소 배출권, 빈곤 국가에 대한 원조 증대 및 (탄소 배출) 감소
	정책 개혁 – 산업형 농업과 화석 연료에 대한 연간 보조금 철폐 – (철폐한 보조금 일부로) 재생 가능한 에너지에 대한 기술적 진보와 투자 가속 + 보존 농업으로 변화 촉진

문제

해결

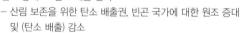

전문해석

우리는 공정의 윤리적 원칙이, 아직 태어나지 않은 세대와 가장 가난한 나라들을 기후 변화로부터 보호하기 위한 정책에 필수적인 기반을 제공한다고 주장한다. 연계된 문제들이 발생하는데, 이 (가난한) 국가들을 위한 현재의 지속적으로 부족한 원조와 관련하여, 그리고 농업과 물 공급에 대한 점점 증가하는 위협과 주로 부유한 국가들에게만 이익이 되는 국제 무역의 규칙에 직면하여 발생한다.

세계의 가장 가난한 국민들에 대한 원조를 증대시키는 것은 효과적인 (탄소 배출) 완화의 필수적 부분이 될 수 있다. 탄소 배출량의 20퍼센트 정도는 (대개 열대 지방의) 벌채로부터 오므로, 삼림 보전을 위한 탄소 배출권은 더 가난한 국가들에 대한 원조와 비용 효율성이 가장 높은 (탄소 배출) 감소 형태 중의 하나를 결합해 줄 것이다. 아마도 비용 효율성이 가장 높지만 정치적으로 가장 복잡한 정책 개혁은 OECD에서 두 가지의 가장 큰 수혜 분야인 파괴적인 산업형 농업과 화석 연료로부터 수천억 달러의 직접적인 연간 보조금을 없애는 일일 것이다. 이 돈의 적은 양이라도 보존 농업으로의 근본적인 변화를 촉진할 뿐만 아니라, 많은 지역에서 이미 빠르게 진행되고 있는 재생 가능한 에너지에 대한 기술적 진보와 투자를 가속할 것이다.

주제 파악 ▶ 글쓴이가 무엇에 대해 어떤 구조로 서술하는지 파악할 수 있는가?

기후 변화와 정책에 관한 생각을 문제–해결 구조로 구성한 글이다. 글쓴이가 언급한 정책의 목적과 기반, 문제 발생의 배경, 그리고 이를 해결할 방안으로 제시한 내용을 이해한다면 글의 주제를 효과적으로 파악할 수 있다.

글쓴이는 첫 문장에서 공정의 윤리적 원칙이 기후 변화로부터 미래 세대와 빈곤 국가를 보호하기 위한 정책의 기반을 제공한다고 주장하고, 이와 연계된 문제들의 배경으로 빈곤 국가에 대한 부족한 원조, 농업과 물 공급에 대한 위협 증가와 불평등한 국제 무역 규칙을 말하고 있다.

이를 해결할 방안으로 원조 증대와 정책 개혁을 차례대로 제시하고 있다. 먼저, 삼림 보존을 위한 탄소 배출권은 빈곤 국가에 대한 원조를 증대시키고 탄소 배출을 감소시켜, 기후 변화 완화에 필수적인 부분으로 작용할 것임을 언급하였다. 그리고 정치적으로 복잡하더라도 산업형 농업과 화석 연료로부터 막대한 연간 보조금을 철폐하여, 그 보조금 일부를 재생 가능한 에너지 기술 발전에 투자하고 보존 농업으로 변화를 촉진하도록 정책을 개혁해야 한다고 주장하고 있다.

따라서 글의 주제로 가장 적절한 것은 문제의 핵심과 해결 방안을 모두 포함한 ④ '원조와 정책을 개혁함으로써 기후 변화에 대처하기'이다.

선택지별 선택비율 ①16% ②8% ③20% ④50% ⑤4%

① 가난한 국가의 외교 정책 개혁
→ 외교 정책은 이 글의 주제와 상관없는 내용으로 언급된 바 없다.

② 환경의 위기에 대한 증가하는 세계적 인식
→ 환경 위기에 대한 정책 변화를 주장한 글이다.

③ 가난한 국가에서 경제적 평등을 복구하는 이유
→ 경제 원조에 대한 언급이 있으나, 경제적 평등을 다룬 글은 아니다.

⑤ 국제적 갈등을 해결하는 데 있어서의 OECD의 역할
→ OECD의 역할이 아니라 정책 개혁의 필요성을 언급하였다.

| 어휘 · 어법 |

- ethical 윤리적인 · justice 공정, 정의 · foundation 기반, 근거
- in connection with ~와 관련하여 · persistently 지속적으로, 끈질기게
- inadequate 부족한, 부적절한 · in the face of ~에 직면하여
- carbon emission 탄소 배출 · deforestation 벌채
- carbon credits 탄소 배출권 · reform 개혁 · removal 철폐, 제거
- annual 연간의, 해마다의 · recipient 받는 사람, 수혜자
- accelerate 가속하다

- We **argue** [**that** the ethical principles of justice provide an essential foundation for policies to protect unborn generations and the poorest countries from climate change].
  → We argue that ~은 글쓴이의 주장을 완곡하게 드러내는 표현으로, that이 이끄는 명사절 [ ]에 글쓴이가 주목하고 있는 바, 즉 정책의 기반과 정책이 추구하는 목적이 드러나 있다.

- Related issues arise [**in connection with** current and persistently inadequate aid for these nations]. [**in the face of** growing threats to agriculture and water supply, and **the rules of international trade** {that mainly benefit rich countries}].
  → 두 전치사구 [ ]를 통해, 연계된 문제가 무엇과 관련되어 발생하는지, 어떤 환경에서 발생하는지를 설명하며 그 배경을 제시하고 있다. 관계사절 { }는 the rules of international trade가 부유한 국가에 득이 된다는 정보를 전달하여 공정의 윤리 원칙에서 벗어나 있음을 암시한다.

- Increasing aid for the world's poorest peoples **can** be an essential part of effective mitigation.
  → 부족한 원조를 해결할 방법으로, 원조 증대를 제시한 문장이다. 조동사 can은 예측이나 바람을 나타낸다.

- Perhaps *the most cost-effective but politically complicated* **policy reform** would be the removal of several hundred billions of dollars of direct annual subsidies from **the two biggest recipients** in the OECD [− destructive industrial agriculture and fossil fuels].
  → 공정하지 못한 상황을 해결할 방법으로, 정책 개혁을 제시한 문장이다. 형용사구 the ~ complicated는 글쓴이가 말한 정책 개혁(policy reform)의 성격이 '비용 효율성이 가장 높지만 정치적으로 다루기 힘들고 복잡한' 것임을 드러내고 있다.
  → [ ]는 the two biggest recipients가 가리키는 대상을 명확하게 언급하기 위해 대시(−)를 사용해 추가하였다.

이 글의 제목으로 가장 적절한 것은?

In government, in law, in culture, and in routine everyday interaction beyond family and immediate neighbours, a widely understood and clearly formulated language is a great aid to mutual confidence. When dealing with property, with contracts, or even just with the routine exchange of goods and services, concepts and descriptions need to be as precise and unambiguous as possible, otherwise misunderstandings will arise. If full communication with a potential counterparty in a deal is not possible, then uncertainty and probably a measure of distrust will remain.

As economic life became more complex in the later Middle Ages, the need for fuller and more precise communication was accentuated. A shared language facilitated clarification and possibly settlement of any disputes. In international trade also the use of a precise and well-formulated language aided the process of translation. The Silk Road could only function at all because translators were always available at interchange points.

① Earn Trust with Reliable Goods Rather Than with Words!
② Linguistic Precision: A Key to Successful Economic Transactions
③ Difficulties in Overcoming Language Barriers and Distrust in Trade
④ The More the Economy Grows, the More Complex the World Gets
⑤ Excessive Confidence: The Biggest Reason for Miscommunication

내 생각?

정확한 언어가 상호 신뢰, 특히 경제 거래에서 중요하다는 생각부터 먼저! 이어서 역사적 사례로 이해시키기!

판단(요지)

↓

근거(역사적 사례)

| 전문 해석 |

정치 체제와 법과 문화에서, 그리고 가족 및 가까운 이웃을 넘어서는 일상적인 매일의 상호작용에서, 폭넓게 이해되고 확실하게 표현된 언어는 상호 신뢰에 굉장한 도움이 된다. 재산이나 계약, 심지어 단순히 상품과 서비스의 일상적인 교환을 다룰 때, 개념과 설명은 가능한 한 정확하고 모호하지 않아야 하며, 그렇지 않으면 오해가 생길 것이다. 만약 거래에서 잠재적 상대방과의 완전한 의사소통이 가능하지 않다면, 불확실성과 아마도 어느 정도의 불신이 남게 될 것이다.

경제 생활이 중세 시대 후반에 더 복잡해지면서, 더욱 완전하고 더욱 정확한 의사소통에 대한 필요가 강조되었다. 공유된 언어는 명확한 설명과 아마도 어떤 분쟁의 해결을 용이하게 했다. 국제 무역에서도 정확하고 잘 표현된 언어의 사용은 통역 과정에 도움이 되었다. 실크로드가 그나마 기능할 수 있었던 이유는 교환 지점에서 통역가들을 항상 이용할 수 있었기 때문이다.

출제의도

제목 파악 ▶ 글의 구조 속에서 글쓴이가 의도한 바를 대표하거나 상징적으로 표현한 제목을 붙일 수 있는가?

문제해설

정확한 언어는 상호 신뢰에 중요한 역할을 해서 경제 활동에 필수적이라고 주장하는 글이다. 따라서 ② '언어의 정확성: 성공적인 경제 거래의 핵심'이 글쓴이의 의도를 대표하는 제목이다.

① 말보다는 믿을 만한 물건으로 신용을 얻어라!
③ 거래에서 언어 장벽과 불신을 극복하는 어려움
④ 경제가 더 성장할수록, 세계는 더 복잡해진다
⑤ 지나친 자신감: 실패한 의사소통의 가장 큰 이유

| 어휘 • 어법 |

• routine 일상적인　• interaction 상호작용　• immediate 가까운
• formulate (의견을 공들여) 표현하다　• mutual 상호의
• confidence 신뢰　• property 재산　• contract 계약(서)
• unambiguous 모호하지 않은　• potential 잠재적인
• counterparty 상대방　• distrust 오해　• facilitate 가능(용이)하게 하다
• settlement (분쟁 등의) 해결, 합의　• dispute 분쟁

• When dealing with property, with contracts, or even just with the routine exchange of goods and services, concepts and descriptions need to be **as precise and unambiguous as possible**, *otherwise* misunderstandings will arise.: 「as+형용사 원급 +as possible」 구문은 '가능한 한 ~한'의 의미이다. otherwise는 '그렇지 않으면'이라는 의미로, 앞서 언급한 내용과 반대로 가정한 결과를 언급할 때 쓴다.

2 ① 0 ② / We mustn't ignore 1 ②

이 글의 요지로 가장 적절한 것은?

Too many officials in troubled cities wrongly imagine that they can lead their city back to its former glories with some massive construction project—a new stadium or light rail system, a convention center, or a housing project. With very few exceptions, no public policy can slow the tidal forces of urban change.

We mustn't ignore the needs of the poor people who live in the Rust Belt, but public policy should help poor *people*, not poor places. Shiny new real estate may dress up a declining city, but it doesn't solve its underlying problems. The hallmark of declining cities is that they have *too much* housing and infrastructure relative to the strength of their economies. With all that supply of structure and so little demand, it makes no sense to use public money to build more supply. The folly of building-centric urban renewal reminds us that cities aren't structures; cities are people.

① 도시 재생을 위한 공공정책은 건설보다 사람에 중점을 두어야 한다.
② 대중 교통 이용이 편리하도록 도시 교통 체계를 구축해야 한다.
③ 사회기반시설 확충을 통해 지역 경제를 활성화해야 한다.
④ 에너지를 절감할 수 있는 친환경 건물을 설계해야 한다.
⑤ 문화유산 보존을 우선하는 도시 계획을 수립해야 한다.

내 생각?

어려움에 빠진 도시를 대규모 건설 사업으로 재생하겠다는 관료들의 정책 관행을 비판하고 내 생각을 주장하기! 진정한 도시 재생은 가난한 시민을 돕는 것이라는 게 내 생각!

잘못된 관행

⇕

주장과 근거

| 전문 해석 |

문제가 있는 도시의 너무 많은 공무원들이 잘못 생각하는 것은 새로운 경기장 또는 경전철 시스템, 컨벤션 센터, 주택 프로젝트와 같은 대규모 건설 프로젝트를 통해 그들의 도시를 이전의 영광으로 되돌릴 수 있다는 것이다. 거의 예외 없이 어떤 공공 정책도 기조력(도시 변화의 흐름)을 늦출 수 없다.

우리는 Rust Belt(미국 중서부와 북동부의 제조업 사양 지역)에 사는 가난한 사람들의 요구를 무시하지 말고 공공 정책이 가난한 지역을 돕는 것이 아닌 가난한 '사람들'을 돕도록 해야 한다. 반짝이는 새로운 부동산이 쇠퇴하는 도시를 보기 좋게 꾸밀 수는 있지만, 그것의 기저에 있는 문제를 해결하지는 못한다. 쇠퇴하는 도시들의 전형적인 특징은 그들의 경제력에 비해서 '너무 많은' 주택과 기반시설을 가지고 있다는 것이다. 저렇게 건축물 공급이 있음에도 수요가 거의 없는 상황에서 더 많은 공급을 만들어내기 위해 공공 자금을 사용하는 것은 의미가 없다. 건물 중심으로 도시를 재생하겠다는 어리석음은 우리에게 도시는 구조물이 아니라 사람이라는 점을 상기시킨다.

요지 파악 ▶ 글의 구조 속에서 주제에 대한 글쓴이의 의견과 핵심 내용을 파악할 수 있는가?

어려움에 빠진 도시를 대규모 건설 사업으로 재생하려는 공무원들의 정책과 관행을 비판하면서 가난한 사람들은 새로 지은 주택이나 기반시설을 이용할 돈이 없으며, 도시는 구조물이 아니라 사람이라고 주장하는 글이다. 따라서 ①이 글쓴이의 주장과 일치한다.

| 어휘 · 어법 |

- glory 영광 · massive 대규모의 · construction 건설
- exception 예외 · tidal force 기조력(밀물과 썰물을 일으키는 힘)
- Rust Belt 미국 북부의 사양화된 공업 지대 · real estate 부동산
- dress up 꾸미다 · decline 쇠퇴하다 · underlying 기저에 있는
- hallmark (전형적인) 특징 · folly 어리석음

- We **mustn't** ignore the needs of *the poor people* [*who* live in the Rust Belt]. but public policy should help poor *people*, not poor places.: mustn't는 '~해서는 안 된다'라는 글쓴이의 주장을 나타낸다. [ ]는 선행사 the poor people을 수식하는 관계대명사절이다.
- With all that supply of structure and so little demand, **it** makes no sense [**to use** public money {*to build* more supply}].: it은 가주어이고 [ ]의 to부정사구가 진주어, { }는 목적을 나타내는 to부정사이다.

3

① 0 ② / The researchers found   1 ④   2 ③

이 글의 내용을 한 문장으로 요약하고자 한다. 빈칸 (A), (B)에 들어갈 말로 가장 적절한 것은?

> Some researchers at Sheffield University recruited 129 hobbyists to look at how the time spent on their hobbies shaped their work life. To begin with, the team measured the seriousness of each participant's hobby, asking them to rate their agreement with statements like "I regularly train for this activity," and also assessed how similar the demands of their job and hobby were. Then, each month for seven months, participants recorded how many hours they had dedicated to their activity, and completed a scale measuring their ⓐbelief in their ability to effectively do their job, or their ⓑ"self-efficacy."

> The researchers found that when participants spent longer than normal doing their leisure activity, their ⓒbelief in their ability to perform their job increased. But this was only the case when they had a serious hobby that was dissimilar to their job. When their hobby was both serious and similar to their job, then spending more time on it actually decreased their self-efficacy.

> Research suggests that spending more time on serious hobbies can boost (A)confidence at work if the hobbies and the job are sufficiently (B)different.

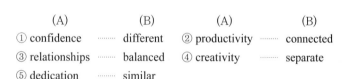

	(A)	(B)		(A)	(B)
①	confidence	different	②	productivity	connected
③	relationships	balanced	④	creativity	separate
⑤	dedication	similar			

 내 생각?

취미에 쓴 시간이 직장 생활에 미치는 영향을 알기 위한 연구 내용과 방법부터 먼저. 이어서 연구결과로 일반화하기! 직업과 다르면서 만만치 않은 취미에 시간을 쓴 사람이 자기 효능감이 높다는 사실!

구체(연구 내용)

↓

일반(연구 결과)

| 전문 해석 |

Sheffield 대학교의 몇몇 연구자들은 취미에 쓴 시간이 직장 생활에 어떻게 영향을 미치는지를 보기 위해 취미에 열심인 129명의 사람들을 모집했다. 먼저 연구팀은 각 참가자가 가지고 있는 취미의 진지함을 측정했고, 그들에게 "나는 이 (취미) 활동을 위해 정기적으로 연습을 한다."와 같은 진술에 동의하는 정도를 평가하도록 요청하면서, 또한 직업과 취미를 하는 데 필요한 것들이 얼마나 비슷한지도 평가했다. 그리고 나서 7개월 동안 매달, 참가자들은 취미 활동에 몇 시간을 투자했는지를 기록하고 자신의 ⓐ직업을 효과적으로 수행하는 능력에 대한 믿음 즉, ⓑ'자기 효능감'을 측정하는 평가표를 작성했다.

연구자들이 알아낸 바는 참가자들이 보통 수준보다 길게 취미 활동에 시간을 썼을 때, 자신의 ⓒ직업 수행 능력에 대한 믿음이 증가했다는 점이다. 하지만 이는 그들이 직업과 다른 진지한(만만치않은) 취미를 가지고 있을 때만 그러했다. 그들의 취미가 진지하면서도 직업과 유사하면 취미에 시간을 많이 보내는 것이 실제로 그들의 자기 효능감을 낮추었다.

→ 연구가 시사하는 바는 취미와 직업이 충분히 (B) 다르면 진지한 취미에 더 많은 시간을 보내는 것이 일에 있어서의 (A) 자신감을 높여줄 수 있다는 것이다.

문단 요약 ▶ 글의 구조 속에서 핵심 개념들의 관계를 파악하고 한 문장으로 표현할 수 있는가?

연구 결과에 따르면 직업과 다른(different) 취미에 많은 시간을 쓰면 직장에서의 자신감(confidence)이 향상되지만, 직업과 취미가 유사한 경우 취미에 많은 시간을 쓰면 오히려 자신감이 감소한다.

② 생산성 – 관련된   ③ 관계 – 균형 잡힌
④ 창의성 – 분리된   ⑤ 헌신(전념) - 유사한

1 ① 직업과 취미를 하는 데 필요한 것들이 얼마나 비슷해야 하는가
② 직업과 취미에 얼마 만큼의 시간을 투자해야 하는가
③ 취미가 직장에서의 효율성을 얼마나 증진시킬 수 있는가
④ 다른 취미에 쓴 시간이 직장 생활에 어떻게 영향을 미치는가

| 어휘 • 어법 |

• recruit 모집하다   • assess 평가하다   • dedicate (시간·생애 등을) 바치다
• self-efficacy 자기 효능감   • dissimilar 다른   • boost 향상시키다

• **To begin with**, the team measured [the seriousness of each participant's hobby, {*asking* them to rate their agreement ⟨with statements like "I regularly train for this activity,"⟩}] and also assessed [*how similar* the demands of their job and hobby were].: to begin with는 '먼저, 우선'이라는 의미의 부정사 표현이다. 문장의 동사는 measured와 assessed이고, 두 개의 [ ]가 각각의 목적어이다. 첫 번째 [ ]에서 { }는 동시동작을 나타내는 분사구문이고, 두 번째 [ ]는 「how similar+주어+동사」 형태의 간접의문문이다.

이 글의 빈칸에 들어갈 말로 가장 적절한 것은?

While leaders often face enormous pressures to make decisions quickly, premature decisions are the leading cause of decision failure. This is primarily because leaders respond to the superficial issue of a decision rather than taking the time to explore the underlying issues.

Bob Carlson is a good example of a leader <u>exercising patience</u> in the face of diverse issues. In the economic downturn of early 2001, Reell Precision Manufacturing faced a 30 percent drop in revenues. Some members of the senior leadership team favored layoffs and some favored salary reductions. While it would have been easy to push for a decision or call for a vote in order to ease the tension of the economic pressures, as co-CEO, Bob Carlson helped the team work together and examine all of the issues. The team finally agreed on salary reductions, knowing that, to the best of their ability, they had thoroughly examined the implications of both possible decisions.

① justifying layoffs
② exercising patience
③ increasing employment
④ sticking to his opinions
⑤ training unskilled members

내 생각?

지도자가 압박에 밀려서 내린 성급한 판단과 결정은 결정 실패로 이어진다는 게 내 생각! 지도자가 인내심을 발휘한 구체적 사례로 내 생각을 이해시키기!

판단(요지)

↓

근거(사례)

| 전문해석 |

지도자들은 종종 빠르게 결정들을 내려야 하는 거대한 압박에 직면하지만, 섣부른 결정들은 결정 실패의 주된 원인이다. 이것은 주로 지도자들이 근원적인 문제들을 탐색하는 데 시간을 보내기보다는 결정의 피상적인 문제에 반응하기 때문이다.

Bob Carlson은 다양한 문제들에 직면했을 때 인내심을 발휘하는 지도자의 좋은 예이다. 2001년 초의 경기 침체기에, Reell Precision Manufacturing은 총수입의 30퍼센트 하락에 직면했다. 몇몇 고위 지도자 팀의 구성원들은 해고를 선호했고 몇몇은 임금 삭감을 선호했다. 경제적 압박의 긴장 상태를 완화하기 위해서 결정을 밀어붙이거나 투표를 요청하는 것이 쉬웠겠지만, 공동 최고 경영자로서, Bob Carlson은 그 팀을 도와 함께 노력하게 하고 모든 문제들을 검토하도록 했다. 힘닿는 데까지 최선을 다해 두 가지 가능한 결정의 영향을 철저하게 검토했다는 것을 알고(확인하고) 그 팀은 마침내, 임금 삭감에 동의했다.

출제의도

빈칸 추론 ▶ 글의 구조 속에서 글쓴이의 의도와 빈칸이 포함된 문장의 역할을 파악할 수 있는가?

문제해설

지도자는 모든 사안을 신중히 검토한 후 결정해야 한다는 것이 글쓴이의 생각이다. Bob Carlson은 그 생각에 일치하는 좋은 사례 즉, 시간을 갖고 모든 사안을 신중히 검토한 후 결정을 내린 지도자이므로, 빈칸에 ② '인내심을 발휘하는'이 들어가야 글쓴이의 의도와 일치한다.

① 해고를 정당화하는
③ 고용을 늘리는
④ 자신의 의견을 고수하는
⑤ 비숙련된 직원을 훈련하는

| 어휘·어법 |

- premature 섣부른 - superficial 피상적인 - underlying 근원적인
- diverse 다양한 - downturn 침체 - favor 선호하다, 지지하다
- layoff 해고 - reduction 삭감 - implication 영향, 결과, 내포

- While it **would have been** easy to push for a decision or call for a vote in order to ease the tension of the economic pressures, [as co-CEO, Bob Carlson *helped the team work* together and *examine* all of the issues].: 가정법이 반드시 if절에서만 쓰이는 것은 아니다. 이 문장의 would have been처럼 동사의 형태만으로 과거에 하지 않았던 일을 반대로 가정하는 표현(가정법 과거완료)이 가능하다. 이 글에서는 Bob Carlson이 과거에 하지 않았던 일의 의미, 즉 (해고) 결정을 밀어붙일 수 있었고, 그게 쉬운 방법이었지만 실제로는 그렇게 하지 않았고 그래서 인내심을 발휘한 지도자의 좋은 사례가 된 의미를 밝히고 있다. [ ]에서 co-CEO와 Bob Carlson은 동격 관계의 주어이며, 「help+목적어+동사원형(work, examine)」 구문이 쓰였다.

이 글의 빈칸에 들어갈 말로 가장 적절한 것은?

> Translating academic language into everyday language can be an essential tool for you as a writer to <u>clarify your ideas to yourself</u>.

> For, as writing theorists often note, writing is generally not a process in which we start with a fully formed idea in our heads that we then simply transcribe in an unchanged state onto the page. On the contrary, writing is more often a means of discovery in which we use the writing process to figure out what our idea is. This is why writers are often surprised to find that what they end up with on the page is quite different from what they thought it would be when they started.

> What we are trying to say here is that everyday language is often crucial for this discovery process. Translating your ideas into more common, simpler terms can help you figure out what your ideas really are, as opposed to what you initially imagined they were.

① finish writing quickly
② reduce sentence errors
③ appeal to various readers
④ come up with creative ideas
⑤ clarify your ideas to yourself

내 생각?

학문적 언어를 일상 언어로 바꿔쓰는 글쓰기가 생각을 정리하는 데 중요하다는 생각부터 먼저! 그 이유를 글쓰기 과정의 특성에서 밝히고 일상 언어가 글쓰기에서 갖는 의미로 마무리!

| 전문 해석 |

학문적인 언어를 일상 언어로 바꿔 보는 것은 여러분이 글을 쓰는 사람으로서 <u>자신의 생각을 스스로에게 명료하게 해 주는</u> 필수적인 도구가 될 수 있다.

왜냐하면, 글쓰기 이론가들이 흔히 지적하듯이, 글쓰기는 일반적으로 머릿속에 완전하게 만들어진 한 가지 생각으로 시작하여, 그 생각을 본래 그대로의 상태로 페이지 위에 단순히 옮겨 쓰는 과정이 아니기 때문이다. 오히려, 글쓰기는 글쓰기 과정을 사용하여 우리의 생각이 무엇인지 알아내는 발견의 수단인 경우가 더 흔하다. 이것이 글을 쓰는 사람들이 결국 페이지 위에 적게 되는 내용이 처음에 시작할 때 그렇게 되리라고 생각했던 것과 상당히 다른 내용이라는 것을 발견하고는 자주 놀라는 이유이다.

우리가 여기서 하고자 하는 말은 일상 언어가 이런 발견 과정에 대체로 매우 중요하다는 것이다. 여러분의 생각을 더 평범하고 더 간단한 말로 바꿔 보는 것은 여러분이 처음에 그럴 것이라고 상상했던 것이 아니라, 실제 여러분의 생각이 무엇인지 알아내는 데 도움이 될 수 있다.

출제의도

빈칸 추론 ▶ 글의 구조 속에서 글쓴이의 의도와 빈칸이 포함된 문장의 역할을 파악할 수 있는가?

문제해설

학문적 언어를 일상 언어로 바꾸는 게 글을 쓰는 사람에게 필수적인 이유, 즉 그 목적(to부정사)을 추론하는 문제다. 글쓴이는 이어지는 단락에서 글쓰기 과정이 결과물 자체가 아니라 생각을 정리하고 이해하는 과정이라고 하면서 이 과정에서 학문적인 언어를 일상 언어로 바꿔쓰면 자신의 생각이 무엇인지 아는 데 도움이 된다고 했다. 따라서 빈칸에 ⑤ '자신의 생각을 스스로에게 명료하게 해 주는'이 들어가야 글쓴이의 의도와 일치한다.

① 글쓰기를 빨리 끝내주는
② 문장 오류를 줄여주는
③ 다양한 독자의 흥미를 끄는
④ 창의적인 아이디어를 생각해 내는

| 어휘 · 어법 |

• translate 바꾸다, 번역하다   • academic 학문적인, 이론적인
• essential 필수적인, 가장 중요한   • clarify 명료하게 하다
• theorist 이론가   • generally 일반적으로   • state 상태
• on the contrary 오히려, 그와는 반대로
• figure out ~을 알아내다, 이해하다   • crucial 매우 중요한, 결정적인
• as opposed to ~가 아니라, ~와는 대조적으로

• **For**, <u>as writing theorists often note</u>, writing is generally not *a process* [*in which* we start with a fully formed *idea* in our heads {*that* we then simply transcribe in an unchanged state onto the page}].: for는 이유를 나타내는 접속사이고, 밑줄 친 부분은 접속사와 문장의 주어 사이에 삽입된 절이다. [ ]는 선행사 a process를 수식하는 관계대명사절로, 관계사절의 정보가 많은 편이라 in a process란 의미를 분명히 하려고 선행사와 관계대명사 사이에 전치사를 썼다. [ ] 안의 { }는 our heads가 아니라 idea를 수식하는 관계대명사절이다.

CHAPTER 05

6

③

0 ④ / For example – This is

1 ①

2 ③

이 글에서 전체 흐름과 관계 없는 문장은?

An interesting phenomenon that arose from social media is the concept of *social proof*. It's easier for a person to accept new values or ideas when they see that others have already done so. ①If the person they see accepting the new idea happens to be a friend, then social proof has even more power by exerting peer pressure as well as relying on the trust that people put in the judgments of their close friends.

②For example, a video about some issue may be controversial on its own but more credible if it got thousands of likes. ③(When expressing feelings of liking to friends, you can express them using nonverbal cues such as facial expressions.) ④If a friend recommends the video to you, in many cases, the credibility of the idea it presents will rise in direct proportion to the trust you place in the friend recommending the video.

⑤This is the power of social media and part of the reason why videos or "posts" can become "viral."

내 생각?

소셜 미디어에서 생겨난 '사회적 증거'라는 현상을 소개! 많은 사람이 받아들인 것을 따라 받아들인다는 현상의 특징과 구체적 사례를 통해 소셜 미디어의 영향력에 주목하기.

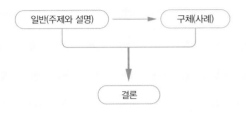

일반(주제와 설명) → 구체(사례) → 결론

|전문해석|

소셜 미디어에서 생겨난 흥미로운 현상은 '사회적 증거'라는 개념이다. 다른 사람들이 이미 그렇게 했다(받아들였다)는 것을 알 때 사람은 새로운 가치나 아이디어를 받아들이기가 더 쉽다. 새로운 아이디어를 받아들이고 있다고 보는 그 사람이 마침 친구라면, 그때 사회적 증거는 사람들이 자신의 친한 친구들의 판단에 부여한 신뢰에 의존할 뿐만 아니라 또래 압력을 행사함으로써 훨씬 더 큰 힘을 갖게 된다.

예를 들어, 어떤 문제에 대한 영상은 그 자체로 논란이 될 수 있지만 그것이 수천 개의 좋아요를 얻으면 더 신뢰할 수 있다. ③(친구에게 좋아함의 감정들을 표현할 때 표정과 같은 비언어적 신호를 이용해 표현할 수 있다.) 만약 한 친구가 당신에게 영상을 추천한다면, 많은 경우에 있어서, 영상이 제시하는 생각에 대한 신뢰도는 당신이 영상을 추천하는 친구에게 부여하는 신뢰도와 정비례하여 상승할 것이다.

이것이 소셜 미디어의 힘이고 영상이나 '게시물'이 '입소문이 날' 수 있게 되는 이유의 일부다.

출제의도

무관한 문장 판단 ▶ 글의 구조 속에서 각 문장이 글의 주제 또는 글쓴이 의도와 일치하는지 판단할 수 있는가?

문제해설

소셜 미디어에서 일부 게시물이나 비디오가 입소문이 나서 많은 사람이 받아들인 것을 따라 받아들이는 현상(사회적 증거)을 설명하는 글인데, ③은 비언어적 표현으로 친구에게 호감을 주는 방법에 관한 내용이라 글의 주제와 일치하지 않는다.

1 ① 일부 영상과 게시물이 소셜 미디어에서 입소문이 나게 되는 이유
② 우리가 소셜 미디어에서 보는 영상과 게시물의 신뢰도
③ 현대 사회가 돌아가는 방식에 소셜 미디어가 미치는 영향
④ 소셜 미디어의 새로운 아이디어를 신뢰해야 하는 정도

|어휘 · 어법|

- phenomenon 현상 • accept 받아들이다 • peer 또래, 동료
- pressure 압력 • nonverbal 비언어적 • cue 신호
- credibility 신뢰(도) • controversial 논쟁의 대상인
- direct proportion 정비례 • post 게시물, 게시하다

- If *the person* [they see accepting the new idea] happens to be a friend, then social proof has even more power *by exerting* peer pressure **as well as** *relying* on the trust that people put in the judgments of their close friends.: [ ]는 선행사 the person을 수식하는 관계대명사절로 앞에 목적격 관계대명사 who(m)[that]가 생략되었다. 「A as well as B」 구문은 'B 뿐만 아니라 A도'의 의미이며 A와 B는 동일한 형태로 병렬구조를 이루어야 한다. 이 문장에서는 동명사 exerting과 relying이 by에 연결되어 '~함으로써(수단·방법)'라는 의미를 표현한다.

수능, 구조독해가 정답이다!

다음 글의 제목으로 가장 적절한 것은?

Mending and restoring objects often require even more creativity than original production.

The preindustrial blacksmith made things to order for people in his immediate community; customizing the product, modifying or transforming it according to the user, was routine. Customers would bring things back if something went wrong; repair was thus an extension of fabrication.

With industrialization and eventually with mass production, making things became the province of machine tenders with limited knowledge. But repair continued to require a larger grasp of design and materials, an understanding of the whole and a comprehension of the designer's intentions. "Manufacturers all work by machinery or by vast subdivision of labour and not, so to speak, by hand," an 1896 *Manual of Mending and Repairing* explained. "But all repairing *must* be done by hand. We can make every detail of a watch or of a gun by machinery, but the machine cannot mend it when broken, much less a clock or a pistol!"

① Still Left to the Modern Blacksmith: The Art of Repair
② A Historical Survey of How Repairing Skills Evolved
③ How to Be a Creative Repairperson: Tips and Ideas
④ A Process of Repair: Create, Modify, Transform!
⑤ Can Industrialization Mend Our Broken Past?

내 생각?

물건을 처음 만들 때보다 수리하고 복원하는 데 더 많은 창의력이 필요하다는 게 내 판단! 산업화 이전과 이후로 나누어 제작과 수리, 복원 과정의 역할 변화에서 이유 찾아 설명하기!

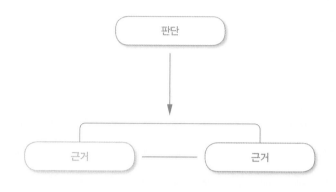

판단	물건을 고치고 복원하는 것은 최초 제작보다 더 많은 창의력이 필요함.
근거	산업화 이전 – 대장장이는 물건 제작뿐 아니라 고치고 복원하는 일을 함.
근거	산업화 이후 – 물건 제작을 기계가 담당 – 수리(고치고 복원하는 일)는 최초 제작보다 전체에 대한 이해와 설계자의 의도에 관한 더 큰 이해를 요구 – 수리는 수작업(대장장이의 역할)으로 진행

전문해석

물건을 고치고 복원하는 것에는 흔히 최초 제작보다 훨씬 더 많은 창의력이 필요하다.

산업화 이전의 대장장이는 가까이에 사는 마을 사람들을 위해 주문에 따라 물건을 만들었고, 제품을 주문 제작하는 것, 즉 사용자에게 맞게 그것을 수정하거나 변형하는 일이 일상적이었다. 고객들은 뭔가 고장 나면 물건을 다시 가져다주곤 했고, 따라서 수리는 제작의 연장이었다.

산업화와 결국 대량 생산이 이루어지면서, 물건을 만드는 것은 제한된 지식을 지닌 기계 관리자의 영역이 되었다. 그러나 수리에는 설계와 재료에 대한 더 큰 이해, 즉 전체에 대한 이해와 설계자의 의도에 대한 이해가 계속 요구되었다. 1896년의 *Manual of Mending and Repairing*의 설명에 따르면, "제조업자들은 모두 기계나 방대한 분업으로 일하고, 말하자면 수작업으로 일하지는 않는다.", "그러나 모든 수리는 손으로 '해야 한다.' 우리는 기계로 손목시계나 총의 모든 세부적인 것을 만들 수 있지만, 고장 났을 때 기계는 그것을 고칠 수 없으며 시계나 권총은 말할 것도 없다!"

제목 파악 ▶ 글의 구조 속에서 글쓴이가 의도한 바를 대표하거나 상징적으로 표현한 제목을 붙일 수 있는가?

구조로 보면

글쓴이가 어떤 주장을 할 때는 이를 설득하기 위한 타당한 근거를 반드시 제시한다는 점을 기억하자.

이 글에서는 글쓴이가 첫 문장에서 '물건을 고치고 복원하는 것'이 '최초 제작'보다 오히려 더 창의적인 일이라고 판단하고 있다. 왜 이렇게 판단했는지 근거를 제시할 것임을 예측할 수 있다.

두 번째 단락부터 근거가 제시되는데, 산업화 이전의 대장장이 역할을 서술한 것으로 보아, 산업화 이후의 변화된 내용도 언급될 것이라고 예상할 수 있다. 산업화 이전에는 대장장이가 물건 제작뿐 아니라 수리와 복원까지 담당했는데 수리가 곧 제작의 연장이었다고 언급하고 있다.

산업화 이후를 언급한 부분부터 세 번째 단락으로 구분해 볼 수 있다. 이 시기에는 기계가 대장장이를 대신해 최초 제작을 하지만, 수리(물건을 고치고 복원하는 것)는 설계와 재료에 관한 더 큰 이해가 필요하여 수작업(대장장이의 역할)으로 해야 한다는 내용을 언급하고 있다. 직접 언급되어 있지는 않지만 과거와 달리 제작과 수리가 분리되었음을 유추할 수 있다.

전체 구조를 다시 살펴보면, 첫 문장에서 주장을 제시하고 이에 대한 근거를 '대장장이의 시대적 역할 변화'에서 찾는 구조의 글이다. 글쓴이의 이러한 의도를 대표하는 제목으로 가장 적절한 것은 ① '현대 대장장이에게 여전히 남겨진 것: 수리의 기술'이다.

선택지 분석

선택지별 선택비율 ①54% ②8% ③5% ④21% ⑤10%

② 수리의 기술이 어떻게 발전했는가에 관한 역사적 개괄
→ 수리 기술 발전 과정에 대한 언급은 없다.

③ 창의적 수리공이 되는 방법: 조언과 아이디어
→ 창의적인 수리공이 되는 방법에 대한 글이 아니다.

④ 수리의 과정: 만들고, 수정하고, 변형하라!
→ 수리 과정에 대한 언급은 없으며, 글쓴이가 이 글을 쓴 의도와도 거리가 있는 제목이다. 이 제목에 어울리는 글이라면 수리 과정을 자세히 묘사한 글이어야 할 것이다.

⑤ 산업화가 우리의 부서진 과거를 회복시킬 수 있을까?
→ 부서진 과거에 대한 언급은 없다.

|어휘·어법|

- **mend** 고치다, 수리하다 • **restore** 복원하다 • **original** 최초의, 원래의
- **blacksmith** 대장장이 • **make ~ to order** 주문에 따라 ~을 만들다
- **immediate** 아주 가까이의 • **customize** 주문 제작하다
- **modify** 수정하다 • **transform** 변형하다 • **extension** 연장, 확장
- **fabrication** 제작
- **grasp** 이해 • **comprehension** 이해 • **intention** 의도
- **manufacturer** 제조업자 • **machinery** 기계
- **subdivision of labour** 분업 • **much less** ~은 말할 것도 없이

- [Mending and restoring objects] often **require even more** creativity **than** original production.
  → [ ]는 동명사(구)가 and로 연결된 주어로 복수 취급하여 동사를 require로 썼다.
  → '물건을 고치고 복원하는 것'이 '최초 제작'에 비해 오히려 창의력을 더 필요로 한다는 점을 강조하기 위해 비교급과 비교급 강조 부사 even을 썼다. even은 다른 강조 부사와 달리 '예상치 않게 오히려'란 의미를 내포한다.

- The preindustrial blacksmith made things to order for people in his immediate community; [customizing the product, modifying **or** transforming it according to the user], **was** routine.
  → 세미콜론(;)은 접속사 없이 내용을 연결할 때 사용하는데, 여기서는 '산업화 이전 대장장이가 물건 제작뿐 아니라 고치고 변형하는 일을 했다는 것'을 추가로 설명하기 위해 쓰였다. [ ]는 or로 연결된 동명사구 주어로 단수 취급하여 동사를 was로 썼다.

- Customers **would** bring things back if something went wrong; repair was thus an extension of fabrication.
  → 「would+동사원형」은 '(과거에) ~하곤 했다'라는 의미로, '과거에 고객들이 수리를 위해 물건을 다시 가져다주곤 했다'는 의미를 전한다.

- [**With** industrialization and eventually with mass production], making things became the province of machine tenders with limited knowledge.
  → [ ]는 with 뒤에 시대 변화를 표현하고 있는데, 두 번째 문장(두 번째 단락 시작)인 The preindustrial blacksmith ~와 대조된 시대 상황을 보여줌으로써 단락의 흐름이 바뀌고 있음을 확인할 수 있다. 시대 변화에 따라 달라진 상황을 언급하는 경우 그 결과에 주목해서 글을 읽어야 한다. 이 글에서는 대장장이의 역할 변화가 바로 그 결과에 해당하는 내용이면서 동시에 물건 수리와 복원에 창의력이 필요한 이유에 해당하는 내용이기 때문에 글쓴이 의도를 파악하는 데 중요한 부분이다.

- But repair continued **to require** [a larger grasp of design and materials], [an understanding of the whole] **and** [a comprehension of the designer's intentions].
  → to require는 continued의 목적어인 to부정사이며, and로 연결된 세 개의 [ ]는 require의 목적어이다.

- "But all repairing *must* be done by hand. We can make every detail of a watch or of a gun by machinery, but the machine cannot mend it when broken, much less a clock or a pistol!"
  → 인용된 내용에서 모든 수리는 손으로 해야 한다는 점을 조동사 must(필수)를 써서 강조하고 있다. 제작은 기계가 하지만, 수리는 사람의 손으로밖에 할 수 없으며, 그래서 창의력이 필요하다는 글쓴이의 생각과 연결된다.

이 글의 주제로 가장 적절한 것은?

The act of "seeing" appears so natural that it is difficult to appreciate the vastly sophisticated machinery underlying the process. It may come as a surprise that about one-third of the human brain is devoted to vision.

The brain has to perform an enormous amount of work to unambiguously interpret the billions of photons streaming into the eyes. Strictly speaking, all visual scenes are ambiguous. Your brain goes through a good deal of trouble to disambiguate the information hitting your eyes by taking context into account and making assumptions.

But all this doesn't happen effortlessly, as demonstrated by patients who surgically recover their eyesight after decades of blindness: they do not suddenly see the world, but instead must *learn* to see again. At first the world is a chaotic attack of shapes and colors, and even when the optics of their eyes are perfectly functional, their brain must learn how to interpret the data coming in.

① perceptional clash between brain and eyes in the act of seeing
② significant role of the brain in processing visual information
③ unintended influence of visually ambiguous data in learning
④ various advantages of using insight to understand context
⑤ common optical illusions in discerning visual stimuli

내 생각?

당연한 것처럼 보이는 '보는 행위'가 실은 뇌가 시각 정보를 처리하는 과정을 통해 이루어진다는 사실에 주목, 설명과 증명 사례로 이해시키기!

| 전문 해석 |

'보는 것'이라는 행위는 너무 당연한 것처럼 보여서 그 과정의 기저에 있는 매우 복잡한 시스템의 진가를 알아보기가 어렵다. 인간 뇌의 약 3분의 1이 시각에 할애되고 있다는 것은 놀라움으로 다가올 것이다.

뇌는 눈으로 전달되는 수십억 개의 빛의 요소가 되는 입자를 명확하게 해석하기 위해서 방대한 양의 일을 수행해야 한다. 엄밀하게 말해서, 눈에 보이는 모든 장면은 모호하다. 여러분의 뇌는 상황을 고려하고 추정함으로써 눈으로 들어오는 정보를 명확하게 하기 위해 상당한 수고를 한다.

그러나 이 모든 것이 쉽게 일어나지는 않는데 수십 년간 앞을 볼 수 없다가 수술로 시력을 회복한 환자들에 의해 증명되듯이, 그들은 갑자기 세상을 보는 것이 아니라, 대신에 다시 보는 것을 '배워야' 한다. 처음에 세상은 모양과 색의 갑작스러운 혼란이며, 심지어 그들 눈의 시력이 완벽하게 기능할 때에도 뇌는 들어오는 정보를 어떻게 해석하는지 배워야만 한다.

출제의도

주제 파악 ▶ 글쓴이가 무엇에 대해 어떤 구조로 서술하는지 파악할 수 있는가?

문제해설

뇌가 눈으로 들어온 시각 정보의 상황을 고려해 명확한 의미를 지니도록 처리해야 우리가 볼 수 있다고 설명하는 글이다. 따라서 ② '시각 정보를 처리하는 데 있어 뇌의 중요한 역할'이 글쓴이가 이 글에서 다루고 있는 주제로 적절하다.

① 보는 행위에서 뇌와 눈의 인식 충돌
③ 시각적으로 모호한 정보가 학습에 미치는 의도하지 않은 영향
④ 상황을 이해하는 데 통찰력을 사용하는 것의 다양한 이점들
⑤ 시각 자극들을 구별할 때 흔히 나타나는 착시들

| 어휘 • 어법 |

- appreciate 진가를 알아보다 • sophisticated 정교한, 복잡한
- machinery 장치, 시스템, 구조 • underlying 기저에 있는
- be devoted to ~에 전념하다 • unambiguously 명확하게
- interpret 해석하다 • photon 광양자(光量子), [빛의 에너지] 광자(光子)
- ambiguous 모호한 • assumption 추정, 추측

- demonstrate 증명하다 • chaotic 혼란스러운
- attack (질병 등의) 갑작스러운 침범, 습격

- The act of "seeing" appears **so** natural [**that** *it* is difficult {*to appreciate* the vastly sophisticated *machinery* underlying the process}].: 「so+형용사+that ....」 구문은 '너무 ~해서 …하다'의 의미로 인과 관계를 표현하는 구문이다. [ ]는 that절이며 「it ~ to부정사」의 「가주어-진주어」 구문이 사용되었다. the vastly sophisticated와 underlying the process는 모두 명사 machinery를 수식하는 분사구이다.

- **Strictly speaking**, all visual scenes are ambiguous.: strictly speaking은 '엄밀히 말해서'라는 의미로, 주어와 상관없이 습관적으로 사용하는 분사구문 표현이다. 어떤 개념에 대해 모순적으로 보일 수 있는 내용('눈에 보이는데 모호하다'와 같이)을 소개할 때 사용하는데, 결과적으로는 정확한 의미를 강조하기 위해 쓰는 표현이다.

cf. frankly speaking(솔직히 말하면), considering (that)(~을 고려하면), judging from(~으로 판단하면)

2 ─ ①   **0** ④ / Once the internet – The result was   **1** (A) democratized (B) influenced

이 글의 요지로 가장 적절한 것은?

Prior to file-sharing services, music albums landed exclusively in the hands of music critics before their release. These critics would listen to them well before the general public could and preview them for the rest of the world in their reviews.

Once the internet made music easily accessible and allowed even advanced releases to spread through online social networks, availability of new music became democratized, which meant critics no longer had unique access. That is, critics and laypeople alike could obtain new music simultaneously. Social media services also enabled people to publicize their views on new songs, list their new favorite bands in their social media bios, and argue over new music endlessly on message boards.

The result was that critics now could access the opinions of the masses on a particular album before writing their reviews. Thus, instead of music reviews guiding popular opinion toward art (as they did in preinternet times), music reviews began to reflect—consciously or subconsciously—public opinion.

① 미디어 환경의 변화로 음악 비평이 대중의 영향을 받게 되었다.
② 인터넷의 발달로 다양한 장르의 음악을 접하는 것이 가능해졌다.
③ 비평가의 음악 비평은 자신의 주관적인 경험을 기반으로 한다.
④ 오늘날 새로운 음악은 대중의 기호를 확인한 후에 공개된다.
⑤ 온라인 환경의 대두로 음악 비평의 질이 전반적으로 상승하였다.

내 생각?

파일 공유 서비스 이전과 이후로 나누어 신곡에 대한 접근성과 음악 비평의 상황을 대조한 뒤 내 생각 말하기! 미디어 환경 변화로 음악 비평이 여론의 영향을 받기 시작했다는 점이 내가 하고 싶은 말!

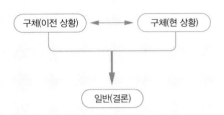

구체(이전 상황) ⟷ 구체(현 상황)

일반(결론)

| 전문 해석 |

파일 공유 서비스 이전에, 음악 앨범은 발매 전에 음악 비평가들의 손에만 독점적으로 들어갔다. 이런 비평가들은 일반 대중들이 들을 수 있기 전에 그것(음악 앨범)을 듣고 자신의 비평에서 나머지 세상 사람들에게 소개하곤 했다.

인터넷을 통해 음악을 쉽게 접할 수 있게 되고, 심지어 미리 공개된 곡들이 온라인 소셜 네트워크를 통해 퍼질 수 있게 되자, 신곡에 대한 접근성이 민주화(대중화)되었는데, 이는 비평가들이 더 이상 유일하게 접근할 수 없게 되었다는 것을 의미했다. 즉, 비평가와 비전문가가 똑같이 동시에 신곡을 입수할 수 있었다. 소셜 미디어 서비스는 또한 사람들이 신곡에 대한 자신의 견해를 알리고, 자신의 소셜 미디어 소개란에 자신이 좋아하는 새로운 밴드의 목록을 올리고, 메시지 게시판에서 신곡을 놓고 끝없이 논쟁할 수 있게 해주었다.

그 결과 비평가들은 이제 자신의 비평을 쓰기 전에 특정 앨범에 관한 대중의 의견을 접할 수 있었다. 그리하여, (인터넷 이전 시대에 했던 것처럼) 예술에 관한 여론을 이끄는 대신에, 음악 비평은 의식적으로든 혹은 무의식적으로든 여론을 반영하기 시작했다.

출제의도

요지 파악 ▶ 글의 구조 속에서 글쓴이가 끌어낸 결론 또는 의도한 바를 파악할 수 있는가?

문제해설

파일 공유 서비스 이전과 이후로 나누어 신곡에 대한 접근 가능성과 음악 비평의 상황이 달라졌음을 대조해서 제시한 뒤, 글쓴이가 내린 결론은 음악 비평이 이제는 여론을 반영하기 시작했다는 점이다. 따라서 ① 이 글쓴이의 주장과 의도를 반영한 요지임을 알 수 있다.

1 인터넷은 곧 발매될 음악 앨범에 대한 접근을 (A) 민주화했고, 이는 일반 대중의 견해에 (B) 영향을 받는 음악 비평을 만들었다.

| 어휘 · 어법 |

• prior to ~ 이전에   • file-sharing service 파일 공유 서비스
• exclusively 독점적으로   • release 발매   • preview 시사평을 쓰다
• review 비평   • accessible 접할 수 있는   • advanced 미리 공개된
• democratize 민주화하다   • unique 유일한, 특별한   • obtain 입수하다

• simultaneously 동시에   • publicize 알리다, 공표하다   • bio 약력
• reflect 반영하다   • subconsciously 무의식적으로

• **Once** *the internet* made music easily accessible and allowed even advanced releases to spread through online social networks, availability of new music became democratized, [**which** meant critics **no longer** had unique access].: once는 '일단 ~하자'라는 의미의 부사절을 이끄는 접속사로, 주어는 the internet, 동사는 made와 allowed이다. [ ]는 관계대명사절인데 여기서 선행사는 앞 문장이며 which는 and it의 의미이다. which 앞의 콤마가 그 흐름을 구분해 준다. no longer ~는 '더 이상 ~않다'의 의미이다.

이 글의 내용을 한 문장으로 요약하고자 한다. 빈칸 (A), (B)에 들어갈 말로 가장 적절한 것은?

Because elephant groups break up and reunite very frequently—for instance, in response to variation in food availability—reunions are more important in elephant society than among primates. And the species has evolved elaborate greeting behaviors, the form of which reflects the strength of the social bond between the individuals (much like how you might merely shake hands with a long-standing acquaintance but hug a close friend you have not seen in a while, and maybe even tear up). Elephants may greet each other simply by reaching their trunks into each other's mouths, possibly equivalent to a human peck on the cheek. However, after long absences, members of family and bond groups greet one another with incredibly theatrical displays.

The fact that the intensity reflects the duration of the separation as well as the level of intimacy suggests that elephants have a sense of time as well. To human eyes, these greetings strike a familiar chord. I'm reminded of the joyous reunions so visible in the arrivals area of an international airport terminal.

The evolved greeting behaviors of elephants can serve as an indicator of how much they are socially (A)tied and how long they have been (B)parted.

(A)	(B)	(A)	(B)
① competitive	disconnected	② tied	endangered
③ responsible	isolated	④ competitive	united
⑤ tied	parted		

내 생각?

코끼리의 인사 행동 양식에 주목, 구체적 모습을 묘사하고 인사 행동의 의미를 해석하기!

구체(현상)

↓

일반(해석)

| 전문 해석 |

코끼리 집단은, 예컨대 먹이의 이용 가능성의 변화에 대응하여, 매우 자주 헤어지고 재회하기 때문에, 코끼리 사회에서는 재회가 영장류들 사이에서보다 더 중요하다. 그래서 이 종은 정교한 인사 행동 양식을 진화시켜 왔는데, 그 형태는 (마치 여러분이 오래 전부터 알고 지내온 지인들과는 단지 악수만 하지만 한동안 보지 못했던 친한 친구는 껴안고, 어쩌면 눈물까지 흘릴 수도 있는 것처럼) 개체들 사이의 사회적 유대감의 강도를 반영한다. 코끼리는 단순히 코를 서로의 입 안으로 갖다 대면서 인사를 할 수도 있는데, 이것은 아마도 사람들이 뺨에 가볍게 입 맞추는 것에 맞먹는 것일 수 있다. 그러나 오랜 부재 후에 가족이나 친밀 집단의 구성원들은 믿을 수 없을 정도로 극적인 표현으로 서로에게 인사한다.

강렬함이 친밀도뿐만 아니라 떨어져 있었던 시간의 길이도 반영한다는 사실은 코끼리들에게도 시간적 감각이 있다는 것을 시사한다. 사람들의 눈에 이런 인사 행위는 공감을 불러일으킨다. 나는 국제공항 터미널 도착 구역에서 흔히 볼 수 있는 즐거운 상봉 장면이 생각난다.

→ 코끼리의 진화된 인사 행동은 그들이 얼마나 사회적으로 (A) 유대감이 있는지와 얼마나 오랫동안 (B) 떨어져 있었는지를 보여주는 지표가 될 수 있다.

출제의도

문단 요약 ▶ 글의 구조 속에서 핵심 개념들의 관계를 파악하고 한 문장으로 표현할 수 있는가?

문제해설

코끼리들의 인사 행동 현상과 그것이 의미하는 바를 다룬 글이다. 코끼리들의 인사 행동을 통해 알 수 있는 바를 요약해야 한다. 서로 얼마나 ⑤ 유대감이 있는가(친밀한가: socially tied ← intimacy)와 얼마 동안 떨어져(parted ← separated) 있었는지를 보여준다는 것이 이 글의 핵심 내용이다.

① 경쟁력이 있는 – 따로 떨어져 ② 유대감이 있는 – 멸종 위기에 처해
③ 책임감이 있는 – 고립되어 ④ 경쟁력이 있는 – 연합해

| 어휘 · 어법 |
· reunite 재결합하다 · primate 영장류 · elaborate 정교한

· long-standing 오래된 · equivalent to ~에 맞먹는, 동등한
· display (특정한 자질·느낌·능력의) 표현(과시) · intimacy 친밀함
· strike a familiar chord 공감을 불러일으키다 · indicator 지표

· And the species has evolved *elaborate greeting behaviors*, [the form of **which** reflects the strength of the social bond between the individuals (much **like** {**how** you might merely *shake* hands with a long-standing acquaintance but *hug* a close friend you have not seen in a while, and maybe even *tear* up})].: [ ]의 선행사는 elaborate greeting behaviors이다. ( )의 much like에서 like는 전치사로, 뒤에 how로 시작하는 명사절이 이어지며, 동사는 shake, hug, tear이다.

이 글의 빈칸에 들어갈 말로 가장 적절한 것은?

Scientists have known about 'classical' language regions in the brain like Broca's area and Wernicke's, and that these are stimulated when the brain interprets new words. But it is now clear that stories activate other areas of the brain in addition. Words like 'lavender', 'cinnamon', and 'soap' activate not only language-processing areas of the brain, but also those that respond to smells as though we physically smelled them.

Significant work has been done on how the brain responds to metaphor, for example. Participants in these studies read familiar or clichéd metaphors like 'a rough day' and these stimulated only the language-sensitive parts of the brain. The metaphor 'a liquid chocolate voice', on the other hand, stimulated areas of the brain concerned both with language—and with taste. 'A leathery face' stimulated the sensory cortex. And reading an exciting, vivid action plot in a novel stimulates parts of the brain that coordinate movement.

Reading powerful language, it seems, stimulates us in ways <u>that are similar to real life.</u>

① that are similar to real life
② that help forget minor details
③ that reach objective decisions
④ that are likely to improve focus
⑤ that separate emotion from reason

 내 생각?

강렬한 단어 또는 이야기는 그것이 의미하는 활동과 관련된 뇌 부분을 활성화한다는 점에 주목, 연구 속 사례로 이해시키고, 일반화해서 요약하기!

| 일반(요지) | → | 구체(연구 사례) |

↓

| 결론(요지 반복) |

│전문 해석│

과학자들은 Broca(브로카) 영역 및 Wernicke(베르니케) 영역 같은 뇌의 '고전적인' 언어 부위와, 이 부분들이 뇌가 새로운 단어들을 해석할 때 자극을 받는다는 것을 알고 있다. 그러나 이제 분명해진 바는 이야기가 뇌의 다른 영역 또한 활성화한다는 점이다. '라벤더', '계피', 그리고 '비누'와 같은 단어들은 뇌의 언어 처리 영역뿐 아니라 마치 우리가 실제로 그것들을 냄새 맡는 것처럼 후각에 반응하는 영역도 활성화한다.

예를 들면, 뇌가 은유에 어떻게 반응하는지에 대한 중요한 연구가 이루어져 왔다. 이 연구의 참가자들은 '힘든 날'과 같은 친숙하거나 상투적인 은유를 읽었고, 이는 뇌의 언어 감지 부분만 자극했다. 반면, '흐르는 초콜릿(청아하고 풍부한) 목소리'라는 은유는 언어와 미각과 관련된 뇌의 영역 모두를 자극했다. '가죽 같은(거칠고 질긴) 얼굴'은 감각 대뇌 피질을 자극했다. 그리고 소설 속 흥미진진하고 생생한 액션 플롯을 읽는 것은 동작을 조정하는 뇌의 부분들을 자극한다.

강렬한 언어를 읽는 것은 <u>현실과 유사한</u> 방식으로 우리를 자극하는 것으로 보인다.

출제의도

빈칸 추론 ► 글의 구조 속에서 글쓴이의 의도와 빈칸이 포함된 문장의 역할을 파악할 수 있는가?

문제해설

강렬한 언어(은유)는 그것이 의미하는 행동과 관련된 뇌 부분도 자극한다는 것이 글쓴이가 하고 싶은 말이다. '흐르는 초콜릿 목소리', '가죽 같은 얼굴', 소설 속 액션 장면 등 연구에서 밝혀진 구체적인 예들로 증명하고, 빈칸이 포함된 마지막 단락에서 해당 예들이 의미하는 바, 즉 실제 겪는 경험과 유사하게 두뇌의 해당 영역을 자극한다는 말로 요약, 일반화하고 있다. 따라서 ① '현실과 유사한'이란 표현이 빈칸에 들어가야 글쓴이의 의도와 일치한다.

② 사소한 부분을 잊는 데 도움이 되는
③ 객관적인 결정을 내리게 하는
④ 집중력을 향상하기 쉬운
⑤ 감정을 이성과 분리하는

│어휘·어법│

● stimulate 자극하다　　● interpret 해석하다
● activate 작동시키다, 활성화하다　　● respond 반응하다
● metaphor 은유　　● clichéd 상투적인　　● coordinate 조정하다

● Words like 'lavender', 'cinnamon', and 'soap' activate not only language-processing areas of the brain, but also those that respond to smells **as though** we physically **smelled** them.
as though(= as if)는 사실이 아닌데 사실인 것처럼 표현할 때 사용하는 가정법(동사를 과거로) 표현이다. 이 문장에서는 실제로 냄새를 맡는 상황은 아니지만 냄새를 떠올릴 수 있는 단어에 반응하는 뇌의 특성을 설명하기 위해 사용되었다. 결론에 해당하는 마지막 문장의 빈칸에서도 이 내용을 다른 표현으로 언급하고 있다.

밑줄 친 부분 중, 문맥상 낱말의 쓰임이 적절하지 <u>않은</u> 것은?

How the bandwagon effect occurs is demonstrated by the history of measurements of the speed of light. Because this speed is the basis of the theory of relativity, it's one of the most frequently and carefully measured ①quantities in science. As far as we know, the speed hasn't changed over time.

However, from 1870 to 1900, all the experiments found speeds that were too high. Then, from 1900 to 1950, the ②opposite happened—all the experiments found speeds that were too low!

This kind of error, where results are always on one side of the real value, is called "bias." It probably happened because over time, experimenters subconsciously adjusted their results to ③match what they expected to find. If a result fit what they expected, they kept it. If a result didn't fit, they threw it out. They weren't being intentionally dishonest, just ④influenced by the conventional wisdom. The pattern only changed when someone ⑤lacked(→ had) the courage to report what was actually measured instead of what was expected.

내 생각?

'빛의 속도를 측정하는 과정에서 입증된 편승 효과'에 주목! 해당 사례와 그것이 나타난 원인을 분석, 구체적인 내용 속에서 이해시키기!

| 전문해석 |

편승 효과가 어떻게 발생하는지는 빛의 속도 측정의 역사로 입증된다. 이 빛의 속도는 상대성 이론의 기초이기 때문에, 과학에서 가장 빈번하고 면밀하게 측정된 ①물리량 중 하나이다. 우리가 아는 한, 빛의 속도는 시간이 흘러도 이제껏 아무런 변함이 없었다.

그러나, 1870년부터 1900년까지 모든 실험에서 너무 높은 속도가 발견되었다. 그리고 난 뒤, 1900년부터 1950년까지 ②그 반대 현상이 일어났는데 모든 실험에서 너무 낮은 속도가 발견되었다!

이런 형태의 오류에서는 결과치가 항상 실제 값의 어느 한 쪽에 있는데 이를 '편향'이라고 한다. 그것은 아마 시간이 지나면서, 실험자들이 자신들이 발견할 것이라 예상한 것과 ③일치하도록 잠재의식적으로 결과를 조정했기 때문에 생겨났을 것이다. 결과가 그들이 예상한 것과 부합하면, 그것을 유지했다. 결과가 부합하지 않으면, 그것을 버렸다. 그들이 의도적으로 부정직한 것은 아니었고, 단지 일반 통념에 의해 ④영향을 받았을 뿐이었다. 그 패턴은 누군가 예상된 것 대신에 실제로 측정된 것을 보고할 용기가 ⑤부족했을(→ 있었을) 때가 되어서야 바뀌었다.

어휘 적합성 판단 ▶ 글의 구조 속에서 각 낱말이 포함된 문장이 글쓴이의 의도에 맞게 쓰였는지 판단할 수 있는가?

'빛의 속도를 측정하는 과정에서 입증된 편승 효과'라는 주제를 구체적인 사례와 원인 분석을 통해 다루고 있다. 원인 분석 단락에서 실험자들이 실험 결과가 예상과 부합하는지 여부에 따라 실험값을 취하거나 버렸다는 내용이 있으므로 실험자들이 일반 통념에 영향을 받지 않고 실제로 측정된 빛의 속도를 발표하려면 용기가 필요했을 것이다. 따라서 ⑤ lacked는 had로 바꿔 써야 글쓴이 의도와 일치한다.

| 어휘 · 어법 |

• demonstrate 입증하다, 보여주다   • measurement 측정, 치수, 크기
• relativity 상대성   • subconsciously 잠재의식적으로
• adjust 조정하다   • conventional wisdom 일반 통념

• <u>This kind of **error**</u>, [**where** results are always on one side of the real value], <u>is called</u> "bias.": 문장의 주어는 This kind of error, 동사는 is called이며, [ ]는 선행사 error를 부연 설명하는 관계부사절이다. where는 장소 외에도 이처럼 '상황'이나 '경우'에 해당하는 선행사를 설명할 때 사용할 수 있다.

• The pattern only changed [**when** someone lacked(→ had) the courage to report {what was actually measured *instead of* what was expected}].: [ ]는 시간의 부사절이며 { }는 report의 목적어인 명사절로 선행사를 포함한 관계사 what이 이끄는 절이다. instead of는 '∼ 대신에'라는 의미의 전치사구로, 앞뒤로 what 관계대명사절이 병렬구조를 이루고 있다.

주어진 글 다음에 이어질 글의 순서로 가장 적절한 것은?

In spite of the likeness between the fictional and real world, the fictional world deviates from the real one in one important respect.

(C) The existing world faced by the individual is in principle an infinite chaos of events and details before it is organized by a human mind. This chaos only gets processed and modified when perceived by a human mind. (B) Because of the inner qualities with which the individual is endowed through heritage and environment, the mind functions as a filter; every outside impression that passes through it is filtered and interpreted.

However, the world the reader encounters in literature is already processed and filtered by another consciousness. (A) The author has selected the content according to his own worldview and his own conception of relevance, in an attempt to be neutral and objective or convey a subjective view on the world. Whatever the motives, the author's subjective conception of the world stands between the reader and the original, untouched world on which the story is based.

① (A) – (C) – (B)   ② (B) – (A) – (C)   ③ (B) – (C) – (A)
④ (C) – (A) – (B)   ⑤ (C) – (B) – (A)

내 생각?

'문학작품 속 세계와 현실 세계의 차이점'에 주목! 현실 세계는 개인이 거르고 해석하는 세계, 문학작품 속 세계는 작가의 해석이 독자와 원래의 세계 사이에서 작동하는 세계임을 대조하여 이해시키기!

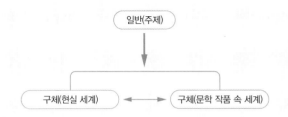

| 전문해석 |

허구의 세계와 현실의 세계의 유사성에도 불구하고, 허구의 세계는 한 가지 중요한 점에서 현실의 세계에서 벗어난다.

(C) 개인이 직면한 기존의 세계는 이론상으로 인간의 정신에 의해 구조화되기 전에 사건과 세부사항의 무한한 혼돈 상태이다. 이 혼돈 상태는 오직 인간의 정신에 의해 인식될 때에만 처리되고 수정된다. (B) 개인이 (사회·문화적) 유산과 환경을 통해 부여받는 내적 특성 때문에 정신은 여과기 역할을 해서 그것을 통과하는 모든 외부의 인상이 걸러지고 해석된다.

그러나, 독자가 문학 작품 속에서 접하는 세계는 이미 또 다른 의식에 의해 처리되고 여과되어 있다. (A) 작가는 중립적이고 객관적이거나 주관적인 세계관을 전달하고자 자신의 세계관과 적절성에 대한 자신의 신념에 따라 내용을 선정했다. 동기가 무엇이든 간에, 세계에 대한 작가의 주관적인 개념은 독자와 이야기의 기반이 되는 원래의 손대지 않은 세계 사이에 존재한다.

출제의도

글의 순서 판단 ▶ 주어진 글로 전체 구조를 예측하면서 흐름에 맞게 단락을 구성할 수 있는가?

문제해설

주어진 글에서 '허구의 세계와 문학작품 속 세계의 차이점'이라는 주제를 제시하고 있다. 따라서 둘 사이의 차이를 설명하는 방식으로 글이 전개될 거라고 예측할 수 있어야 한다. 글쓴이는 그 차이를 설명하기 위해 개인이 세계를 인식할 때(구조화할 때) 필터가 작동됨을 (C)와 (B)의 첫 문장까지 제시, 그 뒤에 흐름을 바꾸어 문학작품 속 세계를 설명, 즉 작가의 필터가 작동되어 독자와 이야기의 기반이 되는 세계 사이에 작가의 주관적 세계관이 있다는 (A)를 제시하고 있다.

| 어휘 · 어법 |

- fictional 허구의, 가상의   • existing 현존하는, 현재의
- in principle 이론상으로   • infinite 무한한   • chaos 혼돈
- modify 수정하다   • function 기능하다   • encounter 접하다, 마주치다
- consciousness 의식   • relevance 적절성, 타당성
- neutral 중립적인   • objective 객관적인   • subjective 주관적인
- untouched 손대지 않은, 본래 그대로의

- **Whatever** the motives, the author's subjective conception of the world stands [between the reader and *the original, untouched world* {**on which** the story is based}].: whatever는 '~가 무엇이든 간에'라는 의미를 나타내는 복합관계사로, no matter what으로도 표현할 수 있다. [ ]에서 「between A and B(A와 B 사이에)」 구문이 쓰였는데, B에 해당하는 the original, untouched world를 구체적으로 설명하기 위해 관계대명사절 { }을 덧붙였다.

수능, 구조독해가 정답이다!

다음 빈칸에 들어갈 말로 가장 적절한 것을 고르시오.

There have been psychological studies in which subjects were shown photographs of people's faces and asked to identify the expression or state of mind evinced. The results are invariably very mixed. In the 17th century the French painter and theorist Charles Le Brun drew a series of faces illustrating the various emotions that painters could be called upon to represent. What is striking about them is that <u>any number of them could be substituted for one another without loss.</u>

What is missing in all this is any setting or context to make the emotion determinate. We must know who this person is, who these other people are, what their relationship is, what is at stake in the scene, and the like. In real life as well as in painting we do not come across just faces; we encounter people in particular situations and our understanding of people cannot somehow be precipitated and held isolated from the social and human circumstances in which they, and we, live and breathe and have our being.

*evince: (감정 따위를) 분명히 나타내다 **precipitate: 촉발하다

① all of them could be matched consistently with their intended emotions
② every one of them was illustrated with photographic precision
③ each of them definitively displayed its own social narrative
④ most of them would be seen as representing unique characteristics
⑤ any number of them could be substituted for one another without loss

내 생각?

연구 결과와 사례에 나타난 현상에 주목, 왜 그런 현상이 생겼는지 이유를 밝히고 내 생각 주장하기!

구체	얼굴 사진을 보여주고 감정을 파악하도록 하는 심리학 연구와 항상 엇갈리는 결과
	다양한 감정을 표현하는 얼굴을 그린 화가 사례와 그 결과 (어떤 얼굴 그림도 서로 대체될 수 있음)
일반 (주장)	얼굴을 보고 감정을 결정하는 데 있어 상황이나 맥락이 부족하다는 글쓴이의 진단
	그림뿐 아니라 현실에서도 특정 상황에서 사람을 이해하는 데 있어 필요한 건 사회적이고 인간적인 환경이나 상황임을 강조

전문해석

피실험자에게 사람들의 얼굴 사진을 보여주고 분명히 나타나는 표정이나 마음 상태를 파악하도록 요구하는 심리학 연구가 있었다. 그 결과는 언제나 매우 엇갈린다. 17세기에 프랑스의 화가이자 이론가인 Charles Le Brun은 표현해 달라고 화가가 요청받을 수 있는 다양한 감정을 분명히 보여주는 일련의 얼굴 그림을 그렸다. 그 그림들에서 놀라운 점은 어떤 수의 얼굴 그림이든 손실 없이(그 결과에 영향을 주지 않고) 서로 대체될 수 있었다는 것이다.

이 모든 것에서 놓친 것은 감정을 확정적인 것으로 만드는 어떤 환경이나 맥락이다. 우리는 이 사람이 누구인지, 다른 이 사람들이 누구인지, 그들은 어떤 관계인지, 그 장면에서 관건이 무엇인지 등을 알아야 한다. 그림에서뿐만 아니라 실생활에서도 우리는 얼굴만 마주치는 것이 아니며, 특정한 상황에서 사람들을 마주치고, 사람들에 대한 우리의 이해는 어떻든 그들과 우리가 살아 숨쉬고 존재하는 사회적, 인간적 상황으로부터 분리된 채 촉발되고 유지될 수는 없다.

빈칸 추론 ▶ 글의 구조 속에서 글쓴이의 의도와 빈칸이 포함된 문장의 역할을 파악할 수 있는가?

구조로 보면

연구 결과 또는 구체적 사례(현상)부터 제시한 글의 경우 글쓴이가 해당 내용에 주목한 이유가 분명히 있으며 그것을 알리거나 주장하기 위해 글을 썼다는 점을 기억하자.

글의 구조 속에서 글쓴이가 주목한 연구 결과 및 얼굴 그림을 그린 화가 사례에 드러난 놀라운 결과가 곧 빈칸에 들어갈 내용이고, 이어지는 문장(두 번째 단락 시작)에서 이 결과에 대한 글쓴이의 진단, 즉 '놓친 것은 환경이나 맥락'이라는 점을 짚었다면 글 전체 구조를 대부분 이해했다고 할 수 있다.

글쓴이는 두 번째 단락에서 얼굴 모습과 감정을 연결짓지 못하는 현상의 원인을 분석하면서, 얼굴뿐 아니라 사람을 만나는 것이며 사회적 인간적 상황을 배제한 채 인간을 이해할 수 없음을 주장하고 있다.

따라서 글쓴이의 원인 분석과 주장을 통해 현상의 결과를 역추적, 빈칸의 내용을 추론해 보면 ⑤ '어떤 수의 얼굴 그림이든 손실 없이 서로 대체될 수 있었다'가 글쓴이가 주목한 현상의 결과임을 확인할 수 있다. without loss(손실 없이)는 글자 그대로 해석하기보단 '그 결과에 영향을 주지 않고'의 의미로 이해할 수 있다.

선택지 분석

선택지별 선택비율 ①24% ②24% ③19% ④14% ⑤18%

① 모든 얼굴 그림이 의도된 감정과 일관되게 일치할 수 있었다.
→ 글쓴이 의도와 상반되는 진술

② 모든 얼굴 그림이 사진과 같이 정밀하게 그려졌다.
→ 글의 주제와 무관한 진술

③ 얼굴 그림 각각이 자체의 사회적 이야기를 명확하게 보여주었다.
→ 글쓴이 의도에서 벗어난 진술. social narrative(사회적 이야기)라는 단어를 보고 글의 내용과 관련 있다고 생각할 수 있지만, 글쓴이는 두 번째 단락에서 이런 결과가 생긴 이유를 '사회적 맥락의 부재'로 짚고 있음을 확인할 수 있다.

④ 얼굴 그림 대부분이 고유한 특징을 나타내는 것으로 여겨질 것이다.
→ 글의 주제와 무관한 진술

|어휘·어법|

- subject 피실험자 · invariably 언제나, 변함없이
- mixed 엇갈린, 혼합된 · theorist 이론가
- illustrate 분명히 보여주다, 그려넣다 · represent 표현하다, 나타내다
- substitute 대체하다
- setting 환경, 설정 · determinate 확정적인, 확실한
- at stake 관건이 되는, 성패를 좌우하는 · come across ~을 우연히 마주치다
- encounter 마주치다, 맞닥뜨리다 · hold (신념, 의견 등을) 가지다, 평가하다
- isolate 분리하다, 따로 떼어놓다 · circumstance 상황

- What ~ is (that): 이 구문은 독자를 주목시킨 뒤 주제문을 제시하기 위한 목적으로 주로 사용한다.

[**What** is striking about them] **is that** any number of them could be substituted for one another without loss.
→ 사례에 나타난 결과에 대해 글쓴이가 주목하고 있음을 [   ]으로 표현하고 있다.

[**What** is missing in all this] **is** any setting or context to make the emotion determinate.
→ 실험결과나 사례의 결과에서 놓치고 있는 것에 대해 주목시키면서 이 글을 쓴 글쓴이의 의도를 본격적으로 드러내고 있다.

We must **know** [**who** this person is, **who** these other people are, **what** their relationship is, **what** is at stake in the scene, and the like].
→ [   ]은 동사 know의 목적어 역할을 하는 간접의문문들이 열거된 형태이다

- [In real life **as well as** in painting] we do not come across just faces; we encounter people in particular situations and our understanding of people cannot somehow be precipitated and held isolated from the social and human circumstances in which they, and we, live and breathe and have our being.
→ [   ]은 부사구이지만 강조하기 위해 문장 맨 앞에 썼고, 두 부사구를 as well as로 연결하여 '그림뿐 아니라 실제 삶에서도'와 같이 '실제 삶에서'를 강조, 얼굴뿐 아니라 사람을 만날 때 상황과 맥락이 중요하다는 점을 전개하고 있다.

이 글의 주제로 가장 적절한 것은?

From your brain's perspective, your body is just another source of sensory input. Sensations from your heart and lungs, your metabolism, your changing temperature, and so on, are like ambiguous blobs. These purely physical sensations inside your body have no objective psychological meaning.

Once your concepts enter the picture, however, those sensations may take on additional meaning.

If you feel an ache in your stomach while sitting at the dinner table, you might experience it as hunger. If flu season is just around the corner, you might experience that same ache as nausea. If you are a judge in a courtroom, you might experience the ache as a gut feeling that the defendant cannot be trusted.

In a given moment, in a given context, your brain uses concepts to give meaning to internal sensations as well as to external sensations from the world, all simultaneously. From an aching stomach, your brain constructs an instance of hunger, nausea, or mistrust.

① influence of mental health on physical performance
② physiological responses to extreme emotional stimuli
③ role of negative emotions in dealing with difficult situations
④ necessity of staying objective in various professional contexts
⑤ brain's interpretation of bodily sensations using concepts in context

내 생각?

뇌가 신체 상태에 대한 감각을 상황에 따라 다양하게 해석한다는 점에 주목, 예로 이해시킨 뒤 요약하며 마무리!

| 전문 해석 |

당신의 뇌의 관점에서 보면, 당신의 신체는 단지 감각 입력의 또 다른 원천일 뿐이다. 당신의 심장과 폐, 신진대사, 변화하는 체온 등에서 생기는 감각은 분명히 규정할 수 없는 형태가 뚜렷하지 않은 것들과 같다. 몸 안의 이러한 순전히 신체적인 감각은 어떤 객관적 심리적인 의미도 없다.

그러나, 일단 당신의 개념이 상황(맥락)에 들어오면, 그러한 감각은 추가적인 의미를 띨 수도 있다.

만약 당신이 저녁 식사 테이블에 앉아 있는 동안 위에 통증을 느낀다면, 그것을 배고픔으로 느낄 수도 있다. 만약 독감 시기가 임박했다면, 당신은 같은 통증을 메스꺼움으로 느낄 수도 있다. 만약 당신이 법정의 재판관이라면, 그 통증을 피고인이 의심스럽다는 직감으로 느낄지도 모른다.

주어진 상황, 주어진 맥락에서, 당신의 뇌는 세상으로부터 온 외부의 감각뿐만 아니라 내부의 감각에 의미를 부여하기 위해 개념을 사용하고, 이 모든 것은 동시에 일어난다. 위의 통증으로부터 당신의 뇌는 배고픔, 메스꺼움, 혹은 불신이라는 사례를 구성한다.

출제의도

주제 파악 ► 글쓴이가 무엇에 대해 어떤 구조로 서술하는지 파악할 수 있는가?

문제해설

우리의 뇌는 외부 세계에 대한 감각뿐만 아니라 신체 상태에 대한 감각도 상황에 따라 다양하게 해석한다는 것을 예를 들어 설명하는 글이므로, ⑤ '상황에 맞는 개념을 이용해 신체 감각을 해석하는 뇌'가 글의 주제로 가장 적절하다.

① 정신 건강이 육체 활동에 미치는 영향
② 극단적인 감정 자극에 대한 심리적 반응
③ 어려운 상황에 대처할 때 부정적인 감정의 역할
④ 다양한 직업적 상황에서 객관적이어야 할 필요성

| 어휘 · 어법 |

• perspective 관점   • sensory 감각의   • input 입력
• sensation (자극을 받아서 느끼게 되는) 느낌   • metabolism 신진대사

• ambiguous 모호한   • picture 상황   • ache 통증
• experience (특정한 감정·신체적 느낌을) 느끼다
• just around the corner 임박하여, 바로 가까이에
• courtroom 법정   • gut feeling 직감   • internal 내부의
• external 외부의   • simultaneously 동시에   • nausea 메스꺼움
• mistrust 불신

• In a given moment, in a given context, your brain uses concepts [**to give** meaning to internal sensations *as well as* to external sensations from the world, all simultaneously].: [ ]는 목적을 나타내는 to부정사구로, 의미를 부여하는(give) 두 대상을 「A as well as B(B 뿐만 아니라 A도)」 구문을 써서 표현했다. to internal sensations와 to external sensations가 병렬구조를 이루고 있다.

CHAPTER 07

2 ① **0** ② / Reduction or elimination **1** (A) involuntary (B) necessary

이 글의 요지로 가장 적절한 것은?

Environmental hazards include biological, physical, and chemical ones, along with the human behaviors that promote or allow exposure. Some environmental contaminants are difficult to avoid (the breathing of polluted air, the drinking of chemically contaminated public drinking water, noise in open public spaces); in these circumstances, exposure is largely involuntary.

Reduction or elimination of these factors may require societal action, such as public awareness and public health measures. In many countries, the fact that some environmental hazards are difficult to avoid at the individual level is felt to be more morally egregious than those hazards that can be avoided. Having no choice but to drink water contaminated with very high levels of arsenic, or being forced to passively breathe in tobacco smoke in restaurants, outrages people more than the personal choice of whether an individual smokes tobacco. These factors are important when one considers how change (risk reduction) happens.

① 개인이 피하기 어려운 유해 환경 요인에 대해서는 사회적 대응이 필요하다.
② 환경오염으로 인한 피해자들에게 적절한 보상을 하는 것이 바람직하다.
③ 다수의 건강을 해치는 행위에 대해 도덕적 비난 이상의 조치가 요구된다.
④ 환경오염 문제를 해결하기 위해서는 사후 대응보다 예방이 중요하다.
⑤ 대기오염 문제는 인접 국가들과의 긴밀한 협력을 통해 해결할 수 있다.

내 생각?

환경 위험 요인이란 문제에 주목, 위험 요인 중 자기도 모르게 노출되는 요인에 대한 사회적 대응 필요성 주장하기!

주제(문제)
↓
판단과 근거

| 전문 해석 |

환경 위험 요인에는 생물학적, 물리적, 화학적 위험 요인과 함께 노출을 조장하거나 허용하는 인간의 행동이 포함된다. (오염된 공기의 호흡, 화학적으로 오염된 공공 식수의 음용, 개방된 공공장소에서의 소음처럼) 일부 환경 오염물질은 피하기가 어렵고, 이러한 상황에서 노출은 대개 자기도 모르게 이루어진다.

이러한 요인의 감소 또는 제거에는 대중의 인식 및 공중 보건 조치와 같은 사회적 조치가 필요할 수도 있다. 많은 국가에서, 일부 환경적 위험 요인이 개인 수준에서 피하기 어렵다는 사실은 피할 수 있는 위험 요인보다 도덕적으로 더 매우 나쁜 것으로 느껴진다. 어쩔 수 없이 매우 높은 수준의 비소로 오염된 물을 마실 수밖에 없는 것이나, 식당에서 담배 연기를 수동적으로(개인의 의지와 상관없이) 들이마시도록 강요당하는 것은 개인이 담배를 피울지 말지에 대한 개인적인 선택보다 사람들을 더 분노하게 한다. 이러한 요인들은 변화(위험 감소)가 어떻게 일어나는지를 고려할 때 중요하다.

출제의도

요지 파악 ▶ 글의 구조 속에서 주제에 대한 글쓴이의 의견과 핵심 내용을 파악할 수 있는가?

문제해설

오염된 공기를 호흡하는 것, 오염된 수돗물을 마시는 것, 식당 안의 담배 연기를 들이마시는 것 등 본인의 의지와 관계 없이 노출되는 문제는 사회적 대응이 필요하다고 주장하는 글이다. 따라서 ①이 주제에 대한 글쓴이의 의도와 일치한다.

1 사람들은 피할 수 있는 위험 요인들보다 (A) <u>자기도 모르게 이루어지는</u> 환경적 위험 요인들을 더 견딜 수 없다고 생각하므로, 그것들을 낮추거나 제거하기 위해 사회적 대응이 (B) <u>필요하다</u>.

| 어휘 · 어법 |

- hazard 위험 (요인)　• promote 조장하다, 촉진하다
- exposure 노출, 접함　• contaminant 오염물질
- involuntary 자기도 모르게 하는　• reduction 감소
- elimination 제거　• awareness 인식　• measure 조치
- passively 수동적으로　• outrage 격분하게 하다

- [**Having no choice but to** drink water contaminated with very high levels of arsenic]. or [**being forced to** passively breathe in tobacco smoke in restaurants]. outrages people more than the personal choice of whether an individual smokes tobacco.: 두 개의 동명사구 [ ]가 문장의 주어이고, 동사는 outrages이다. 「have no choice but+to부정사」 구문은 '~할 수밖에 없다'라는 의미이며 be forced to도 이와 비슷하게 '어쩔 수 없이 ~하게 되다'란 뜻을 표현한다.

이 글의 빈칸에 들어갈 말로 가장 적절한 것은?

The skeletons found in early farming villages in the Fertile Crescent are usually shorter than those of neighboring foragers, which suggests that their diets were less varied. Though farmers could produce more food, they were also more likely to starve, because, unlike foragers, they relied on a small number of crops, and if those crops failed, they were in serious trouble.

The bones of early farmers show evidence of vitamin deficiencies, probably caused by regular periods of starvation between harvests. They also show signs of stress, associated, perhaps, with the intensive labor required for plowing, harvesting crops, felling trees, maintaining buildings and fences, and grinding grains.

Villages also produced refuse, which attracted vermin, and their populations were large enough to spread diseases that could not have survived in smaller, more nomadic foraging communities.

All this evidence of <u>declining health</u> suggests that the first farmers were pushed into the complex and increasingly interconnected farming lifeway rather than pulled by its advantages.

① declining health
② fading authority
③ weakening kinship
④ expanding hierarchy
⑤ prevailing immorality

내 생각?

초기 농경인들의 건강 상태를 보여주는 구체적인 증거들을 따라가다 보면 농경 생활을 하게 된 이유가 혜택 때문이 아니라는 결론!

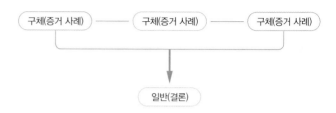

구체(증거 사례) — 구체(증거 사례) — 구체(증거 사례)

일반(결론)

| 전문 해석 |

비옥한 초승달 지대의 초기 농경 마을들에서 발견된 유골은 이웃하고 있는 수렵 채집인의 것(유골)들보다 대체로 작았는데, 이는 그들의 식단이 덜 다양했다는 것을 시사한다. 농경인들이 더 많은 식량을 생산할 수 있음에도, 굶주렸을 가능성 또한 더 높았는데, 그 이유는 수렵 채집인들과는 달리 그들은 적은 수의 작물들에 의존했고, 그러한 작물들이 실패하면 심각한 어려움에 처했기 때문이었다.

초기 농경인의 뼈들은 비타민 결핍의 흔적을 보여주는데 아마도 수확기 사이에 주기적으로 찾아오는 기근의 시기로 발생했을 것이다. 그것들은 또한 스트레스의 징후도 보여주는데, 아마도 쟁기질, 작물 수확, 나무 베기, 건물과 울타리 유지 보수하기, 그리고 곡식 빻기를 하는 데 요구되는 강도 높은 노동과 관련된 것으로 보인다.

마을은 또한 쓰레기를 만들었는데, 이는 해충을 끌어들였고, 마을의 인구가 많아서, 규모가 더 작고 유목 생활을 더 하는 수렵 채집 집단에서는 지속되지 못했을 병을 퍼뜨리기에 충분했다.

쇠약해지는 건강에 대한 이러한 모든 증거는 초기 농경인들이 농경의 장점에 끌리기보다는 복잡하고 점차 서로 연결된 농경 생활 방식으로 떠밀렸음을 시사한다.

출제의도

빈칸 추론 ▶ 글의 구조 속에서 글쓴이의 의도와 빈칸이 포함된 문장의 역할을 파악할 수 있는가?

문제해설

빈칸이 포함된 마지막 단락은 앞서 언급했던 증거들을 통해 끌어낸 결론에 해당한다. 기근과 다양하지 않은 음식, 강도 높은 노동, 전염병에 대한 취약성 등은 모두 약한 몸과 관련된 것이므로, 빈칸에 ① '쇠약해지는 건강'을 넣어야 앞에서 열거한 최초의 농경인의 생활 사례와 자연스럽게 연결된다.

② 사라지는 권위   ③ 약해지는 친족 관계
④ 확대되는 계층 구조   ⑤ 널리 퍼진 부도덕성

1 초기 농경인이 농경의 장점에 끌리기보다는 복잡하고 점차 서로 연결된 농경 생활 방식으로 떠밀렸음을 시사한다는 마지막 문장에 결론이 제시되어 있다. 따라서 ④가 이 글의 요지로 가장 적절하다.

| 어휘 · 어법 |

• skeleton 유골   • fertile 비옥한   • crescent 초승달
• starve 굶주리다   • deficiency 결핍   • intensive 강도 높은
• plow 쟁기질하다   • maintain (건물 등을 보수해 가며) 유지하다
• grind 빻다   • grain 곡식   • nomadic 유목민의
• forage 수렵 채집하다, 약탈하다   • interconnect 서로 연결시키다
• advantage 장점, 이점

• They also show *signs of stress*, [**associated**, perhaps, **with** the intensive labor required for {**plowing**, **harvesting** crops, **felling** trees, **maintaining** buildings and fences, and **grinding** grains}]: [ ]는 앞의 명사구 signs of stress를 수식하는 과거분사구(associated ~ with)이며, { }는 전치사 for에 연결되는 동명사구이다.

이 글의 빈칸에 들어갈 말로 가장 적절한 것은?

> When examining the archaeological record of human culture, one has to consider that it is vastly <u>incomplete</u>.

> Many aspects of human culture have what archaeologists describe as low archaeological visibility, meaning they are difficult to identify archaeologically. Archaeologists tend to focus on tangible (or material) aspects of culture: things that can be handled and photographed, such as tools, food, and structures. Reconstructing intangible aspects of culture is more difficult, requiring that one draw more inferences from the tangible.

> It is relatively easy, for example, for archaeologists to identify and draw inferences about technology and diet from stone tools and food remains. Using the same kinds of physical remains to draw inferences about social systems and what people were thinking about is more difficult. Archaeologists do it, but there are necessarily more inferences involved in getting from physical remains recognized as trash to making interpretations about belief systems.

① outdated   ② factual   ③ incomplete
④ organized   ⑤ detailed

내 생각?

인류 문화의 고고학적 기록의 불완전함이 내가 하고 싶은 말! 고고학적 기록의 낮은 가시성을 접근성과 의미의 재구성이란 측면에서 설명하고 구체적인 예 속에서 이해시키기!

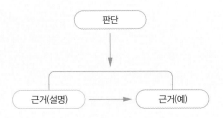

| 전문 해석 |

인류 문화의 고고학적 기록을 살펴볼 때, 우리가 고려해야 할 것은 그것이 엄청나게 불완전하다는 점이다.

인류 문화의 많은 측면은 고고학자들이 말하는 낮은 고고학적 가시성을 지니고 있는데, 이것이 의미하는 바는 그것들이 고고학적으로 식별하기 어렵다는 것이다. 고고학자들은 문화의 실재하는 (혹은 물질적인) 측면, 즉 도구, 음식, 구조물처럼 만질 수 있고 사진을 찍을 수 있는 것들에 초점을 맞추는 경향이 있다. 문화의 무형적 측면을 재구성하는 것은 더 어려워서, 우리는 유형적인 것에서 더 많은 추론을 끌어내야 한다.

예를 들어, 고고학자들이 석기와 음식 유물로부터 기술과 식습관을 식별하고 그것에 관한 추론을 도출하기는 비교적 쉽다. 같은 종류의 물질적인 유물을 사용하여 사회 체계와 사람들이 무엇을 생각하고 있었는지에 관한 추론을 도출하는 것은 더 어렵다. 고고학자들은 그렇게 하지만, 쓸모없는 것으로 인식되는 물리적 유물로부터 신념 체계에 관한 해석에 도달하는 것과 관련된 더 많은 추론이 어쩔 수 없이 있어야 한다.

출제의도

빈칸 추론 ▶ 글의 구조 속에서 글쓴이의 의도와 빈칸이 포함된 문장의 역할을 파악할 수 있는가?

문제해설

글쓴이는 '물질이 아닌 무형의 고고학적 의미를 정확히 알기 힘들다.'라고 주장하면서 도구, 음식, 건축물, 기술 등은 알기 쉽지만, 사회나 믿음 체계는 알기 힘들다고 설명하고 있다. 빈칸이 포함된 문장 뒤에 이어지는 설명과 예를 통해 고고학적 기록이 '불완전하다'는 글쓴이의 생각을 역추적할 수 있다. 따라서 빈칸에 ③ '불완전한'이 들어가야 글쓴이의 의도와 일치한다.

① 구식인   ② 사실에 기반을 둔
④ 체계적인   ⑤ 상세한

| 어휘 • 어법 |

- describe ~이라고 말하다, 서술하다   • visibility 가시성
- identify 식별하다, 확인하다   • tangible 실재하는, 형태가 있는
- handle (손으로) 만지다   • intangible 무형의   • inference 추론

- remains 유물, 유적   • involved in ~과 관련된
- recognize 인식하다   • interpretation 해석

- **It** is relatively easy, for example, *for archaeologists* [**to identify** and **draw** inferences about technology and diet from stone tools and food remains].: It은 가주어, [ ]의 to부정사구가 진주어이며, for archaeologists는 to부정사구의 의미상 주어이다. 유형의 유물에서 고고학적 의미를 발견하기는 쉽다는 글쓴이의 판단이 드러난 예시 문장이다.

- [**Using** the same kinds of physical remains to draw inferences about {social systems} and {what people were thinking about}] is more difficult.: 문장의 주어는 Using으로 시작하는 동명사구 [ ]이고, 동사는 is이다. 두 개의 { }는 전치사 about에 연결된다.

5 ⑤   **0** ④ / I think that   **1** ①   **2** ④

밑줄 친 부분 중, 문맥상 낱말의 쓰임이 적절하지 **않은** 것은?

Most people are confident that creativity is an individual possession, not a collective phenomenon. Despite some notable ①collaborations in the arts and sciences, the most impressive acts of creative thought—from Archimedes to Jane Austen—appear to have been the products of individuals (and often isolated and eccentric individuals who reject commonly held beliefs).

I think that this perception is something of an ②illusion, however. It cannot be denied that the primary source of ③novelty lies in the recombination of information within the individual brain. But I suspect that as individuals, we would and could accomplish little in the way of creative thinking ④outside the context of the super-brain, the integration of individual brains. The heads of Archimedes, Jane Austen, and all the other original thinkers who stretch back into the Middle Stone Age in Africa were ⑤disconnected(→ connected) with the thoughts of others from early childhood onward, including the ideas of those long dead or unknown. How could they have created without the collective constructions of mathematics, language, and art?

내 생각?

창의성은 개인의 것이라고 대부분 생각하지만, 내 생각은 달라! 개인의 창조 행위에는 많은 사람의 노력과 생각이 모여 쌓인 슈퍼 브레인이 작동한다는 게 내 생각!

통념
⇕
반론과 주장

| 전문해석 |

대부분의 사람들이 확신하길 창의성은 개인이 갖는 것이지, 집단 현상이 아니라는 것이다. 몇몇 주목할 만한 ①공동 작업물들이 예술과 과학에 있지만, 아르키메데스부터 제인 오스틴에 이르기까지 창의적 사고의 가장 인상적인 활동들은 개인들 (그리고 보통 일반적으로 받아들여지는 생각을 거부하는, 고립되고 기이한 개인들)의 산물이었던 것으로 보인다.

그러나 나는 이러한 인식이 상당한 ②착각이라고 생각한다. 부정할 수 없는 것은 ③참신함의 주요한 원천이 개인의 뇌 속에 있는 정보를 재조합하는 데 있다는 점이다. 그러나 개인으로서 우리는 개인 지능의 집대성인 슈퍼 브레인의 맥락을 ④벗어나서 창의적으로 사고하는 방식으로는 거의 성취하지도 성취할 수도 없을 것이라고 나는 생각한다. 아르키메데스, 제인 오스틴, 그리고 중기 석기 시대 아프리카로 거슬러 올라가는 다른 모든 독창적인 사상가들의 머리는 아주 어린 시절부터 계속해서, 오래 전에 죽었거나 알려지지 않은 사람들의 생각을 포함한 다른 이들의 생각과 ⑤단절되어(→ 연결되어) 있었다. 수학, 언어, 예술의 집단적 구성체가 없었다면 그들이 어떻게 창조할 수 있었겠는가?

출제의도

어휘 적합성 판단 ▶ 글의 구조 속에서 각 낱말이 포함된 문장이 글쓴이의 의도에 맞게 쓰였는지 판단할 수 있는가?

문제해설

창의성과 개인의 창조 행위에 대한 통념을 반박하는 글이다. 창의성에는 많은 사람의 노력과 생각이 연결되어 작동된다는 글쓴이의 생각과 일치하려면 ⑤ disconnected(단절되어)를 'connected(연결되어)'로 바꿔 써야 한다.

④의 경우 해당 문장에 little이 사용되어 부정문과 같다는 점에 유의한다.

| 어휘 · 어법 |

- possession 소유한 것, 소유물, 소유 • collective 집단의, 집합적인
- phenomenon 현상 • notable 주목할 만한, 눈에 띄는
- collaboration 공동 작업물, 합작, 협력 • impressive 인상적인, 인상 깊은
- isolated 고립된, 외딴 • perception 인식 • illusion 착각
- novelty 참신함 • recombination 재조합

- suspect 생각하다, (~일 것이라고) 의심하다 • accomplish 성취하다
- context 맥락 • integration 집대성, 통합, 합병 • original 독창적인
- onward 계속해서, 쭉 • construction 구성체

- [The heads of Archimedes, Jane Austen, and all the other original *thinkers* {**who** stretch back into the Middle Stone Age in Africa}] were connected with *the thoughts* of others from early childhood onward, [**including** the ideas of *those* ⟨long dead or unknown⟩].: 문장의 주어는 첫 번째 [ ]이고 동사는 were connected이며, 그 안의 { }는 선행사 thinkers를 수식하는 관계대명사절이다. 두 번째 [ ]는 앞의 명사구 the thoughts (of others)를 수식하는 현재분사구이고, 그 안의 ⟨ ⟩는 앞의 대명사 those(= others)를 수식하는 형용사구이다.

6 — ③   0 ① / Benefits may include   1 ③

이 글에서 전체 흐름과 관계 <u>없는</u> 문장은?

> A variety of theoretical perspectives provide insight into immigration. Economics, which assumes that actors engage in utility maximization, represents one framework. ① From this perspective, it is assumed that individuals are rational actors, i.e., that they make migration decisions based on their assessment of the costs as well as benefits of remaining in a given area versus the costs and benefits of leaving.

> ② Benefits may include but are not limited to short-term and long-term monetary gains, safety, and greater freedom of cultural expression. ③ (People with greater financial benefits tend to use their money to show off their social status by purchasing luxurious items.) ④ Individual costs include but are not limited to the expense of travel, uncertainty of living in a foreign land, difficulty of adapting to a different language, uncertainty about a different culture, and the great concern about living in a new land. ⑤ Psychic costs associated with separation from family, friends, and the fear of the unknown also should be taken into account in cost-benefit assessments.

내 생각?

'이민에 대한 통찰'을 제시한 경제학적 관점에 주목, 효용 극대화라는 일반적인 전제부터 먼저, 이어서 이민에 따른 비용과 편익 분석 예를 설명하기!

일반(주제)
↓
구체(예와 설명)

| 전문 해석 |

다양한 이론적 관점은 이민에 대한 통찰을 제공한다. 행위자들이 효용 극대화에 참여한다고 상정하는 경제학은 하나의 틀을 제시한다. 이런 관점에서는, 개인은 합리적인 행위자라고, 즉 그들은 특정한 지역을 떠나는 것의 비용 및 편익과 대비하여 남는 것의 편익과 비용 모두에 대한 자신의 평가에 근거하여 이민 결정을 내린다고 추정된다.

편익은 단기적 및 장기적인 금전적 이득, 안전, 문화적 표현이란 더 큰 자유를 포함할 수도 있지만 이에 국한되지는 않는다. ③ (더 큰 금전적 혜택이 있는 사람들은 사치품을 구입함으로써 자신의 사회적 지위를 과시하기 위해 돈을 쓰는 경향이 있다.) 개인적 비용은 이동 비용, 타지에서 사는 것의 불확실성, 다른 언어에 적응하는 것의 어려움, 다른 문화에 대한 불확실성, 새로운 지역에서 사는 것에 대한 큰 염려를 포함하지만 이에 국한되지는 않는다. 가족, 친구와의 이별과 미지의 것에 대한 두려움과 관련된 심적 비용 또한 비용—편익 평가에서 고려되어야 한다.

출제의도

무관한 문장 판단 ▶ 글의 구조 속에서 각 문장이 글의 주제 또는 글쓴이 의도와 일치하는지 판단할 수 있는가?

문제해설

'이민을 결정하는 요인을 설명하는 경제적 관점'이 이 글의 주제다. 이것을 구체적으로 보여주기 위해, 떠나는 것과 남는 것의 '비용—편익' 평가의 예를 설명하고 있는데, ③은 '사치품 구매와 과시'와 관련된 내용으로 글의 주제와 일치하지 않는다.

1 ③ '이민으로 이끄는 요인들에 대한 경제학적 관점'이 글의 주제이다.
  ① 이민에 대한 다양한 이론적 관점
  ② 사치품 구매로 보여지는 사회적 지위
  ④ 가족과의 이별과 관련된 심적 비용

| 어휘 · 어법 |

- theoretical 이론적인 · perspective 관점 · immigration 이주, 이민
- assume 추정[상정]하다 · engage in ~에 참여하다
- utility maximization (경제) 효용 극대화 · rational 합리적인
- i.e. 즉 ~이다(= that is) · assessment 평가 · benefit 편익, 이익
- monetary 금전적인 · show off ~을 과시하다 · status 지위
- luxurious 사치스러운 · expense 비용, 경비
- take into account ~을 고려하다

- **From this perspective, it** is assumed [**that** individuals are rational actors]. i.e., [**that** they make migration decisions {*based* on their assessment of <u>the costs as well as benefits of remaining in a given area</u> **versus** <u>the costs and benefits of leaving</u>}].: it은 가주어, 두 개의 that절 [ ]가 진주어로, 서로 동격 관계이다. 두 번째 [ ]에서 { }는 앞에 being이 생략된 수동태 분사구문으로 '~에 근거하여'의 의미이다. versus(= vs.)는 '~과 대비하여'의 의미로 두 개의 밑줄 친 명사구가 병렬구조를 이루고 있다.

- Individual costs **include** but **are not limited to** [the *expense* of travel, *uncertainty* of living in a foreign land, *difficulty* of adapting to a different language, *uncertainty* about a different culture, and the great *concern* about living in a new land].: [ ]의 5개의 명사구가 「A, B, C, D, and E」의 형태로 나열되어 있고 동사 include와 are not limited to의 목적어이다.

이 글의 제목으로 가장 적절한 것은?

Normally, bodies and faces work together as integrated units. Conveniently, experiments can separate and realign face and body. When face and body express the same emotion, assessments are more accurate. If face and body express different emotions, the body carries more weight than the face in judging emotions. When they conflict, emotion expressed by the body can override and even reverse emotion expressed by the face.

A striking example comes from competitive tennis matches. Players typically react strongly to points they win or lose. When a winning body is paired with a losing face, people see the reaction as positive. And vice versa: when a losing body is paired with a winning face, people interpret the reaction as negative. Impressions go with the body when the face and the body conflict. In these cases, the face alone, without the body, even when viewed close up in a photograph, is not reliably judged for positive or negative affect.

① Never-ending Conflicts Between Body and Face
② Use Both Face and Body for Rich Emotional Expression
③ Reading Facial Expressions: A Key to Avoiding Mistakes
④ Nonverbal Language Is More Important in Communication
⑤ Body vs. Face: Which Do We Rely on in Judging Emotions?

내 생각?

얼굴과 몸이 다른 감정을 표현할 때 몸으로 표시한 감정을 더 신뢰한다는 점에 주목, 테니스 선수의 얼굴과 몸짓에서 감정을 읽어낸 사례로 이해시키기!

판단(요지)

↓

근거(사례)

| 전문 해석 |

일반적으로 몸과 얼굴은 통합된 단위로 함께 작동한다. 편의상 실험이 얼굴과 몸을 분리하여 재정렬할 수 있다. 얼굴과 몸이 같은 감정을 표현할 때 평가가 더 정확하다. 얼굴과 몸이 다른 감정을 표현한다면, 감정을 판단할 때 몸이 얼굴보다 더 많은 중요성을 지닌다. 그것들이 상충할(일치하지 않을) 때, 몸에 의해 표현된 감정은 얼굴에 의해 표현된 감정보다 우선하며 심지어 뒤집을 수도 있다.

두드러진 예로 경쟁이 심한 테니스 경기가 있다. 선수들은 일반적으로 그들이 획득하거나 잃는 점수에 강하게 반응한다. 득점하고 있는 몸이 실점하고 있는 얼굴과 짝을 이룰 때, 사람들은 그 반응을 긍정적인 것으로 여긴다. 그리고 그 반대도 마찬가지이다. 즉, 실점하고 있는 몸이 득점하고 있는 얼굴과 짝을 이룰 때, 사람들은 그 반응을 부정적인 것으로 해석한다. 얼굴과 몸이 상충할 때, 인상(평가)은 몸을 따라간다. 이러한 경우, 몸이 없이 얼굴만으로는 심지어 사진을 가까이서 들여다볼 때에도 긍정적 정서인지 부정적 정서인지 확실히 판단되지 않는다.

제목 파악 ▶ 글의 구조 속에서 글쓴이가 의도한 바를 대표하거나 상징적으로 표현한 제목을 붙일 수 있는가?

얼굴과 몸으로 표현되는 감정이 서로 일치하지 않을 경우, 사람들은 얼굴보다 몸으로 표현한 감정을 더 믿는다고 주장하는 글이다. 따라서 ⑤ '몸 대(對) 얼굴: 우리가 감정을 판단할 때 어느 쪽을 신뢰하는가?'가 글쓴이의 의도를 대표하는 제목이다.

① 몸과 얼굴 사이의 끝없는 대립(불일치)
② 풍부한 감정 표현을 위해 얼굴과 몸을 모두 이용하라
③ 얼굴 표현 읽기: 실수를 피하는 핵심
④ 비언어적(말로 하지 않는) 언어가 의사소통에서 더 중요하다

2 세 번째 문장 When face and body express ~에 얼굴과 몸이 같은 감정을 표현할 때 평가가 더 정확하다고 언급되어 있다.

| 어휘·어법 |

• integrate 통합하다   • unit 단위   • separate 분리하다
• assessment 평가   • conflict 상충하다   • override ~에 우선하다
• reverse 뒤집다   • striking 두드러진
• vice versa 그 반대도 마찬가지이다   • interpret 해석하다

• In these cases, **the face** *alone, without the body*, [even **when viewed** close up in a photograph]. is not reliably judged for positive or negative affect.: 문장의 주어는 형용사구 alone, without the body로 설명된 the face이고, 동사는 is이다. 삽입절 [   ]는 even when it (= the face) is viewed ~에서 「주절의 주어와 동일한 주어+be동사」인 it is 가 생략된 형태이다.

이 글의 요지로 가장 적절한 것은?

Some company leaders say that their company is going through a lot of change and stress, which they "know" will lower their effectiveness, drive away top talent, and tear apart their teams.

They need to think about the military, a place where stress and uncertainty are the status quo, and where employees are on-boarded not with a beach vacation but with boot camp. And yet, the employees of the military remain among the highest functioning, steadfast, and loyal of virtually any organization on the planet. That's because after centuries of practice, the military has learned that if you go through stress with the right lens, and alongside others, you can create meaningful narratives and social bonds that you will talk about for the rest of your life. Instead of seeing stress as a threat, the military culture derives pride from the shared resilience it creates.

And this has nothing to do with the fact that they are soldiers; every company and team can turn stress into wellsprings of potential.

① 적절한 긴장감은 사고를 예방하는 데 도움이 된다.
② 신속함보다는 정확한 업무 처리가 생산성을 개선한다.
③ 목표 설정이 구체적일수록 성과를 빨리 달성할 수 있다.
④ 인적 자원에 대한 투자는 조직에 대한 충성심을 높인다.
⑤ 스트레스를 조직의 잠재력을 끌어낼 계기로 삼을 수 있다.

내 생각?

스트레스를 겪는 회사의 문제부터 먼저! 스트레스가 가장 심한 조직인 군대가 스트레스를 다루는 사례로 해결 모델을 제시! 스트레스를 잠재력의 원동력으로 삼을 수 있다는 게 내 생각!

문제 ──→ 해결 모델
      ↓
    결론

|전문 해석|

몇몇 회사의 경영진은 본인들의 회사가 많은 변화와 스트레스를 겪고 있는데, 자신들이 '아는' 바로는 그것이 업무 효율성을 떨어뜨리고, 최고의 인재를 몰아내며, 팀을 분열시킬 것이라고 말한다.

그들은 군대에 대해 생각해 볼 필요가 있는데, 그곳에서는 스트레스와 불확실성이 현 상황이고, 고용된 사람들은 해변의 휴양이 아니라 신병 훈련소에 익숙해지도록 준비된다. 그런데도 여전히 군대에 고용된 사람들은 사실상 지구상에 있는 모든 조직 중에서 가장 제대로 기능하고, 확고부동하고, 충성스러운 자들에 속한다. 이것은 군대가 수세기 동안의 실행 끝에, 적절한 렌즈(관점)로 다른 사람들과 함께 스트레스를 겪고 나면, 남은 평생 이야기하게 될 의미 있는 이야기와 사회적 유대를 창출할 수 있다는 것을 배웠기 때문이다. 스트레스를 위협적인 것으로 바라보는 대신에, 군대 문화는 군대가 만들어내는 공유된 회복력에서 자부심을 끌어낸다.

그런데 이것은 그들이 군인이라는 사실과는 전혀 상관없으며, 모든 회사와 팀은 스트레스를 잠재력의 원천으로 바꿀 수 있다.

출제의도

요지 파악 ▶ 글의 구조 속에서 글쓴이가 끌어낸 결론 또는 의도한 바를 파악할 수 있는가?

문제해설

스트레스가 가장 심한 조직인 군대를 예로 들어, 위기에서 조직원이 조직을 위해 충성하고 노력하면, 스트레스가 오히려 잠재력을 끌어내는 원천이 될 수 있다고 주장하는 글이므로, ⑤가 글쓴이의 의도와 주장을 보여주는 글의 요지로 가장 적절하다.

1 스트레스를 조직의 잠재력을 끌어낼 계기로 삼으라고 충고하는 글이므로, ① '스트레스를 잠재력을 발휘할 기회로 바꾸기'가 글의 주제로 가장 적절하다.
② 의미 있는 이야기와 사회적 연대감 만들기
③ 스트레스와 불확실성이 있는 조직
④ 제대로 기능하고 확고부동한 조직 만들기

|어휘·어법|

- effectiveness 업무 효율성, 유효성   • drive away ~을 몰아내다, 쫓아내다
- talent 인재(들), 재능 있는 사람(들)   • tear apart ~을 분열시키다[해체하다]
- uncertainty 불확실성   • on-board (신입을) 일할 수 있는 상태로 준비시키다
- functioning 제대로 기능을 하는   • steadfast 확고부동한
- loyal 충성스러운, 충성심이 강한   • practice 실행, 훈련, 업무
- narrative 이야기, 서술   • bond 유대, 접착   • wellspring 원천

- Some company leaders say that their company is going through *a lot of change and stress*, [**which** {they "know"} **will lower** their effectiveness, **drive** away top talent, and **tear** apart their teams].: [ ]는 선행사 a lot of change and stress를 부연 설명하는 관계대명사절로, 동사는 will lower, (will) drive, (will) tear이다. 그 안의 { }는 삽입절로, 생각(think, believe, seem 등), 인지(know) 동사들이 주어와 함께 삽입되는 경우가 많다.

chapter 08 **55**

3 ②

0 ④ / However, an experiment – Somehow, putting the
1 ① **2** (1) describe (2) impair (3) belief

이 글의 내용을 한 문장으로 요약하고자 한다. 빈칸 (A), (B)에 들어갈 말로 가장 적절한 것은?

It is widely believed that verbal rehearsal improves our memory.

However, an experiment by Schooler and Engstler-Schooler suggests that is not the case. Participants in the study watched a film of a robbery where they saw a bank robber's face. The experimental group of participants then gave as detailed a description of the face as they could for 5 minutes while the control group did something unrelated. Each participant then had to identify the robber from a line up of eight similar looking people. The participants in the control group, who performed an unrelated task for 5 minutes, picked the correct person from the line up 64% of the time. But the participants who had been recalling all they could of the suspect's face picked the correct person just 38% of the time.

Somehow, putting the details of the face into words interfered with the natural facial recognition at which we all usually excel. This effect is called verbal overshadowing.

Contrary to the common assumption about effective memory, (A)describing an image seen earlier (B)impairs recognition afterwards.

(A)	(B)	(A)	(B)
① describing	facilitates	② describing	impairs
③ verbalizing	reinforces	④ correcting	enhances
⑤ correcting	undermines		

 내 생각?

말로 표현하면 기억하는 데 도움이 된다는 생각을 연구 결과로 뒤집고, 말로 표현하면 오히려 인식을 방해하는 언어 그늘 현상에 주목하기!

통념 ⟺ 반박 연구
↓
결론

| 전문 해석 |

언어로 표현하는 연습이 우리의 기억을 향상시킨다고 널리 알려져 있다.

그러나, Schooler와 Engstler-Schooler의 실험은 그것이 사실이 아님을 보여준다. 그 연구의 참가자들은 은행 강도의 얼굴을 목격하게 되는 강도 영화를 보았다. 그리고 나서 실험군의 참가자들은 5분 동안 그들이 할 수 있는 만큼 그 얼굴에 대한 상세한 묘사를 했고 반면 대조군은 관련 없는 무언가를 했다. 그런 다음에 각각의 참가자는 정렬해 있는 비슷한 외모의 여덟 명 중에서 강도를 찾아야 했다. 5분 동안 관련 없는 일을 했던 대조군의 참가자들은 그 시도에서 64%로, 맞는 사람(진범)을 정렬한 사람들 중에서 골랐다. 하지만 용의자의 얼굴에 대해 그들이 할 수 있는 한 모든 것을 기억해 내고 있었던 참가자들은 그 시도에서 단지 38%로, 맞는 사람(진범)을 골랐다.

어쨌든 얼굴의 세부 사항을 말로 표현하는 것은 우리 모두가 대개 잘하는 자연스러운 얼굴 인식을 방해했다. 이 효과는 언어 그늘 (현상)이라고 불린다.

→ 효율적 기억에 대한 일반적인 가정과는 반대로, 이전에 보여졌던 이미지를 (A) 묘사하는 것이 이후의 인식을 (B) 손상시킨다.

출제의도

문단 요약 ► 글의 구조 속에서 핵심 개념들의 관계를 파악하고 한 문장으로 표현할 수 있는가?

문제해설

통념과 달리 얼굴 모습을 말로 묘사하면 얼굴을 기억하는 데 방해가 된다고 주장하는 글이다. 요약문의 빈칸 (A)에는 describing(묘사하는 것), (B)에는 impairs(손상시킨다)가 들어가야 글쓴이 의도와 일치한다.

① 묘사하는 것 – 수월하게 해준다 ③ 말로 하는 것 – 강화한다
④ 고치는 것 – 개선시킨다 ⑤ 고치는 것 – 손상시킨다

2 (1) put into words(말로 표현하다): describe(묘사하다)
(2) interfere with(간섭하다, 방해하다): impair(손상시키다)
(3) assumption(가정): belief(믿음)

| 어휘 · 어법 |

• verbal 언어의 • detailed 상세한
• control group (동일 실험에서 실험 요건을 가하지 않은) 대조군
• unrelated 관련 없는 • identify 확인하다 • recall 기억해 내다
• suspect 용의자 • recognition 인식 • excel 뛰어나다
• overshadow 가리다, 그늘지게 하다
• verbal overshadowing 언어 그늘 현상

• The experimental group of participants then gave **as** *detailed* a description of the face **as they could** for 5 minutes while the control group did something unrelated.: 「as ~ as+주어+can[could] (가능한 한 ~핸[하게])」 구문이 쓰여 detailed의 의미를 강조한다.

4 ①

0 ① / Indeed, someone – The creator   **1** ④   **2** ①

이 글의 빈칸에 들어갈 말로 가장 적절한 것은?

Humour involves not just practical disengagement but cognitive disengagement. As long as something is funny, we are for the moment not concerned with whether it is real or fictional, true or false. This is why we give considerable leeway to people telling funny stories. If they are getting extra laughs by exaggerating the silliness of a situation or even by making up a few details, we are happy to grant them comic licence, a kind of poetic licence.

Indeed, someone listening to a funny story who tries to correct the teller—'No, he didn't spill the spaghetti on the keyboard and the monitor, just on the keyboard'—will probably be told by the other listeners to stop interrupting.

The creator of humour is putting ideas into people's heads for the pleasure those ideas will bring, not to provide <u>accurate</u> information.

① accurate   ② detailed   ③ useful
④ additional   ⑤ alternative

내 생각?

유머를 말하는 사람에게는 여지를 둔다는 점에 주목! 재미를 위해서 과장하나 꾸며 말하는 것도 허용하는, 희극적 자유를 준다는 걸 예를 들어 보여주기.

| 전문 해석 |

유머는 실제적인 자유뿐만 아니라 인식의 자유도 포함한다. 어떤 것이 재미있다면 우리는 잠깐 그것이 진짜인지 허구인지, 진실인지 거짓인지에 대해 관심을 두지 않는다. 이것이 우리가 재미있는 이야기를 하는 사람들에게 상당한 여지를 주는 이유이다. 만약 그들이 상황의 어리석음을 과장하거나 심지어 몇 가지 세부 사항을 지어냄으로써 추가적인 웃음을 얻고 있더라도, 우리는 기꺼이 그들에게 일종의 희극적 자유, 일종의 시적 자유를 허락한다.

사실, 누군가 재미있는 이야기를 들으면서 '아니, 그는 스파게티를 키보드와 모니터에 흘린 것이 아니라 키보드 위에만 흘렸어'라고 말하는 사람을 바로잡으려고 하면, 아마도 듣고 있는 다른 사람들에게서 방해하지 말라는 말을 들을 것이다.

유머를 만드는 사람은 사람들의 머릿속에 생각을 집어넣고 있는데, 그 생각이 가져올 재미를 위해서이지 <u>정확한</u> 정보를 제공하기 위해서가 아니다.

출제의도

빈칸 추론 ▶ 글의 구조 속에서 글쓴이의 의도와 빈칸이 포함된 문장의 역할을 파악할 수 있는가?

문제해설

유머의 특성, 즉 유머를 하는 사람에게 여지와 희극적 자유를 허용한다는 이야기에 이어, 유머를 들으면서 사실을 바로잡는 행위가 유머를 듣는 다른 사람들을 방해할 수 있다는 예를 제시한 뒤, 마지막 단락에서 유머의 특징을 다시 한번 정리하고 있으므로 빈칸에 ① '정확한 (accurate)'을 넣어야 글쓴이 의도와 일치한다.

② 상세한   ③ 유용한
④ 부가적인   ⑤ 대신할 수 있는

1 유머를 하는 사람은 재미를 위해서 정확한 진실만 말하지 않아도 된다는 내용의 글이므로, ④가 글의 요지로 적절하다.

2 '재미있기만 하면 과장하거나 심지어 지어낼 권리'를 comic licence (희극적 자유)라고 언급하고 있다.

| 어휘 · 어법 |

- disengagement 자유, 해방, 이탈   • cognitive 인식의
- exaggerate 과장하다   • silliness 어리석음
- make up ~을 지어내다, 꾸며내다   • grant 허락하다, 부여하다
- licence (창작상의) 파격, 허용   • correct 바로잡다, 정정하다
- spill 흘리다, 쏟다   • interrupt 방해하다, 끼어들다
- accurate 정확한, 정밀한

- Indeed, *someone* [**listening** to a funny story] [**who** tries to correct the teller] — 'No, he didn't spill the spaghetti on the keyboard and the monitor, just on the keyboard' — will probably be told by the other listeners to stop interrupting.: 첫 번째 [ ]는 현재분사구, 두 번째 [ ]는 관계대명사절로, 둘 다 선행사 someone을 수식한다. 즉 someone <u>who listens</u> to a funny story and tries to correct the teller와 같은 표현이다.

이 글의 빈칸에 들어갈 말로 가장 적절한 것은?

Any discussion of coevolution quickly runs into what philosophers call a "causality dilemma," a problem we recognize from the question, "Which came first, the chicken or the egg?" For bees and flowers, we know that both sides arrived at the party well-prepared for dancing. Branched hairs apparently complemented a bee's taste for pollen from the earliest stage of their evolution. On the botanical side, plants had long been experimenting with insect pollination, attracting dance partners with nectar or edible blossoms.

Lack of fossil evidence makes it impossible to run the movie backward and watch the first steps of the dance unfold, but modern studies suggest that <u>plants are often the ones taking the lead</u>. When researchers changed monkeyflowers from pink to orange, for example, pollinator visits shifted from bumblebees to hummingbirds. A similar experiment on South American petunias showed that the flower could trade in bees for hawk moths by altering the activity of a single gene. These findings confirm that relatively simple steps in floral evolution can have dramatic consequences for pollinators.

① plants are often the ones taking the lead
② bees are the most suitable partner for plants
③ pollinators manipulate plants to join the dance
④ the scents of plants have nothing to do with pollination
⑤ animals visit the same type of plants on a regular basis

 내 생각?

식물과 꽃가루 매개체의 공생 관계를 누가 주도하는지 의문을 던지고 그에 대한 답을 찾아가기! 식물이 주도했음을 보여주는 연구결과로 답을 제시한 뒤 구체적 예로 이해시키기!

의문(주제)

↓

답변(연구)

| 전문해석 |

공진화(共進化)에 대한 어떠한 논의도 철학자들이 '인과 관계 딜레마'라고 부르는 것, 즉 '어느 것이 먼저인가, 닭인가 아니면 달걀인가?'라는 질문에서 우리가 인식하는 문제에 곧 부딪힌다. 벌들과 꽃들에 대해서, 우리는 양쪽 다 춤추기에 잘 준비된 채로 파티에 도착했다는 것을 안다. 갈라진 털들은 분명히 진화의 가장 이른 단계부터 벌의 꽃가루에 대한 선호를 보완했다. 식물의 측면에서, 식물들은 꿀이나 먹을 수 있는 꽃들로 춤 파트너들을 유인하며 오랫동안 곤충에 의한 꽃가루받이(수분)를 실험해 왔다.

화석 증거의 부족으로 이 영화를 되감아서 그 춤의 최초 방법들이 전개되는 것을 살펴볼 수는 없지만, 현대 연구들은 <u>식물들이 보통 주도하는 존재들임</u>을 보여준다. 예를 들어, 연구자들이 물꽈리아재비들을 분홍색에서 주황색으로 바꾸었을 때, 꽃가루 매개자 방문이 호박벌들에서 벌새들로 바뀌었다. 남아메리카 피튜니아에 대한 유사한 실험은 단 하나의 유전자 활동을 바꿈으로써 그 꽃이 벌들을 박각시나방들로 교체할 수 있다는 것을 보여주었다. 이러한 발견들은 꽃의 진화에서의 비교적 단순한 방법들이 꽃가루 매개체들에게는 극적인 결과를 가져올 수 있다는 것을 확인해 준다.

출제의도

빈칸 추론 ► 글의 구조 속에서 글쓴이의 의도와 빈칸이 포함된 문장의 역할을 파악할 수 있는가?

문제해설

글쓴이는 공진화 과정에서 식물과 꽃가루 매개체 중 어느 쪽이 주도하고 있는지에 대한 의문(주제)과 그에 대한 답을 제시하는 흐름으로 내용을 전개하고 있다. 빈칸이 포함된 단락이 답(연구결과)에 해당하는데, 연구 내용의 구체적 예를 통해 식물의 유전자를 바꾸면 꽃가루 매개체도 바꿀 수 있다고 했으므로 ① '식물들이 일반적으로 (진화를) 이끄는 존재이다'가 글쓴이의 의도와 일치함을 알 수 있다.

② 벌들이 식물에 더 적합한 동반자이다
③ 꽃가루 매개체가 식물을 조정해서 함께 춤추게 한다
④ 식물의 향기는 수분과 관계 없다
⑤ 동물들은 같은 종류의 식물을 정기적으로 찾는다

| 어휘 · 어법 |

- coevolution 공진화(共進化) • causality 인과 관계
- branched 갈라진 • complement 보완하다 • evolution 진화
- botanical 식물의 • pollination 꽃가루 • nectar 꽃의 꿀, 과즙
- edible 먹을 수 있는 • blossom 꽃 • pollinator 꽃가루받이(수분)

- Any discussion of coevolution quickly runs into what philosophers call **a "causality dilemma," a problem** [we recognize from **the question, "Which came first, the chicken or the egg?"**]: a problem we ~ or the egg?"는 a "causality dilemma"와 동격이며, the question과 "Which came first, the chicken or the egg?"도 역시 동격으로 쓰였다.

CHAPTER 08

6 ② 　0 ④ / A problem – To eliminate　1 ④

본문 128쪽

이 글의 흐름으로 보아, 주어진 문장이 들어가기에 가장 적절한 곳은?

In most organizations, the employee's immediate supervisor evaluates the employee's performance. (①) This is because the supervisor is responsible for the employee's performance, providing supervision, handing out assignments, and developing the employee.

②A problem, however, is that supervisors often work in locations apart from their employees and therefore are not able to observe their subordinates' performance. Should supervisors rate employees on performance dimensions they cannot observe?

(③) To eliminate this dilemma, more and more organizations are implementing assessments referred to as *360-degree evaluations*. (④) Employees are rated not only by their supervisors but by coworkers, clients or citizens, professionals in other agencies with whom they work, and subordinates. (⑤) The reason for this approach is that often coworkers and clients or citizens have a greater opportunity to observe an employee's performance and are in a better position to evaluate many performance dimensions.

 내 생각?

상사가 관찰할 수 없는 직원의 업무 능력을 평가해야 하는 상황에 문제 제기, 문제의 원인을 제거할 해결책 찾기! 상사가 보지 못하는 모습을 평가해줄 다면평가를 대안으로 제시!

| 전문 해석 |

대부분의 조직에서, 직원의 직속 상관은 그 직원의 성과를 평가한다. 이것은 그 관리자가 (직원을) 관리해 주고, 과업을 배정하며, 그 직원을 계발하면서, 그 직원의 성과를 책임지기 때문이다.

②하지만, 문제는 관리자가 흔히 직원과 떨어진 장소에서 일하기 때문에, 자신의 부하 직원들의 성과를 관찰할 수 없다는 것이다. 관리자는 자신이 관찰할 수 없는 성과 영역에 대해 직원들을 평가해야 하는가?

이 딜레마를 없애기 위해, 점점 더 많은 조직이 '다면 평가'라고 불리는 평가를 시행하고 있다. 직원들은 자신의 관리자뿐 아니라, 동료, 고객이나 시민, 함께 일하는 다른 대행사(기관)의 전문가들, 그리고 부하 직원들에게도 평가를 받는다. 이 방법을 시행하는 이유는 보통 동료와 고객 혹은 시민들이 어떤 직원의 성과를 관찰할 더 많은 기회를 가지며, 많은 업무 영역을 평가할 수 있는 더 나은 위치에 있기 때문이다.

출제의도

주어진 문장의 위치 판단 ▶ 글의 구조와 글쓴이 의도에 맞게 문장을 넣어 일관성 있는 글을 완성할 수 있는가?

문제해설

주어진 문장은 부하 직원들과 떨어진 장소에서 일하는 상사가 직원의 성과를 관찰할 수 없다는 것으로, 문제 상황이다. 따라서 이 글의 전체 구조가 문제–해결 구조일 가능성이 높다는 걸 염두에 두고 글을 읽어야 한다. 주어진 문장을 (②)에 넣으면 다음 문장까지 '직원과 떨어져 일하는 상관이 직원의 업무 능력을 평가할 때 생기는 문제와 딜레마를 제시하게 되고, 이어서 해당 문제에 대한 해결책이 자연스럽게 연결된다.

| 어휘 • 어법 |

- immediate supervisor 직속 상관　• evaluate 평가하다
- performance 성과　• supervision 관리, 감독
- assignment 과업, 과제　• location 장소, 위치
- subordinate 부하, 하급자; 종속된　• dimension 영역, 차원
- eliminate 없애다　• implement 시행하다　• assessment 평가
- agency 대행사, 단체, (공공) 기관

- To eliminate this dilemma, **more and more** organizations are implementing *assessments* [**referred** to as *360-degree evaluations*]: 「비교급+and+비교급」 구문은 '점점 더 ~한'의 의미이다. [ ]는 앞의 명사 assessments를 수식하는 과거분사구이다.
- Employees are rated **not only by** their supervisors **but by** coworkers, clients or citizens, professionals in *other agencies* [*with whom* they work]. and subordinates.: 수동태 문장의 by 뒤에 오는 행위(평가) 주체들을 「not only A but (also) B」와 같이 상관접속사를 써서 직속 상관과 그 외 부류로 나누어 설명하고 있다. [ ]는 선행사 other agencies를 수식하는 관계대명사절이다.

chapter 08 **59**

다음 글의 내용을 한 문장으로 요약하고자 한다. 빈칸 (A), (B)에 들어갈 말로 가장 적절한 것을 고르시오.

From a cross-cultural perspective the equation between public leadership and dominance is questionable. What does one mean by 'dominance'? Does it indicate coercion? Or control over 'the most valued'? 'Political' systems may be about both, either, or conceivably neither.

The idea of 'control' would be a bothersome one for many peoples, as for instance among many native peoples of Amazonia where all members of a community are fond of their personal autonomy and notably allergic to any obvious expression of control or coercion.

The conception of political power as a *coercive* force, while it may be a Western fixation, is not a universal. It is very unusual for an Amazonian leader to give an order. If many peoples do not view political power as a coercive force, *nor as the most valued domain*, then the leap from 'the political' to 'domination' (as coercion), *and from there* to 'domination of women', is a shaky one.

As Marilyn Strathern has remarked, the notions of 'the political' and 'political personhood' are cultural obsessions of our own, a bias long reflected in anthropological constructs.

*coercion: 강제 **autonomy: 자율 ***anthropological: 인류학의

It is (A) misguided to understand political power in other cultures through our own notion of it because ideas of political power are not (B) uniform across cultures.

(A)	(B)	(A)	(B)
① rational	flexible	② appropriate	commonplace
③ misguided	uniform	④ unreasonable	varied
⑤ effective	objective		

내 생각?

질문으로 주제부터 먼저, 답에서 내 생각 주장하기! 지배력이 강제나 통제를 의미할 수 있는지에 주목, 아마존 부족의 예와 전문가의 말을 인용, 내 생각 입증하기!

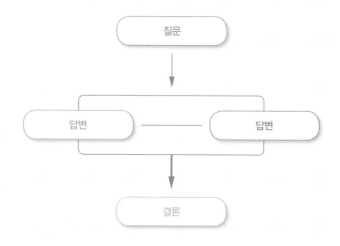

질문	지배력이 의미하는 것은 무엇인가? 강제를 의미하는 것인가 통제인가? – 비교 문화적 관점에서 지도력과 지배력의 관계에 대한 의문을 제기하고 다양하게 해석될 수 있는 가능성을 언급함.
답변	통제에 대한 아마존 부족의 생각 – 개인의 자율성을 좋아하고 통제나 강제를 몹시 싫어함.
답변	정치 권력을 강제적인 힘으로 보는 것은 서양의 고정관념이며 보편적인 것은 아님. – 아마존의 지도자는 명령을 잘 내리지 않음. – 많은 부족이 정치 권력을 강제적인 힘으로 생각하지 않고 지배로도 여기지 않음.
결론	Marilyn Strathern의 말 인용 – 정치적인 것과 정치적 인격은 문화적 강박 관념으로 편견임.

전문해석

비교 문화적 관점에서 대중적인 지도력과 지배력 사이의 방정식은 의문스럽다. '지배력'이 의미하는 바는 무엇인가? 그것은 강제를 나타내는 것인가? 아니면 '가장 가치 있는 것'에 대한 통제인가? '정치적' 시스템은 둘 다에 관한 것일 수도, 둘 중 하나에 관한 것일 수도, 혹은 생각해 보건대 둘 다에 관한 것이 아닐 수도 있다.

'통제'라는 개념은 많은 부족에게는 성가신 것일 텐데, 예를 들어 공동체의 모든 구성원이 개인의 자율성을 좋아하며 통제나 강제가 명백하게 표현되는 어떤 것도 몹시 싫어하는 아마존의 많은 원주민 부족 사이에서처럼 말이다.

'강제적인' 힘으로서 정치 권력이라는 개념은 서양의 고정관념일지 모르겠지만, 보편적인 것이 아니다. 아마존의 지도자가 명령을 내리는 것은 매우 이례적이다. 많은 부족이 정치 권력을 강제적인 힘으로, '또한 가장 가치 있는 영역으로도' 여기지 않는다면, '정치적인 것'에서 (강제로서의) '지배'로, '그리고 거기에서' '여성에 대한 지배'로 비약하는 것은 불안정한 비약이다.

Marilyn Strathern이 말한 것처럼, '정치적인 것'과 '정치적 인격'이라는 개념은 우리 자신의 문화적 강박 관념으로, 인류학적 구성 개념에 오랫동안 반영된 편견이다.

문단 요약 ▶ 글의 구조 속에서 핵심 개념들의 관계를 파악하고 한 문장으로 표현할 수 있는가?

질문으로 시작하는 글의 경우 질문의 의도를 파악하는 게 중요하다. 글 전체에서 다룰 주제에 관심을 집중시키려고 질문을 사용하기 때문이다. 질문을 통해 글의 주제를 파악했다면 질문에 대한 답이 무엇인지, 어떻게 제시하고 있는지에 주목해서 글을 읽어야 한다.

첫 번째 단락을 보면 비교 문화적 관점에서 지도력(leadership)과 지배력(dominance)의 관계에 의문을 제기한 뒤, 이어서 '지배력이 무엇을 의미하는지', '강제나 통제를 의미하는지' 질문을 던지고 답에 대한 다양한 가능성을 열어 두고 있다. 이후 제시될 답에서 지배력에 대한 글쓴이의 생각이 밝혀질 것이라고 예상할 수 있다.

두 번째와 세 번째 단락에서 아마존 부족의 예를 들어 질문에 대한 답, 즉 글쓴이의 생각을 밝히고 있다. '통제'를 싫어하고 '정치 권력'을 강제적인 힘으로 생각하지 않는 아마존 부족을 언급하면서 서양의 고정관념과 달리 '모든 문화가 지배력을 강제나 통제로 생각하지 않는다'는 글쓴이의 입장을 밝히고 있음을 확인할 수 있다.

마지막 단락에서는 Marilyn Strathern의 말을 인용, '정치적인 것'은 문화적 강박 관념이고 편견이라는 글쓴이의 입장을 다시 한번 강조하고 있다.

글을 요약할 때는 글쓴이의 의도를 반영, 글에 제시된 핵심 개념들의 관계가 드러나도록 요약해야 한다. 이 글의 경우 질문과 답을 통해 밝힌 글쓴이의 생각과 판단의 근거가 핵심이므로, 다음과 같이 요약할 수 있다.

> 정치 권력에 대한 우리 자신의 개념을 통해 다른 문화의 정치 권력을 이해하는 것은 (A)잘못 이해된 것인데, 왜냐하면 정치 권력에 관한 생각은 여러 문화에 걸쳐 (B)획일적이지 않기 때문이다.

자신의 개념으로 다른 문화의 정치 권력을 이해하는 것은 '잘못 이해된' 것이며 그 이유는 문화마다 정치 권력에 대한 생각이 '획일적이지 않기(다르기)' 때문이다. (B)가 포함된 문장이 부정문이므로, ③ '잘못 이해된—획일적'이 적절하다.

선택지별 선택비율 ① 15% ② 14% ③ 57% ④ 8% ⑤ 4%

글쓴이의 생각	판단의 근거
① 합리적이다 (긍정적)	유연하다
② 적절하다 (긍정적)	흔하다
④ 불합리하다 (부정적)	다양하다 (글의 내용과 같지만 (B)가 부정문)
⑤ 효과적이다 (긍정적)	객관적이다

- equation 방정식, 동일시 · dominance 지배력
- questionable 의심스러운 · conceivably 아마도, 생각건대
- bothersome 성가신 · people (특정 국가·지역의) 국민(주민, 부족, 민족)
- be allergic to ~를 몹시 싫어하다 · obvious 명백한
- conception 개념 · fixation 고정관념 · universal 보편적인 것
- domain 영역, 범위 · leap 비약, 도약 · domination 지배, 우세
- shaky 불안정한
- notion 개념 · personhood 인격, 개성 · obsession 강박 (관념)
- bias 편견 · reflect 반영하다 · construct 구성 개념, 구성체

- **'Political' systems** may be about **both, either**, or conceivably **neither**.
  → both는 '둘 다', either는 '둘 중 하나', neither는 '둘 다 아닌'의 의미인 부정대명사이다. Political systems는 앞의 dominance를 의미하고, 부정대명사가 가리키는 것은 앞에서 언급된 coercion과 control을 의미한다. 이들의 관계에 관한 논의에 다양한 가능성이 있음을 언급한 문장이다.

- **The idea** of 'control' would be a bothersome **one** for many peoples, as for instance among many native peoples of **Amazonia** [**where** all members of a community are fond of their personal autonomy and notably allergic to any obvious expression of control or coercion].
  → one은 부정대명사로 idea를 가리킨다. 관계부사 where를 포함한 [ ]는 Amazonia를 수식. Amazonia의 구성원들이 자율성을 좋아하고 통제나 강제를 싫어하는 성향을 구체화하고 있다.

- If many peoples do **not view** political power **as** a coercive force, **nor as** *the most valued domain*, then **the leap** [**from** 'the political' to 'domination' (as coercion), **and from there** to 'domination of women'], **is** a shaky one.
  → view A as B는 'A를 B로 여기다'라는 의미이고 nor(not ~ either)는 앞에서 부정한 내용에 이어 마찬가지로 부정할 때 사용하는 부사로, '많은 부족들이 정치 권력을 강제적인 힘으로도, 가장 가치 있는 영역으로도 보지 않는다'는 의미를 전하기 위해 사용되었다.
  → 주어 the leap 뒤에 추가 설명 [ ]을 덧붙였고 동사는 is이다. 부정대명사 one은 주어 leap을 가리킨다.

- **As Marilyn Strathern has remarked**, the notions of 'the political' and 'political personhood' are **cultural obsessions of our own**, a bias [long reflected in anthropological constructs].
  → 권위자(Marilyn Strathern)의 말을 인용하여 글쓴이가 자신의 주장을 반복해서 언급하고 있다. 이처럼 인용된 내용은 글쓴이 주장과 밀접하게 연결되어 있으므로 주목해야 한다. a bias 앞의 콤마(,)는 앞의 명사(cultural obsessions of our own)와 뒤의 명사(a bias)가 서로 같은 개념(동격)임을 표현, '정치적인 것 = 우리 자신의 문화적 강박 관념 = 편견'이라는 글쓴이의 생각을 확인시켜 주고 있다.

이 글의 제목으로 가장 적절한 것은?

Although photocopiers are made for easy use by anyone, their complicated features and interfaces can make them frustrating. They need periodic maintenance—tasks that require specialized knowledge (such as how to install a toner cartridge or extract jammed paper) that tends to be unevenly distributed among users.

These characteristics are wonderful stimuli for informal interactions, because they give people natural reasons to launch into conversation. We've observed employees turning to one another for help, watching one another to learn more about the machine, and commenting on its poor operation. These casual conversations can naturally lead to other subjects, some of them work related. And what is being copied can be as important as the fact that it is being copied. People gathered around might discover, in the documents coming off the machine, the write-up of a colleague's project that's relevant to their own work, or a new company policy that might affect them. Rich discussions often follow.

① Less Paperwork, Better Performance
② Too Much Talk Blocks Work Efficiency
③ User-Friendly Photocopiers Never Achieved
④ High-Tech Machines: A Source of Work Stress
⑤ Workplace Photocopiers: A Conversation Booster

 내 생각?

 복사기의 복잡한 기능과 인터페이스 때문에 생기는 문제들로 이야기를 시작, 복사기 공간에서 직원들의 비공식적 상호작용이 시작된다는 점에 주목! 관찰 내용으로 보여주기.

```
화제 도입
   │
   ▼
판단과 근거
```

| 전문 해석 |

복사기는 누구나 쉽게 사용하도록 만들어져 있지만, 그것의 복잡한 기능과 인터페이스(사용 환경)는 사람들에게 좌절감을 줄 수 있다. 복사기는 주기적인 유지 관리가 필요한데, 전문적인 지식(토너 카트리지를 설치하거나 걸린 종이를 빼내는 방법과 같은)을 필요로 하는 일이며 사용자들 사이에 고르지 않게 분포되는 경향이 있다.

이런 특징들은 비공식적인 상호작용에 아주 좋은 자극인데, 대화를 시작할 자연스러운 이유를 사람들에게 제공하기 때문이다. 우리는 직원들이 도움을 얻기 위해 서로에게 의지하고, 복사기에 관해 더 많이 배우려고 서로를 관찰하며, 복사기의 형편없는 작동에 대해 한마디 하는 것을 지켜보았다. 이런 격식을 차리지 않는 대화는 자연스럽게 다른 주제로 이어질 수 있는데, 그 주제 중 일부는 업무와 관련된 것이다. 그리고 복사되고 있는 내용은 그것이 복사되고 있다는 사실만큼 중요할 수 있다. 주위에 모이게 된 사람들은 복사기에서 나오고 있는 문서에서 자기 자신의 업무와 관련된 동료의 프로젝트에 관한 보고나 자신에게 영향을 미칠 수도 있는 새로운 회사 정책을 발견할지도 모른다. 풍성한 토론이 자주 뒤따른다.

출제 의도

제목 파악 ▶ 글의 구조 속에서 글쓴이가 의도한 바를 대표하거나 상징적으로 표현한 제목을 붙일 수 있는가?

문제 해설

복사기를 사용하다가 기계적 문제가 발생하면 동료의 도움이 필요해서 직원들이 모여들고 수리를 하면서 다양한 주제로 자연스럽게 대화를 나누게 된다고 주장하는 글이다. 따라서 ⑤ '직장 내의 복사기: 대화 촉진제'가 글쓴이의 의도를 상징하는 가장 적절한 제목이다.

① 서류 작업이 적을수록, 더 향상되는 업무 성과
② 지나치게 많은 이야기는 작업 효율성을 방해한다
③ 결코 도달할 수 없는 사용자 친화적 복사기
④ 최첨단 기계: 직장 스트레스의 원인

| 어휘 · 어법 |

· photocopier 복사기   · complicated 복잡한
· frustrating 좌절감을 주는   · periodic 주기적인
· maintenance 유지 관리   · specialized 전문적인, 전문화된

· install 설치하다   · extract 빼내다, 발췌하다
· jammed 걸린, 꼼짝도 하지 않는   · unevenly 고르지 않게
· distributed 분포된   · stimulus 자극(*pl.* stimuli)
· launch into ~을 시작하다   · turn to ~에게 (도움을) 청하다
· casual 격식을 차리지 않는, 우연한, 평상시의   · write-up 보고, 기사

· People [gathered around] might discover, {in *the documents* ⟨coming off the machine⟩}, the write-up of a colleague's *project* [that's relevant to their own work], or a new company *policy* [that might affect them].: 문장의 주어는 과거분사구 [ ]의 수식을 받는 People이고 동사는 might discover이며 the write-up ~과 a new company policy ~가 목적어이다. 목적어 뒤의 두 개의 [ ]는 모두 앞의 명사구를 수식하는 관계대명사절이다. { }는 부사구이며 ⟨ ⟩는 앞의 명사구 the documents를 수식하는 현재분사구이다.

이 글의 요지로 가장 적절한 것은?

Official definitions of sport have important implications.

When a definition emphasizes rules, competition, and high performance, many people will be excluded from participation or avoid other physical activities that are defined as "second class." For example, when a 12-year-old is cut from an exclusive club soccer team, she may not want to play in the local league because she sees it as "recreational activity" rather than a real sport. This can create a situation in which most people are physically inactive at the same time that a small number of people perform at relatively high levels for large numbers of fans—a situation that negatively impacts health and increases health-care costs in a society or community.

When sport is defined to include a wide range of physical activities that are played for pleasure and integrated into local expressions of social life, physical activity rates will be high and overall health benefits are likely.

① 운동선수의 기량은 경기 자체를 즐길 때 향상된다.
② 공정한 승부를 위해 합리적인 경기 규칙이 필요하다.
③ 스포츠의 대중화는 스포츠 산업의 정의를 바꾸고 있다.
④ 스포츠의 정의는 신체 활동 참여와 건강에 영향을 미친다.
⑤ 활발한 여가 활동은 원만한 대인 관계 유지에 도움이 된다.

내 생각?

스포츠의 공식적인 정의가 사람들에게 미치는 영향에 주목! 부정적인 영향과 긍정적인 영향을 주는 각각의 정의와 사례를 대조, 스포츠의 진정한 의미 전달하기!

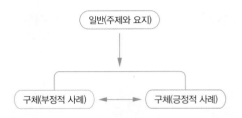

| 전문 해석 |

스포츠에 대한 공식적인 정의는 중요한 함의를 갖는다.

정의가 규칙, 경쟁, 높은 성과를 강조할 때 많은 사람이 참여에서 배제되거나 '이류'로 정의되는 다른 신체 활동을 피하게 될 것이다. 예를 들어, 12세의 선수가 상위 클럽 축구팀에서 잘리면 그 선수는 지역 리그에서 뛰고 싶지 않을 수도 있는데, 그 이유는 그 선수가 그것을 진정한 스포츠가 아닌, '레크리에이션 활동'으로 보기 때문이다. 이로 인해 대부분의 사람들이 신체적으로 활동을 하지 않는 상황이 발생할 수 있으며, 동시에 소수의 사람들이 다수의 팬들에게 상대적으로 높은 수준의 경기를 하는, 즉 건강에 부정적인 영향을 미치고 사회 또는 지역사회에서 의료 비용을 증가시키는 상황을 만들 수 있다.

스포츠가 즐거움을 위해 행해지고 사회생활의 지역적 표현에 통합되는 광범위한 신체 활동을 포함하는 것으로 정의될 때, 신체 활동의 비율은 높을 것이고 전반적인 건강상의 이점이 있을 것이다.

요지 파악 ▶ 글의 구조 속에서 주제에 대한 글쓴이의 의견과 핵심 내용을 파악할 수 있는가?

스포츠를 어떻게 정의하느냐에 따라 신체 활동에 참여하는 정도와 건강에 대한 영향이 다를 수 있다고 주장하는 글이므로, ④가 글쓴이의 의도와 일치한다.

| 어휘 • 어법 |

- definition 정의   • implication 함의, 내포된 뜻   • exclude 배제하다
- exclusive 상위의, 상류의, 고급의   • inactive 활동적이지 않은
- relatively 상대적으로   • negatively 부정적으로
- integrate 융합하다, 통합하다   • overall 전반적인   • benefit 이점

- This can create *a situation* [**in which** most people are physically inactive at *the same time* {**that** a small number of people perform at relatively high levels for large numbers of fans}] — *a situation* [**that** negatively impacts health and increases health-care costs in a society or community].: –(대시) 전후의 내용은 동격 관계로, 정의가 가져오는 부정적 상황을 연장선 상에서 설명하고 있다. –(대시) 앞 부분에서 [ ]는 선행사 a situation을 수식하는 관계대명사절로 그 안의 { }는 선행사 the same time을 수식하는 관계대명사절, –(대시) 뒷부분의 [ ]는 선행사 a situation을 수식하는 관계대명사절이다.

CHAPTER **09**

3 ① 0 ② / What is new 1 ③

이 글의 내용을 한 문장으로 요약하고자 한다. 빈칸 (A), (B)에 들어갈 말로 가장 적절한 것은?

People typically consider the virtual, or imaginative, nature of cyberspace to be its unique characteristic. Although cyberspace involves imaginary characters and events of a kind and magnitude not seen before, less developed virtual realities have always been integral parts of human life. All forms of art, including cave drawings made by our Stone Age ancestors, involve some kind of virtual reality. In this sense, cyberspace does not offer a totally new dimension to human life.

What is new about cyberspace is its interactive nature and this interactivity has made it a psychological reality as well as a social reality. It is a space where real people have actual interactions with other real people, while being able to shape, or even create, their own and other people's personalities. The move from passive imaginary reality to the interactive virtual reality of cyberspace is much more radical than the move from photographs to movies.

What makes cyberspace unique is not the (A)novelty of its virtual reality but the interaction among people that gives cyberspace the feeling of (B)authenticity.

(A)	(B)	(A)	(B)
① novelty	authenticity	② novelty	security
③ variety	completeness	④ accessibility	authority
⑤ accessibility	hospitality		

내 생각?

가상과 상상적인 특징을 사이버 공간만의 고유성이라고 생각하는데, 난 생각이 달라! 사이버 공간을 특징짓는 것은 바로 사람들 간의 상호작용이라는 게 내 생각!

통념과 반론
⇕
주장

| 전문 해석 |

사람들은 보통 사이버 공간의 가상적 또는 상상적 특성을 그것만의 독특한 특징으로 여긴다. 사이버 공간은 가공의 인물들과 이전에 볼 수 없었던 종류와 규모의 일들을 포함하지만, 덜 발달된 가상 현실은 항상 인류의 삶에 필수적인 부분이었다. 우리의 석기 시대 조상이 그린 동굴 벽화를 포함한 모든 형태의 예술은 일종의 가상 현실을 포함한다. 이런 의미에서 사이버 공간이 인간의 삶에 완전히 새로운 차원을 제공한 것은 아니다.

사이버 공간의 새로운 점은 그것의 상호작용적인 성격이며 이러한 상호작용성은 그것을 사회적 현실뿐만 아니라 심리적인 현실로 만들었다. 그곳은 현실 속 사람들이 다른 현실 속 사람들과 실제로 상호작용하면서 그들 자신과 다른 사람들의 성격을 형성하거나 심지어 창조할 수 있는 공간이다. 소극적인 가공의 현실에서 상호작용하는 사이버 공간의 가상 현실로의 이동(변화)은 사진에서 영화로의 이동(변화)보다 훨씬 더 근본적이다.

→ 사이버 공간을 독특하게 만드는 것은 그것의 가상 현실의 (A)참신함이 아니라 사이버 공간에 (B)진짜라는 느낌을 부여하는 사람들 간의 상호작용이다.

출제의도

문단 요약 ▶ 글의 구조 속에서 핵심 개념들의 관계를 파악하고 한 문장으로 표현할 수 있는가?

문제해설

사람들의 통념을 부정, 사이버 공간을 독특하게 만드는 점은 사람들 간의 상호작용이라고 주장하는 글이다. 따라서 빈칸 (A)에는 novelty(참신함), (B)에는 authenticity(진짜)가 들어가야 글쓴이의 의도를 반영한 요약문이 된다.

② 참신함 – 보안 ③ 다양성 – 완벽함
④ 접근 가능성 – 권위 ⑤ 접근 가능성 – 환대

| 어휘 · 어법 |

- virtual 가상의 • imaginative 상상의 • unique 독특한
- involve 포함하다 • magnitude 규모 • integral 완전한
- dimension 차원, (공간의) 크기 • interactive 상호작용하는
- passive 소극적인 • radical 근본적인 • authenticity 진짜임

- It is *a space* [**where** real people have actual interactions with other real people, {**while being** able *to shape*, or even *create*, their own and other people's personalities].: [ ]는 선행사 a space에서 이루어지는 일을 구체적으로 설명하는 관계부사절이다. 그 안의 { }는 상호작용의 구체적인 상황을 설명하는 분사구문으로, be able to에 두 개의 동사 shape와 create가 연결되어 병렬 구조를 이루고 있다.

이 글의 빈칸에 들어갈 말로 가장 적절한 것은?

Research with human runners challenged conventional wisdom and found that the ground-reaction forces at the foot and the shock transmitted up the leg and through the body after impact with the ground <u>varied little</u> as runners moved from extremely compliant to extremely hard running surfaces.

As a result, researchers gradually began to believe that runners are subconsciously able to adjust leg stiffness prior to foot strike based on their perceptions of the hardness or stiffness of the surface on which they are running. This view suggests that runners create soft legs that soak up impact forces when they are running on very hard surfaces and stiff legs when they are moving along on yielding terrain. As a result, impact forces passing through the legs are strikingly similar over a wide range of running surface types.

Contrary to popular belief, running on concrete is not more damaging to the legs than running on soft sand.

① varied little
② decreased a lot
③ suddenly peaked
④ gradually appeared
⑤ were hardly generated

내 생각?

달리는 사람의 다리와 몸에 오는 충격이 지면의 상태와 상관없이 거의 달라지지 않는다는 현상에 주목, 통념을 뒤집는 연구결과부터 제시! 이어서 그 이유를 설명하는 원리와 예로 이해시키기!

| 전문 해석 |

달리는 사람에 관한 연구가 일반적 통념에 이의를 제기하고 알아낸 바는 발에 작용하는 지면 반발력과 발이 지면에 부딪히고 난 뒤에 다리 위로 몸을 통해 전달되는 충격은 달리는 사람이 매우 말랑말랑한 지표면에서 매우 단단한 지표면으로 옮겨갔을 때 거의 다르지 않았다는 것이다.

결과적으로, 연구자들은 점차 믿기 시작했는데 달리는 사람은 자신이 달리고 있는 지표면의 경도나 경직도에 대한 자신의 인식을 바탕으로 발이 땅에 닿기 전에 다리 강성을 잠재의식적으로 조정할 수 있다는 것이다. 이 견해에 따르면, 달리는 사람은 매우 단단한 지표면에서 달리고 있을 때에는 충격력을 흡수하는 푹신한 다리를 만들고 물렁한 지형에서 움직일 때에는 단단한 다리를 만든다. 그 결과, 다리를 통해 전해지는 충격력은 아주 다양한 지표면 유형에 대해 놀랄 만큼 비슷하다.

통념과는 반대로, 콘크리트 위를 달리는 것은 푹신한 모래 위를 달리는 것보다 다리에 더 해롭지는 않다.

출제의도

빈칸 추론 ▶ 글의 구조 속에서 글쓴이의 의도와 빈칸이 포함된 문장의 역할을 파악할 수 있는가?

문제해설

글의 구조상, 빈칸이 포함된 첫 단락에서 달리는 사람에게 전달되는 충격이 통념과 다른 연구결과를 얻었다는 내용을 제시했기 때문에 빈칸의 내용을 어느 정도 예상할 수 있다. 이어지는 단락에 제시된 원리의 내용을 통해 지표면의 강도와 상관없이 달리는 사람이 지표면 특성에 따라 다리의 강도를 조절함으로써 다리와 몸에 오는 충격이 ① '거의 다르지 않았다'는 내용을 추론할 수 있다.

② 많이 감소했다
③ 갑자기 최고조에 달했다
④ 점차 나타났다
⑤ 거의 발생되지 않았다

1 이 글은 ① '달리는 사람이 지표면의 경직도에 따라 다리 강성을 조정하는 방법'을 다루고 있다.
② 달리는 사람이 다리와 몸으로 전달되는 충격을 측정하는 방법
③ 다리를 통해 전달되는 충격의 힘이 달리는 사람의 건강을 해치는 방식
④ 극단적으로 단단한 지표면을 달릴 때 다리에 오는 심각한 피해 정도

| 어휘 · 어법 |

- challenge 이의를 제기하다 ・ conventional wisdom 사회적(일반적) 통념
- ground-reaction force 지면 반발력 ・ transmit 전달하다
- impact 부딪힘, 충돌, 충격 ・ compliant (물리학) 연성의, 물렁한
- adjust 조정하다 ・ leg stiffness 다리 강성(발이 땅에 닿을 때 작용하는 힘)
- stiffness 경직도, 뻣뻣한 정도 ・ hardness 경도(硬度), 단단함
- soak up ~을 흡수하다 ・ yielding (물질이) 유연한, 부드러운
- terrain 지형 ・ contrary to ~와 반대로

- Research with human runners <u>challenged</u> conventional wisdom and <u>found</u> [that {the ground-reaction forces at the foot} and {*the shock* ⟨**transmitted** up the leg and through the body after impact with the ground⟩} <u>varied</u> little as runners moved from extremely compliant to extremely hard running surfaces].: 문장의 주어는 Research with human runners이고 동사는 challenged와 found이며, [ ]는 found의 목적어이다. [ ]에서 주어는 and로 연결된 두 개의 { }이고 동사는 varied이며, ⟨ ⟩는 두 번째 주어 the shock을 수식하는 과거분사구이다.

이 글의 빈칸에 들어갈 말로 가장 적절한 것은?

Both the acquisition and subsequent rejection of agriculture are becoming increasingly recognized as adaptive strategies to local conditions that may have occurred repeatedly over the past ten millennia.

For example, in a recent study of the Mlabri, a modern hunter-gatherer group from northern Thailand, it was found that these people had previously been farmers, but had abandoned agriculture about 500 years ago.

This raises the interesting question as to how many of the diminishing band of contemporary hunter-gatherer cultures are in fact the descendents of farmers who have only secondarily readopted hunter-gathering as a more useful lifestyle, perhaps after suffering from crop failures, dietary deficiencies, or climatic changes. Therefore, the process of what may be termed the 'agriculturalization' of human societies was <u>not necessarily irreversible</u>, at least on a local level.

Hunter-gatherer cultures across the world, from midwestern Amerindians to !Kung in the African Kalahari, have adopted and subsequently discarded agriculture, possibly on several occasions over their history, in response to factors such as game abundance, climatic change, and so on.

① not necessarily irreversible
② met with little resistance
③ essential for adaptation
④ started by pure coincidence
⑤ rarely subject to reconsideration

내 생각?

농업의 습득과 폐기가 지역 상황에 대한 적응 전략으로 인식되고 있는 점에 주목! 연구 사례를 통해 다른 수렵 채집인들의 농업 포기 가능성을 제기, 농업화 과정이 되돌릴 수 없는 과정이 아니었음을 주장하기.

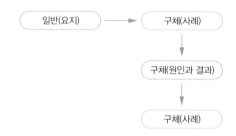

일반(요지) → 구체(사례)
↓
구체(원인과 결과)
↓
구체(사례)

| 전문 해석 |

농업을 습득하는 것과 그 후의 폐기는 모두 지난 10,000년 동안에 걸쳐 반복적으로 일어났을지도 모르는 지역 상황에 대한 적응 전략으로 점차 인식되고 있다.

예를 들어, 태국 북부 출신의 현대 수렵 채집 집단인 Mlabri에 대한 최근 연구에서 밝혀진 바는 이 사람들이 이전에는 농부였지만, 약 500년 전에 농업을 포기했다는 것이다.

이것은 흥미로운 의문을 제기하는데 감소 중인 현대의 수렵 채집 문화 집단들 중 얼마나 많은 수가 실제로는 아마도 흉작, 식량 부족, 혹은 기후 변화에 시달린 뒤에 더욱 유익한 생활 양식으로서 수렵 채집을 오로지 이차적으로 다시 채택했던 농부들의 후손들인가에 대한 것이다. 그러므로, 인간 사회의 '농업화'라고 칭할 수 있는 것의 과정은 적어도 국지적인 차원에서 보면 반드시 되돌릴 수 없는 것은 아니었다.

전 세계의 수렵 채집 문화는 중서부 아메리카 원주민들부터 아프리카 칼라하리의 !Kung족(族)에 이르기까지, 풍부한 사냥감, 기후 변화 등과 같은 요인에 대응하여 농업을 아마도 역사상 여러 차례 채택하고 그 후에 폐기했을 것이다.

빈칸 추론 ▶ 글의 구조 속에서 글쓴이의 의도와 빈칸이 포함된 문장의 역할을 파악할 수 있는가?

농업의 습득과 폐기가 지역 상황에 대한 적응 전략임을 말한 뒤 해당 예와 설명으로 구체화하는 글이다. 마지막 문장에서도 이런 역사가 이미 여러 차례 있었음을 언급했으므로, 국지적인 차원에서 보면 ① '반드시 되돌릴 수 없는 것은 아니다'란 말이 빈칸에 어울림을 추론할 수 있다.

② 별다른 저항을 받지 않은   ③ 적응에 필수적인
④ 순수한 우연에 의해 시작된   ⑤ 다시 생각할 필요가 거의 없는

| 어휘 · 어법 |

• acquisition 습득   • subsequent 그 후의   • agriculture 농업의
• adaptive 적응의   • strategy 전략
• millennia 수천 년(millennium의 복수형)   • hunter-gatherer 수렵 채집인

• diminishing 감소 중인   • contemporary 현대의   • dietary 식량의
• deficiency 결핍, 결점   • irreversible (이전 상태로) 되돌릴 수 없는
• discard 버리다, 폐기하다   • game 사냥감, 사냥해서 잡은 것
• abundance 풍부

• This raises the interesting question **as to** [{how many of the diminishing band of contemporary hunter-gatherer cultures} are in fact the descendents of *farmers* {**who** have only secondarily readopted hunter-gathering as a more useful lifestyle, 〈perhaps **after suffering** from crop failures, dietary deficiencies, or climatic changes〉}].: [ ]는 전치사구 as to의 목적어로, [ ]에서 주어는 첫 번째 { }이고, 동사는 are이다. 두 번째 { }는 선행사 farmers를 수식하는 관계대명사절이다. 〈 〉는 접속사 뒤에 주어가 생략된 부사구이다.

이 글에서 전체 흐름과 관계 없는 문장은?

Kinship ties continue to be important today. In modern societies such as the United States people frequently have family get-togethers, they telephone their relatives regularly, and they provide their kin with a wide variety of services.

① Eugene Litwak has referred to this pattern of behaviour as the 'modified extended family'. ② It is an extended family structure because multigenerational ties are maintained, but it is modified because it does not usually rest on co-residence between the generations and most extended families do not act as corporate groups. ③ Although modified extended family members often live close by, the modified extended family does not require geographical proximity and ties are maintained even when kin are separated by considerable distances. ④ (The oldest member of the family makes the decisions on important issues, no matter how far away family members live from each other.) ⑤ In contrast to the traditional extended family where kin always live in close proximity, the members of modified extended families may freely move away from kin to seek opportunities for occupational advancement.

내 생각?

친족 유대 관계라는 주제부터 먼저! '수정확대가족'의 정의와 구체적인 설명으로 과거와 다른 현대 사회의 친족 유대 관계 이해시키기!

일반(주제)

↓

구체(정의와 설명)

| 전문해석 |

친족 유대 관계는 오늘날에도 계속 중요하다. 사람들이 자주 가족 모임을 갖는 미국과 같은 현대 사회에서, 그들은 자신의 친척에게 자주 전화하고, 아주 다양한 도움을 제공한다.

Eugene Litwak은 이러한 행동 양식을 '수정확대가족'이라고 언급했다. 그것은 여러 세대의 유대 관계가 유지되기 때문에 확대가족 구조이지만, 일반적으로 세대 간 공동 거주에 기초하지 않고 대부분의 확대가족이 공동 집단으로서 기능하지는 않기 때문에 변형된 대가족 구조이다. 수정확대가족의 구성원들은 보통 가까이 살기는 하지만, 지리적 가까움이 필요치 않으며, 유대 관계는 친척이 상당히 멀리 떨어져 있더라도 유지된다. ④ (가족 구성원들이 서로 아무리 멀리 떨어져 살지라도, 중요한 문제에 관해서는 그 가족의 최고 연장자가 결정을 내린다.) 친척이 항상 아주 가까이 사는 전통적인 확대가족과는 대조적으로, 수정확대가족의 구성원들은 친척에게서 자유로이 멀리 이주해가서 직업상의 발전을 위한 기회를 추구할 수도 있다.

출제의도

무관한 문장 판단 ▶ 글의 구조 속에서 각 문장이 글의 주제 또는 글쓴이 의도와 일치하는지 판단할 수 있는가?

문제해설

지리적 근접성이 필요치 않고, 각자 독립적인 삶을 살면서 유대 관계는 유지하는 '수정확대가족'의 개념과 성격을 설명하고 있는 글인데, ④는 가족의 최고 연장자의 권위에 관한 내용이므로 글쓴이의 의도와 일치하지 않는다.

1 '수정확대가족'을 소개하고 그 특징을 구체적으로 설명하는 글이므로, ① '수정확대가족의 특징'이 글의 주제이다.
② 수정확대가족이 서로 돕는 방식
③ 현대 기술이 가족 구조를 바꾼 방식
④ 전통적 가족과 현대 가족의 차이점

| 어휘 · 어법 |

- kinship 친족 관계   • get-together 모임   • relative 친척, 친족
- regularly 자주, 규칙적으로   • refer to A as B A를 B라고 언급하다
- modified 변형된   • maintain 유지하다   • rest on ~에 기초하다
- co-residence 공동 거주   • corporate 공동의
- geographical 지리적인   • proximity (거리·시간상) 가까움, 근접
- occupational 직업상의   • advancement 발전, 승진, 출세
- The oldest member of the family makes the decisions on important issues, [**no matter how** far away family members live from each other].: no matter how가 이끄는 [ ]는 '아무리 ~ 하더라도'라는 의미로, 해당 내용과 상관없이 주절의 일이 일어날 때 사용한다.

이 글의 제목으로 가장 적절한 것은?

> Invasions of natural communities by non-indigenous species are currently rated as one of the most important global-scale environmental problems. The loss of biodiversity has generated concern over the consequences for ecosystem functioning and thus understanding the relationship between both has become a major focus in ecological research during the last two decades.

> The "biodiversity-invasibility hypothesis" by Elton suggests that high diversity increases the competitive environment of communities and makes them more difficult to invade. Numerous biodiversity experiments have been conducted since Elton's time and several mechanisms have been proposed to explain the often observed negative relationship between diversity and invasibility. Beside the decreased chance of empty ecological niches but the increased probability of competitors that prevent invasion success, diverse communities are assumed to use resources more completely and, therefore, limit the ability of invaders to establish. Further, more diverse communities are believed to be more stable because they use a broader range of niches than species-poor communities.

① Carve Out More Empty Ecological Spaces!
② Guardian of Ecology: Diversity Resists Invasion
③ Grasp All, Lose All: Necessity of Species-poor Ecology
④ Challenges in Testing Biodiversity-Invasibility Hypothesis
⑤ Diversity Dilemma: The More Competitive, the Less Secure

 내 생각?

 비토착종(외래종)의 침입과 생물 다양성 손실의 관계에 주목! 다양한 종이 사는 생태계가 외래종의 침입을 잘 막는다는 가설과 연구 내용으로 생태계의 안정성 이해시키기!

일반(주제 도입)

↓

구체(가설과 설명)

| 전문 해석 |

비토착종에 의한 자연 군집 침입은 현재 가장 중요한 세계적 규모의 환경 문제 중 하나로 평가된다. 생물 다양성 손실은 생태계 기능의 결과에 대한 우려를 낳았고 그에 따라 둘 사이의 관계를 이해하는 것이 지난 20년 동안의 생태계 연구에서 주요 초점이 되어 왔다.

Elton에 의한 '생물 다양성－침입성 가설'에서 시사하는 바는 높은 다양성이 경쟁력 있는 군집의 환경을 증가시켜 그 군집에 침투하는 것을 더 어렵게 만든다는 것이다. 수많은 생물 다양성 실험이 Elton의 시대 이후로 수행되어 왔고, 흔히 관찰되는 다양성과 침입성 사이의 부정적 관계를 설명하기 위해 여러 방법이 제안되어 왔다. 생태적으로 비어 있는 곳이 있을(생태적으로 유리한 곳이 생길) 가능성은 감소하지만 침입 성공을 막는 경쟁자들의 가망성은 증가하는 것 이외에도, 다양한 군집은 자원을 더 완전하게 사용하여 침입자가 확고히 자리잡는 능력을 제한하는 것으로 추정된다. 나아가, 더 다양한 군집은 종이 빈약한 군집보다 더 광범위한 생태적 지위를 사용하기 때문에 더 안정적인 것으로 여겨진다.

출제의도

제목 파악 ▶ 글의 구조 속에서 글쓴이가 의도한 바를 대표하거나 상징적으로 표현한 제목을 붙일 수 있는가?

문제해설

주제를 구체화한 가설의 내용이 글의 핵심이다. 다양한 종이 사는 생태계는 외래종의 침입을 잘 막는다. 외래종과 싸울 다양한 토착종이 있고, 토착종이 거의 모든 자원을 사용해서 외래종이 침입해 서식할 위치가 없기 때문이다. ② '생태계의 수호자: 다양성이 침입을 막는다'가 글쓴이의 의도를 잘 반영한 제목이다.

① 비어 있는 더 많은 생태 공간을 개척하라!
③ 모든 것을 쥐면, 모든 것을 잃는다: 종이 빈약한 생태계의 필요성
④ 생물 다양성－침입성 가설을 검증하는 데 있어서의 어려움
⑤ 다양성의 딜레마: 경쟁력이 높을수록, 덜 안정적이다

| 어휘 · 어법 |

• invasion 침입   • non-indigenous 비토착의
• global-scale 세계적 규모의   • biodiversity 생물 다양성
• invasibility 침입성   • hypothesis 가설   • mechanism 방법, 기법
• niche 틈새, 꼭 맞는 자리(역할)   • probability 가망성
• competitor 경쟁자   • establish 확고히 자리잡다   • stable 안정적인

• Invasions of natural communities by non-indigenous species are currently rated as **one of the most important global-scale environmental problems.**: 「one of+the+최상급+복수 명사」 구문은 '가장 ~한 것들 중 하나'라는 의미로 매우 중요한 문제임을 강조하는 표현이다.

CHAPTER 10

2 - ① 　　 **0** ③ / For this reason 　　 **1** ③

이 글의 필자가 주장하는 바로 가장 적절한 것은?

Have you ever met someone while you were experiencing significant emotional, psychological, or physical stress? Perhaps you stayed up all night studying for a final, or maybe you learned that a grandparent recently died. You likely exhibited behaviors that are not consistent with how you usually act. Meeting someone when you are extremely stressed can create an inaccurate impression of you.

For this reason, recognize that our first impressions of others also may be perceptual errors. To help avoid committing these errors, engage in perception checking, which means that we consider a series of questions to confirm or challenge our perceptions of others and their behaviors. For example, see if you can provide two possible interpretations for the verbal and nonverbal behavior observed and seek clarification of it in order to determine the accuracy of your evaluation.

① 상대방에 대한 자신의 인식에 오류가 없는지 점검하라.
② 정신적 스트레스가 심할 때는 타인과의 만남을 피하라.
③ 처음 만나는 사람에게 좋은 인상을 주도록 노력하라.
④ 상대방의 심리를 파악하고 자신의 감정을 표현하라.
⑤ 언어적 행동과 비언어적 행동을 일치시켜라.

내 생각?

상대가 나에 대한 잘못된 인상을 가질 수 있는 예를 통해 문제 상황으로 몰아넣고 해결책을 제시! 우리도 다른 사람을 잘못 인식할 수 있으니, 타인에 대한 인상이나 인식을 점검해야 한다는 게 내 조언!

예시 → 문제 제기와 해결책

|전문 해석|

상당한 정서적, 심리적, 혹은 신체적 스트레스를 겪고 있는 동안에 어떤 사람을 만난 적이 있는가? 여러분은 학기말 시험을 대비하여 공부하면서 밤을 샜을 수도 있고, 혹은 조부모님 중 한 분이 최근에 돌아가셨다는 것을 알게 되었을 수도 있다. 여러분은 아마도 평소에 행동하는 방식과 일치하지 않는 행동을 보였을 것이다. 극도로 스트레스를 받고 있을 때 누군가를 만나는 것은 여러분에 대한 정확하지 않은 인상을 만들어낼 수 있다.

이런 이유로, 다른 사람들에 대한 우리의 첫인상 또한 인식상의 잘못일지도 모른다는 것을 인정하라. 이러한 잘못을 저지르는 것을 피하는 데 도움을 주기 위해서는 인식 점검을 해보는데, 그것은 다른 사람들과 그들의 행동에 대한 우리의 인식을 분명하게 하거나 의문을 제기하기 위하여 일련의 질문을 깊이 생각한다는 것을 의미한다. 예컨대, 관찰된 언어적 및 비언어적 행동에 대한 두 가지 가능한 해석을 마련하고, 여러분이 내린 평가의 정확성을 결정하기 위하여 그것에 대한 설명을 찾을 수 있는지 알아보라.

출제의도

주장 파악 ▶ 글의 구조 속에서 글쓴이가 제시한 구체적인 의견을 파악할 수 있는가?

문제해설

글쓴이는 어떤 상황에서 상대가 우리에 대한 잘못된 인상을 가질 수 있는 예를 제시한 뒤, 마찬가지로 우리도 타인에 대한 잘못된 인식이나 인상을 가질 수 있음을 짚으면서 이러한 잘못을 방지하기 위해 ① '상대방에 대한 자신의 인식에 오류가 없는지 점검하라.'고 조언하고 있다.

|어휘 · 어법|

- significant 상당히 많은 ・ exhibit 보여주다, 드러내다
- consistent 일치하는 ・ perceptual 인식상의
- engage in ~을 하다, ~에 종사하다
- challenge (정당성 등을) 깊이 조사하다, ~에 이의를 제기하다
- perception 인식 ・ interpretation 해석 ・ clarification 설명, 명시
- evaluation 평가

- For example, see [**if** you can provide two possible interpretations for *the verbal and nonverbal behavior* **observed** and seek clarification of it in order to determine the accuracy of your evaluation].: [ ]는 see의 목적어인 명사절로 접속사 if가 '~인지 아닌지'라는 의미를 이끈다. if절에서 동사 can provide와 (can) seek이 병렬구조를 이루고 있다. observed는 앞의 명사구 the verbal and nonverbal behavior를 수식하는 과거분사이다.

이 글의 내용을 한 문장으로 요약하고자 한다. 빈칸 (A), (B)에 들어갈 말로 가장 적절한 것은?

> The idea that *planting* trees could have a social or political significance appears to have been invented by the English, though it has since spread widely.

> According to Keith Thomas's history *Man and the Natural World*, seventeenth- and eighteenth-century aristocrats began planting hardwood trees, usually in lines, to declare the extent of their property and the permanence of their claim to it. "What can be more pleasant," the editor of a magazine for gentlemen asked his readers, "than to have the bounds and limits of your own property preserved and continued from age to age by the testimony of such living and growing witnesses?"

> Planting trees had the additional advantage of being regarded as a patriotic act, for the Crown had declared a severe shortage of the hardwood on which the Royal Navy depended.

> For English aristocrats, planting trees served as statements to mark the (A) lasting ownership of their land, and it was also considered to be a(n) (B) exhibition of their loyalty to the nation.

	(A)	(B)		(A)	(B)
①	unstable	confirmation	②	unstable	exaggeration
③	lasting	exhibition	④	lasting	manipulation
⑤	official	justification			

내 생각?

영국에서 시작된 나무 심기의 사회적, 정치적 의미에 주목! 사회적 의미로 해석되는 사례와 정치적 의미로 해석되는 사례로 이해시키기!

일반(주제)

구체(사례 1) ─── 구체(사례 2)

| 전문 해석 |

나무를 '심는 것'이 사회적 또는 정치적 의미를 가질 수 있다는 생각은, 비록 이후에 널리 퍼져나가기는 했지만, 영국인들에 의해 고안된 것처럼 보인다.

KeithThomas의 역사서, 'Man and the Natural World'에 따르면, 17세기와 18세기의 귀족들은 자신의 재산(부동산) 규모(범위)와 그것에 대한 자신의 권리의 영속성을 선언하기 위해 보통은 (땅의) 경계에 활엽수를 심기 시작했다. 신사들을 위한 잡지의 편집자는 자신의 독자들에게 "그런 살아 있고 성장하는 증인들의 증언에 의해 여러분 자신이 가진 재산의 한도와 한계치가 대대로 보존되고 지속되게 하는 것보다 무엇이 더 즐거울 수 있겠는가?"라고 물었다.

나무를 심는 것은 애국적인 행동으로 여겨지는 추가적인 이점을 가졌는데, 왜냐하면 군주가 영국 해군이 의존하는 경재(활엽수에서 얻은 단단한 목재)가 심각하게 부족하다고 선포했기 때문이었다.

→ 영국의 귀족들에게, 나무를 심는 것은 자신의 땅에 대한 (A) 영속적인 소유권을 표시하는 표현의 역할을 했고, 또한 국가에 대한 그들의 충성심의 (B) 표현으로 여겨졌다.

출제의도

문단 요약 ▶ 글의 구조 속에서 핵심 개념들의 관계를 파악하고 한 문장으로 표현할 수 있는가?

문제해설

나무를 심는 것이 사회적 정치적 의미를 지닐 수 있음을 영국 귀족들의 사례들로 설명한 글이다. 따라서 해당 내용이 요약문에 반영되어야 한다. 따라서 (A)에는 lasting(영속적인), (B)에는 exbition(표현)이 들어가야 한다.

① 불안정한 – 확인 ② 불안정한 – 과장
④ 영속적인 – 조작 ⑤ 공식적인 – 정당화

1 ③ '영국에서 나무를 심는 사회적, 정치적 의미'가 이 글의 주제이다.
① 단단한 목재의 부족으로 국가들이 나무를 심게 되었던 방식
② 살아 있는 나무로 보존된 재산의 한도와 한계치
④ 영국 귀족들이 그들의 재산 규모(범위)를 주장한 방식

| 어휘 · 어법 |

- significance 의의, 의미 · invent 고안하다 · hardwood tree 활엽수
- declare 선언하다 · extent 정도, 규모 · property 재산
- permanence 영속성 · claim (재산 등에 대한) 권리, 주장
- bounds (법적·사회적) 한도, 한계 · testimony 증언

- Planting trees **had** the additional advantage of being regarded as a patriotic act, **for** the Crown **had declared** a severe shortage of *the hardwood* [**on which** the Royal Navy depended].: for 이하는 이유를 나타내는 부사절로, 군주가 재목이 부족하다고 선포한 시점이 주절의 시점보다 먼저 일어난 일이므로 과거완료 시제가 쓰였다. [ ]는 선행사 the hardwood를 수식하는 「전치사+관계대명사」절이다.

이 글의 빈칸에 들어갈 말로 가장 적절한 것은?

> Evolutionary biologist Robert Trivers gives an extraordinary example of a case where an animal <u>having conscious access to its own actions</u> may be damaging to its evolutionary fitness.

> When a hare is being chased, it zigzags in a random pattern in an attempt to shake off the pursuer. This technique will be more reliable if it is genuinely random, as it is better for the hare to have no foreknowledge of where it is going to jump next: if it knew where it was going to jump next, its posture might reveal clues to its pursuer. Over time, dogs would learn to anticipate these cues—with fatal consequences for the hare. Those hares with more self-awareness would tend to die out, so most modern hares are probably descended from those that had less self-knowledge.

> In the same way, humans may be descended from ancestors who were better at the concealment of their true motives. It is not enough to conceal them from others—to be really convincing, you also have to conceal them from yourself.

① disconnecting the link from its circumstance
② having conscious access to its own actions
③ sharpening its own intuitions and instincts
④ relying on its individual prior experiences
⑤ activating its innate survival mechanism

내 생각?

자기 의도를 알고 행동하는 개체가 진화에 적합하지 않을 수 있다는 진화 생물학자의 주장에 주목, 산토끼와 인간의 사례로 이해시키기!

일반(요지)

구체(예시 1) ——— 구체(예시 2)

| 전문 해석 |

진화 생물학자 Robert Trivers는 자기 자신의 행동에 의식적인 접근을 하는 동물이 자신의 진화론적 적합성에 해가 될 수 있다는 특이한 사례를 제시한다.

산토끼는 쫓기고 있을 때, 추격자를 따돌리기 위한 시도로 아무렇게나 지그재그로 나아간다. 그 기술이 정말로 무작위라면 이것은 좀 더 믿을 만한 것이 될 것인데 왜냐하면 산토끼가 다음에 자신이 어디로 뛰어오를 것인지를 미리 알지 못하는 것이 더 좋기 때문이다. 만약 산토끼가 다음에 자신이 어디로 뛰어오를지 안다면, 그 자세가 자신의 추격자에게 단서를 드러낼지도 모른다. 시간이 지나 개들이 이러한 신호들을 예상하는 것을 배우게 될 것이고, 이는 산토끼에게 치명적인 결과를 가져올 것이다. 좀 더 자기 인식을 하는 그런 산토끼들이 멸종되는 경향이 있을 것이며, 따라서 대부분의 오늘날의 산토끼들은 아마도 자각을 덜 했던 산토끼들의 후손일 것이다.

마찬가지로, 인간들은 자신의 진정한 동기(의도)들을 감추는 데 더 능한 조상들의 후손일지도 모른다. 그것들을 다른 사람들에게 숨기는 것은 충분치 않으며, 확실히 (행동에) 설득력이 있으려면, 여러분 자신에게도 그것들을 숨겨야 한다.

출제의도

빈칸 추론 ▶ 글의 구조 속에서 글쓴이의 의도와 빈칸이 포함된 문장의 역할을 파악할 수 있는가?

문제해설

첫 문장에서 빈칸에 해당하는 내용이 해가 되는(damaging) 사례를 제시한다고 했으므로, 이어지는 예를 통해 빈칸의 내용을 역추적해야 한다. 해당 사례들은 자기 의도를 모르고 행동하는 개체가 진화에 성공한 경우이므로 빈칸에 ② '자기 행동을 의식하는'을 넣어야 글쓴이 의도와 일치한다.

① 환경과 연결 고리를 끊는 ③ 직관과 본능을 갈고 닦는
④ 개체의 과거 경험에 의존하는 ⑤ 타고난 생존 장치를 활성화하는

| 어휘 · 어법 |

- evolutionary 진화의 · extraordinary 특이한, 이상한
- damaging 해를 주는 · fitness 적합성 · zigzag 지그재그로 나아가다
- shake off 떨쳐내다, 따돌리다 · pursuer 추격자 · random 무작위의
- foreknowledge 미리 아는 것, 선견지명 · anticipate 예상하다
- be descended from ~의 후손이다 · self-knowledge 자각
- concealment 숨기는 것 · convincing 설득력이 있는, (승리 등이) 확실한
- Evolutionary biologist Robert Trivers gives an extraordinary example of *a case* [**where** *an animal* {**having** conscious access to its own actions} may be damaging to its evolutionary fitness.: [ ]는 선행사 a case를 수식하는 관계부사절로, 장소 뿐만 아니라 상황인 경우에도 where를 쓸 수 있다. { }는 앞의 명사 an animal을 수식하는 현재분사구이다.
- This technique will be more reliable if it is genuinely random, [as **it** is better {*for the hare* **to have** no foreknowledge of ⟨where it is going to jump next⟩}]: [ ]는 이유의 부사절로, it은 가주어이고 { }가 진주어인 to부정사구로 for the hare는 의미상 주어이다. { }에서 ⟨ ⟩는 전치사 of에 연결된 간접의문문(의문사+주어+동사)이다.

0 ② / This, however – The evolution – Consequently, laws   1 ①

밑줄 친 부분 중, 문맥상 낱말의 쓰임이 적절하지 <u>않은</u> 것은?

One misconception that often appears in the writings of physical scientists who are looking at biology from the outside is that the environment appears to them to be a static entity, which cannot contribute new bits of information as evolution progresses.

This, however, is by no means the case. Far from being static, the environment is constantly changing and offering new ①challenges to evolving populations. For higher organisms, the most significant changes in the environment are those produced by the contemporaneous evolution of other organisms.

The evolution of a horse's hoof from a five-toed foot has ②enabled the horse to gallop rapidly over open plains. But such galloping is of no ③advantage to a horse unless it is being chased by a predator. The horse's efficient mechanism for running would never have evolved except for the fact that meat-eating predators were at the same time evolving more efficient methods of ④attack.

Consequently, laws based upon ecological relationships among different kinds of organisms are ⑤optional(→ essential) for understanding evolution and the diversity of life to which it has given rise.

내 생각?

환경이 정적인 존재라는 물리 과학자들의 생각을 꺾고 내 생각을 주장하기! 환경은 끊임없이 변화하고 생물은 다른 종의 진화에 따라 필연적으로 진화한다는 게 내 생각! 말발굽의 진화를 예로 들어 반박하기!

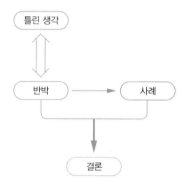

틀린 생각

반박 → 사례

결론

| 전문해석 |

외부에서 생물학을 보고 있는 물리 과학자들의 글에서 자주 나타나는 한 가지 오해는 환경이 그들에게는 정적인 독립체로 보인다는 것인데, 이는 진화가 진행됨에 따라 새로운 정보를 제공할 수 없다는 것이다.

그러나, 이것은 결코 사실이 아니다. 정적이기는커녕 오히려 환경은 끊임없이 변화하고 있으며, 진화하는 개체군에게 새로운 ①도전(변화)을 제공하고 있다. 고등 생물체의 경우, 환경의 가장 중요한 변화는 다른 생물의 동시대 진화에 의해 생성된 변화이다.

발가락이 다섯 개 달린 발로부터 말발굽으로 진화하면서 말은 탁 트인 평야를 빠르게 질주 ②할 수 있게 되었다. 그러나 그러한 질주는 포식자에 의해 쫓기지 않는 한 말에게 ③득이 되지 않는다. 달리기를 위한 말의 효율적인 구조는 육식성 포식자가 동시에 더 효율적인 ④공격 방법을 발달시켰다는 사실이 없었다면 결코 진화하지 않았을 것이다.

결과적으로, 다른 종류의 생물 간의 생태적 관계에 기초한 법칙은 진화와 그것이 발생시킨 생물의 다양성을 이해하는 데 ⑤선택적(→ 필수적)이다.

출제의도

어휘 적합성 판단 ▶ 글의 구조 속에서 각 낱말이 포함된 문장이 글쓴이의 의도에 맞게 쓰였는지 판단할 수 있는가?

문제해설

밑줄 친 다섯 개의 단어들은 환경의 변화, 진화의 매커니즘, 생물체의 다양성에 대한 이해와 관련된 것들이다. 마지막 문장에서 글쓴이의 주장을 다시 반복하고 있으므로, ⑤ 'optional'은 'essential (또는 necessary)'로 바꿔 써야 글쓴이의 주장과 일치한다.

| 어휘 · 어법 |

- misconception 오해   - static 정적인   - entity 독립체
- far from ~이기는커녕 오히려   - contemporaneous 동시에 발생하는
- mechanism (생물체 내에서 특정 기능을 수행하는) 구조, 기제
- ecological 생태적인

- *One misconception* [**that** often appears in the writings of *physical scientists* {**who** are looking at biology from the outside}] is [**that** *the environment appears to them to be a static entity*, {**which** cannot contribute new bits of information as evolution progresses}].: 첫 번째 [ ]는 문장의 주어 One misconception을 수식하는 관계대명사절로, 그 안의 { } 역시 선행사 physical scientists를 수식하는 관계대명사절이다. 두 번째 [ ]는 is의 보어 역할을 하는 명사절이며, 그 안의 { }는 앞 문장 the environment appears to them to be a static entity 전체를 이어서 설명하는 관계대명사절이다.

CHAPTER 10
6
④

0 ④ / As reported in – It would be   **1** ②   **2** (A) average (B) intelligent

글의 흐름으로 보아, 주어진 문장이 들어가기에 가장 적절한 곳은?

For decades, we have been measuring intelligence at the individual level, just as we have been measuring creativity, engagement, and grit. (①) But it turns out we were failing to measure something with far greater impact. (②)

As reported in the journal *Science*, researchers from MIT, Union College, and Carnegie Mellon have finally found a method for systematically measuring the intelligence of a *group* as opposed to an individual. (③) Just as we evaluate how successful an individual student will be at solving a problem, we are now able to predict how successful a *group* of people will be at solving a problem or problems.

④It would be easy to assume that if you put a group of high-IQ people together, naturally they would exhibit a high collective intelligence. But that's not what happens. (⑤) Indeed, their research found that a team on which each person was merely average in their individual abilities but possessed a *collective* intelligence would continually exhibit higher success rates than a team of individual geniuses.

내 생각?

개인 차원의 지능 측정의 한계를 짚고, 집단 지능 측정의 중요성을 연구 결과로 밝히기! 통념과 달리 집단 지능을 지닌 집단이 천재들의 집단보다 문제 해결 능력에서 더 성공적이라는 결과 확인하기!

일반(주제)

구체(연구 소개) ──→ 구체(연구 결과)

| 전문 해석 |

수십 년 동안 우리는 창의력, 참여도, 근성을 측정해 온 것과 마찬가지로, 지능을 개인적 수준에서 측정해 왔다. 하지만 우리가 훨씬 큰 영향력을 가진 무언가를 측정하지 못하고 있었다는 것이 판명되고 있다.

'Science' 저널에 보고된 것처럼, MIT, Union College, 그리고 Carnegie Mellon의 연구자들은 개인이 아닌 '집단'의 지능을 체계적으로 측정하는 방법을 마침내 밝혀냈다. 각각의 학생이 문제를 해결하는 데 얼마나 성공적일지를 우리가 평가하는 것과 마찬가지로, 이제 우리는 사람들의 '집단'이 하나의 문제나 여러 문제를 해결하는 데 얼마나 성공적일지 예측할 수 있다.

④ 만약 여러분이 지능 지수가 높은 사람들의 한 집단을 모은다면, 당연히 그들은 높은 집단적인 지능을 보일 것으로 추정하기 쉬울 것이다. 하지만 그런 일은 일어나지 않는다. 실은, 그들의 연구에서 밝혀낸 바는 개별 능력에서는 단지 평균적이지만 '집단적인' 지능을 가진 각각의 사람들로 이루어진 팀이 개별 천재들로 이루어진 팀보다 더 높은 성공률을 계속해서 보일 것이라는 점이다.

출제의도

주어진 문장의 위치 판단 ► 글의 구조와 글쓴이 의도에 맞게 문장을 넣어 일관성 있는 글을 완성할 수 있는가?

문제해설

집단 지능 측정의 중요성을 연구 결과로 밝힌 글로, 예상과 달리 개별 천재들의 팀보다 집단적인 지능을 지닌 팀이 문제 해결에 더 성공적이라는 내용이다. 주어진 문장을 ④에 넣으면 개인 지능과 다른 집단적인 지능을 지닌 팀의 특성을 설명하는 마지막 단락(연구 결과)이 시작되어 글의 흐름이 자연스럽다.

2 통념과는 반대로, 집단적인 지능을 가진 (A) 평균적인 사람들로 이루어진 팀이 매우 (B) 똑똑한 사람들로 이루어진 팀보다 문제를 해결하는 데 더 성공적이었다.

| 어휘 · 어법 |

- decade 10년
- engagement 참여도
- grit 근성, 투지, 기개
- turn out 판명되다
- systematically 체계적으로
- as opposed to ~와는 반대로
- evaluate 평가하다
- assume 상정하다
- genius 천재

- **Just as** we evaluate [*how successful* an individual student will be at solving a problem], we are now able to predict [*how successful* a group of people will be at solving a problem or problems].: just as ~는 '~와 꼭 마찬가지로'라는 의미이며, 두 개의 [ ]는 각각 evaluate와 predict의 목적어인 명사절(간접의문문)이다. 따라서 「how successful+주어+동사」의 어순으로 썼다.

- **It** would be easy [**to assume** {that **if** you **put** a group of high-IQ people together, naturally they **would exhibit** a high collective intelligence}].: It은 가주어이고 [ ]의 to부정사구가 진주어인 문장이다. 그 안의 { }는 assume의 목적어인 명사절인데, 「if+주어+과거동사 ~, 주어+조동사 과거형+동사원형 ...」 형태의 가정법 과거 구문을 써서 추정한(assume) 내용이 어떤 조건이 갖추어졌을 때 생길 수 있는 결과임을 표현하고 있다.

영어 실력 자신감! 디딤돌 영어 시리즈

초등

시리즈명	21일 시리즈 21일만 따라하면 된다	첫 시리즈 첫 문법으로 Writing	나초고 시리즈 나는 초등고학년 이다
	21일 만 따라 하면 영어가 되는 습관	**초등 공부영어 입문**	**초등 고학년 방식의 공부영어**
Reading & Vocabulary	21일만 따라하면 Phonics 된다 1 — 1, 2 21일만 따라하면 Reading 된다 1 — 1~3		나는 초등고학년 영어독해 이다 1 — 1~3
Reading & Vocabulary	21일만 따라하면 VOCA 된다 1 — 1~3	첫 영단어 1000	나는 초등고학년 영단어 이다
Grammar & Writing		첫 영문법 +10 문법으로 Writing 1 — 1, 2	나는 초등고학년 영문법 드릴 이다 1 — 1~4 나는 초등고학년 영문법 이다 1 — 1~3
Grammar & Writing	21일만 따라하면 Writing 된다 1 — 1~3		
Listening	21일만 따라하면 Listening 된다 1 — 1~3		나는 초등고학년 영어듣기 이다 1 — 1~3